中华经典藏书

李山 译注

管子

中华书局

图书在版编目（CIP）数据

管子／李山译注. —北京：中华书局，2016.1（2025.1重印）
（中华经典藏书）
ISBN 978-7-101-11355-6

Ⅰ.管…　Ⅱ.李…　Ⅲ.①法家②《管子》-译文③《管子》-
注释　Ⅳ.B226.1

中国版本图书馆 CIP 数据核字（2015）第 264479 号

书　　　名　管　子
译 注 者　李　山
丛 书 名　中华经典藏书
责任编辑　舒　琴
装帧设计　毛　淳
责任印制　陈丽娜
出版发行　中华书局
　　　　　（北京市丰台区太平桥西里 38 号　100073）
　　　　　http://www.zhbc.com.cn
　　　　　E-mail:zhbc@zhbc.com.cn
印　　　刷　河北博文科技印务有限公司
版　　　次　2016 年 1 月第 1 版
　　　　　2025 年 1 月第 11 次印刷
规　　　格　开本/880×1230 毫米　1/32
　　　　　印张 11½　插页 2　字数 160 千字
印　　　数　75001-78000 册
国际书号　ISBN 978-7-101-11355-6
定　　　价　23.00 元

前　言

　　《管子》是战国诸子中的重要著作。大家知道，我国春秋战国时期一个最伟大的文化现象是"百家争鸣"，儒家、道家、法家、墨家、阴阳家、农家、名家、兵家等学派，横空出世，异彩纷呈，争奇斗艳。各家的学说主张，都对后世中国文化的发展产生了重要影响。一大批具有原创价值的经典著作，历久弥新，熠熠生辉。《管子》即其中之一。

　　《管子》一书，是否可以顾名思义地认为，是春秋时管子的著作呢？研究表明，不是。这是一部托名管子的著作。管子即管仲、管夷吾，春秋早期辅佐齐桓公成就霸业的政治家。但《管子》一书的著作者们，大约都生活在战国，比管子要晚两三百年。他们之所以要托名管子，不单是因管子声名显赫，最主要的原因是，他们有意要追寻、总结管子辅佐齐桓公称霸的历史经验。就是说，《管子》是一部阐述"霸道"的大书。这就涉及到了《管子》成书的背景：战国时齐国的争霸。

　　我们知道，西周时的齐国君主姓姜，战国时期则姓田（陈）。在田姓贵族篡夺齐国政权后，就开始了新的争霸。田齐历经桓公、威王、宣王、湣王、襄王、王建各代，其霸业在威、宣之际达到顶峰。从西周的姜太公时期起，齐国就利用自然条件，广开渔盐之利，是一个经济发达的邦国。管子辅佐齐桓公称霸，《史记》记载，也是"通货积财，富国强兵，与俗同好恶"。齐桓公笼络天下诸侯，史书说："轻致诸侯而重遣之，使至者劝而叛者慕。"——诸侯来齐国时带来的礼物少，走的时候受馈赠的物品多，归顺的诸侯对齐国更加尽心，没归顺的诸侯则心生羡慕。这样来维持霸主地位，国家若不富裕无论如何是办不到的。而管仲这个人，就有这样的本事，不但能带兵打仗，管理国家经济也是一把好手。孔子说，管仲相齐桓，九合诸侯，一匡天下，不以兵车。这也说的是管仲辅佐齐国霸业，不是靠武力杀伐，而是靠战争之外的各种政治经济因素，一句话，靠国家综合的威力。到了"七雄并立"的战国时代，齐国的争霸，还是那样自有特点。很明显的对比是，它不像商鞅在秦国变法那样，主张重视小农，主张"利出一孔"（百姓要获得土地，只有去为国家打仗一条路，叫做"利出一孔"）以控制全国民众。一个老牌贵族国家，"渔盐之利"搞了几百年，如何可能只重小农？经济发达百业皆兴，又如何可以"利出一孔"？田齐霸业自有特点，那就是在政治、军事、经济强盛的同时，学术也极端繁荣。与商鞅极力禁绝民众读书、求学相反，田齐君主多对学问、对有学问的先生们大感兴趣。《史记·田敬仲完世家》说："宣王喜文学游说之士，自如邹衍、淳于髡、田骈、接予、慎到、环渊之徒七十六人，皆赐列第，为上大夫，不治而议论。是以齐稷下学士复盛。"大宅高官地给七十多个士人以优厚待遇，便是齐国特有的霸主气派。正是这样的气派，给伟大的学术提供了条件。稷，齐西门之称，学宫设在稷门附近，称稷下。稷下学宫最盛时，学生就有三千多。各家各派的学者，还远不止《史记》所述的士人。据学者钩沉，活跃于稷下的人物，还有许多，举其大者，如儒家的孟子、荀子，都先后到过稷下，荀子还曾为学宫的祭酒。举目望去，稷下学宫的规模在当时是无与伦比的。

　　学者、思想家们在学宫的话题是无拘无束的，各家各派都在发表自己的主张，处士横议，议论生风，思想的风云际会之中，有冲突、辩驳，也有吸收、融合。按当代学术界的看法，在稷下的这些学者中，就有一些人士，对管子如何辅佐齐桓称霸的经验感兴趣，并写出了相关的著作，这就是《管子》一书。

当然，《管子》一书，还包含着其他内容，如黄老道家的文献，儒家思想等等。绝大多数篇章，都产生于田齐争霸的时代。

稷下学宫的学术交融，决定着《管子》一书的特色。不同于道家的《老子》《庄子》，儒家的《论语》《孟子》等等，《管子》的显著特色，是它的思想的融通性。可以说，它是一部汇聚百家学说的著作。在《管子》中，可以看到儒家的思想，如《牧民》篇称礼、义、廉、耻为"国之四维"，称"四维不张，国乃灭亡"；可以看到道家的思想，还是《牧民》篇，称"下令于流水之原者，令顺民也"，与《老子》"圣人无常心，以百姓为心"颇为相符；可以看到法家的思想，如《修权》篇称"法者，将用民之死命者也"，颇似《商君书》的口吻；还可以看到阴阳家的思想，如《幼官》和《幼官图》，其努力将人事行为限定顺守时令的用心，正是阴阳观念的硬核；此外，墨家的非攻言论，农家对地利的筹划，兵家的战事计谋，等等，都能在《管子》中分明地嗅到它们的气息。因此，《管子》一书的学术性质难定，说它是道家吧，它有儒家的内容；说它是法家吧，它又有黄老的思想。它的统一性，不表现在思想内涵的一致，而表现在成就霸主、帝王目标的确定。为了这一点，什么学术思想都可以拿来为用。

这决不意味着《管子》是一部杂凑的书。《管子》的融通百家，是为齐国打造一个帝王、霸主的学术，这正是统领全书的中心。书中关于帝、王、霸等等的言论颇多，就是明证。而《管子》一书之所以能汇聚百家，也正是因为他们承认各家之说对成就王霸之业都各有用场。那么，这是否就可以说《管子》只是融合，就没有属于它自己的新创意了呢？也不是。在融汇中，思想也在发展。例如道家思想，在《管子》的《白心》《内业》和《心术》诸篇之中，就可以清楚地看到道家思想由《老子》向"黄老道家"的转移。举一例言之，《老子》中的"我无为而民自化"之类的言语，在上述黄老诸篇中，已变成"君主无为而臣下有为"式样的言论。《老子》是"君"与"民"相对而谈，在黄老则是变成"君"和"臣"的相对，其间的变化不是很大的吗？这也恰恰可以看到《管子》帝王术的特质。不过，在《管子》诸多思想的表述中，最具有特色的是它的"富国"主张。这部分内容，一般称为"轻重"理论，简单地说，就是利用市场物价波动的规则，达到富国强兵的目标。什么意思呢？例如粮食与货币，当年成好的时候，粮食丰收，同样的钱能买好多粮食，如此就可以说，粮食为"轻"，货币为"重"；相反，若粮食歉收，则货币就"轻"，粮食就"重"。孰轻孰重，总是变动不居的，国家的统治者应当顺时而动，把握时机，争取在这样的波动、变化中成为最大的获利者。类似的观点曾流行于战国东方一些国家，但像《管子》这样集中深入地加以论述，则实属罕见。说到《管子》的经济思想，它的一些观点真有些出人意料。例如《侈靡》篇居然说，鸡蛋雕一雕花再煮，木柴刻一刻纹再烧，这样可以增加就业。直到很晚近的时期，学者才发现，原来这是在表达一种消费可以刺激就业的经济论！多少年人们读不懂它，是因它与古代主流的节俭的经济观念差异太大。生活在二十一世纪的读者，面对这样的经济观念，常常会作如是想：当时的齐国以及东方社会何等发达，才会有这样的言论啊！

《管子》一书历来号称难读。原因很多，最主要的，还是因为随着秦朝的统一，随着重视小农经济的王朝的建立，随着儒家思想的占据统治地位，《管子》一书因其与主流思想有异，而被学者荒忽。在唐代，国子博士尹知章对其作过注（本书引用时称"尹注"），有筚路蓝缕之功，但尹注既有佚失，所存者讹误也不少。就是到了清朝乾嘉古籍整理的繁盛时代，《管子》也缺少一部叫得响的整理性著作。近代以来，随《管子》蕴藏价值的逐渐被重视，出现郭沫若《管子集校》、马非百《管子轻重篇新诠》、黎翔凤《管子校注》等著作。本书的注释、翻译，就多采以上诸家的说法。另外，在本书的编写过程中，林志明、孙玉磊和董靖宸几位同学出力甚多，在此一并致谢。

在选篇和注译上，本书一定有不尽人意的地方，敬请读者不吝赐教！

李　山

2015 年 10 月

目 录

牧　民 ·· 1

形　势 ·· 13

权　修 ·· 22

立　政 ·· 37

乘　马 ·· 44

七　法 ·· 59

版　法 ·· 66

五　辅 ·· 70

宙　合 ·· 78

枢　言 ·· 88

八　观 ·· 95

法　禁 ·· 100

重　令 ·· 108

法　法 ·· 114

兵　法 ·· 119

大　匡 ·· 125

小　匡 ·· 130

霸　形 ·· 140

霸　言 ·· 148

问 ·· 153

戒 ·· 159

参　患 ·· 165

制　分 ·· 171

君　臣……………………………………… 175

小　称……………………………………… 182

侈　靡……………………………………… 188

心　术……………………………………… 196

白　心……………………………………… 202

水　地……………………………………… 210

四　时……………………………………… 220

五　行……………………………………… 231

任　法……………………………………… 242

正　世……………………………………… 255

治　国……………………………………… 262

内　业……………………………………… 269

小　问……………………………………… 282

禁　藏……………………………………… 301

入　国……………………………………… 315

度　地……………………………………… 322

弟子职……………………………………… 335

地　数……………………………………… 343

轻重甲……………………………………… 354

牧　民

　　本文为《管子》第一篇，专谈如何治理民众的问题，计有国颂、四维、四顺、士经（十一经）和六亲五法等六项内容。文章认为，治民的首要任务在发展生产，建立维系国家安危的礼义廉耻。治民应当顺应民心，为此必须满足民众的物质、精神两个方面的要求，行政不可欺诈民众，不可做侥幸一时的事情。文章为格言体，风格警策。"仓廪实则知礼节，衣食足则知荣辱"，是文中最精彩的观点。

　　凡有地牧民者①，务在四时②，守在仓廪③。国多财则远者来④，地辟举则民留处⑤；仓廪实则知礼节，衣食足则知荣辱；上服度则六亲固⑥，四维张则君令行⑦。故省刑之要在禁文巧⑧；守国之度在饰四维⑨；顺民之经在明鬼神⑩，祗山川，敬宗庙，恭祖旧。不务天时则财不生，不务地利则仓廪不盈。野芜旷则民乃菅⑪，上无量则民乃妄⑫，文巧不禁则民乃淫⑬，不璋两原则刑乃繁⑭，不明鬼神则陋民不悟，不祗山川则威令不闻，不敬宗庙则民乃上校⑮，不恭祖旧则孝悌不备⑯。四维不张，国乃灭亡。

　　右"国颂"⑰。

【注释】

①牧民：治理民众，古代将治理国家百姓称为牧民。

②四时：春、夏、秋、冬四季，古代政治特别强调治理民众遵循天时，什么季节该做什么都有一定的规矩。

③仓廪：仓库。古代仓库储谷物的叫仓，储米的叫廪，此处并无分别。

④远者：即远方的民众。能吸引远方的民众来投奔自己，在古代被视为国家政治良好的表现。

⑤辟：开辟。举：尽，皆。留：久，即长期停留的意思。

⑥上：指在上位者。服度：意思是在上位的人穿戴及所用的器物等不违背规矩。服，服制、器物等。度，合乎法度。六亲：父、母、兄、弟、妻、子。

⑦四维：礼、义、廉、耻，是四种维护国家存在的纲领。维，本义是绳索，后多表达纲领、纲纪之义。

⑧省刑：减少刑法，即减少国家犯罪现象的意思。文巧：又称奇技淫巧，指过分奇巧而无益于实用的制品、物件。

⑨饬：通"饬"，整治。

⑩顺：通"训"，教化民众。明鬼神：向民众表明国家重视鬼神祭祀。古代神道设教，以鬼神祭祀来统一民众意志。

⑪芜旷：荒芜。莒：当作"荒"，懒惰。

⑫无量：无限量，此处指挥霍无度。

⑬文巧：犹言"搞花样"。文，指过分的纹饰。

⑭不璋：不阻止。璋，当作"障"。两原：两种罪恶的根源，指上面说到的"无量"和"文巧"，两者为社会混乱的本源。原，同"源"。

⑮上校：冒犯、冲撞上级。上，当权者。校，冒犯，忤逆。

⑯孝悌（tì）：古代最基本的人伦，敬奉父亲为孝，恭顺兄长为悌。

⑰右：古人书写从右向左竖行而下，所以称前面的文字为"右"。国颂：国家的根本法条。颂，本义是一种诗体，此处犹如说"格言"。

【译文】

凡是拥有土地治理民众的人，最重要的事情在遵从四时保证生产，最关键的职责在使国库充实。国家财富积累得多，远方的人就前来投奔；土地充分开辟，百姓就长居而不会离去；仓库充实，民众就懂得礼节；衣食充足，民众就珍惜荣誉，远离耻辱；在上位者衣着、器物等有法度，百姓的家庭就六亲和睦而稳固；高扬礼义廉耻，君主政令就能推行。所以，要减少国家的刑罚，关键在禁止奇技淫巧；捍卫国家的法度，在于强化礼义廉耻四大纲领；教化民众的大法，在明示鬼神之礼，敬奉山川神灵，敬事宗庙祖先，善待亲戚故旧。不遵从天时，财富就不能生产；不尽量开发地利，国家的储备就不充盈。田野荒芜，百姓就懒惰；在上位者奢侈挥霍无度，百姓就胆大妄为；奇技淫巧不加禁绝，百姓就不守法度；不禁绝"奇技淫巧"和"无量"两个祸根，国家就会混乱，刑罚就会繁多；不明示对鬼神的尊重，鄙陋的百姓就不觉悟；不敬山川神灵，国家的权威和命令就难以被百姓知晓；不敬宗庙祖先，百姓就会冒犯在上位的尊贵者；不善待亲戚故旧，孝悌之道就会缺乏。礼义廉耻得不到高扬，国家就会灭亡。

以上为"国颂"的内容。

国有四维①。一维绝则倾，二维绝则危，三维绝则覆，四维绝则灭。倾可正也，危可安也，覆可起也，灭不可复错也②。何谓四维？一曰礼，二曰义，三曰廉，四曰耻。礼不逾节，义不自进，廉不蔽恶，耻不从枉③。故不逾节，则上位安；不自进，则民无巧诈；不蔽恶，则行自全；不从枉，则邪事不生。

右"四维"。

【注释】

①维：系物的大绳，引申为维系事物稳固的条件。

②灭不可复错：灭绝了就不能再恢复了。复错，再行改为。错，通"措"，措施。一说"错"为衍字。

③枉：弯曲，不正，引申为不合正道或违法曲断的行为。

【译文】

维系国家的存在，有四大纲领。失去一条，国家倾斜；失去两条，国家危险；失去三条，国家颠覆；四条全无，必然灭亡。倾斜尚可纠正，危险尚可安定，颠覆尚可恢复，到了灭亡的地步，就不能挽回了。什么叫四维？第一是礼，第二是义，第三是廉，第四是耻。人有礼，就不会超越节度；有义，就不会妄自求进；有廉，就不隐瞒过恶；有耻，就不与邪恶同流合污。所以，只要百姓安分守己，君主地位就太平无事；不妄自求进，就不会滋生浮巧奸诈；不隐瞒罪恶，行为必然完美保全；不同流合污，就不会有邪恶的事发生。

以上是"四维"的内容。

政之所兴，在顺民心；政之所废，在逆民心。民恶忧劳，我佚乐之①；民恶贫贱，我富贵之；民恶危坠，我存安之；民恶灭绝，我生育之。能佚乐之，则民为之忧劳；能富贵之，则民为之贫贱；

能存安之，则民为之危坠；能生育之，则民为之灭绝。故刑罚不足以畏其意^②，杀戮不足以服其心。故刑罚繁而意不恐，则令不行矣；杀戮众而心不服，则上位危矣！故从其四欲^③，则远者自亲；行其四恶，则近者叛之。故知予之为取者，政之宝也。

右"四顺"。

【注释】

①我佚乐之：君主要使百姓安逸快乐。我，指君主。佚，使安逸。

②畏其意：心生畏惧。意，心意。

③四欲：即上文所说的佚乐、富贵、存安和生育等四方面内容。

【译文】

政治兴盛，在顺应民心；政治衰颓，在忤逆民心。百姓厌恶忧劳，君主可以让他们感到安乐；百姓憎恶贫贱，君主可以使他们富贵；百姓担心灾祸降临，君主可以让他们得到保全和安顿；百姓害怕家族灭绝，君主可以使他们生殖繁育。能让百姓安乐的人，百姓必然愿意为他忧劳；能够让百姓富贵的人，百姓必定愿意为他忍受贫贱；能够保全安顿百姓的人，百姓也愿意为他赴汤蹈火；能使百姓生养的人，百姓也愿意为他赴死。所以，仅靠刑罚是不能让百姓感到畏惧的，杀戮也不足以使他们服帖。刑罚太滥百姓反而不害怕，法令就更难以推行；杀人太多而民心不服，君主的地位就危险了！所以，顺从了百姓上述四种欲望，疏远的人会自动变得亲近；如果忤逆民意，亲近的人也会背叛国家。所以，懂得给与百姓正是为了向他们索取，才是掌握了国家政治的法宝。

以上为"四顺"的内容。

错国于不倾之地①，积于不涸之仓，藏于不竭之府②，下令于流水之原③，使民于不争之官④，明必死之路，开必得之门，不为不可成，不求不可得，不处不可久，不行不可复⑤。错国于不倾之地者，授有德也⑥；积于不涸之仓者，务五谷也⑦；藏于不竭之府者，养桑麻育六畜也⑧；下令于流水之原者，令顺民心也；使民于不争之官者，使各为其所长也；明必死之路者，严刑罚也；开必得之门者，信庆赏也；不为不可成者，量民力也；不求不可得者，不强民以其所恶也；不处不可久者，不偷取一世也⑨；不行不可复者，不欺其民也。故授有德，则国安；务五谷，则食足；养桑麻、育六畜，则民富；令顺民心，则威令行；使民各为其所长，则用备；严刑罚，则民远邪；信庆赏，则民轻难；量民力，则事无不成；不强民以其所恶，则诈伪不生；不偷取一世，则民无怨心；不欺其民，则下亲其上。

右"士经"⑩。

【注释】

①错：通"措"，安放，放置。

②府：古代收藏财政文书的地方，引申为收藏东西的地方。

③流水：在此指民众顺从。原：同"源"。

④使：使用，劳作。官：在此为职位、岗位的意思。

⑤复：可以重复的事情，在此指不欺诈民众的意思。

⑥有德：能躬行实践而有所得的，称为"有德"。也可以理解为泛指有德行的人。

⑦五谷：五种谷物，一般指稻、粟、麦、菽、黍，也可以泛指各种粮食。

⑧六畜：马、牛、羊、鸡、狗、猪，在此泛指各种牲畜。

⑨一世：一代，此处犹如说"短期行为"。

⑩士经：当作"十一经"，古代竖写，十一并作"士"，指上文所说的治国十一要略。

【译文】

将国家安放在不倾斜的地基上，将国家粮食存放在取之不尽的仓里，将国家的财物贮藏在用之不竭的库中，政令的下达永远像源畅流通的水流，把百姓都使用在没有争执的岗位上，向百姓指明什么是必死的路途，什么是必有所得的大门，不做不可能成功的事情，不追求不应该得到的东西，不留在不可久停的地方，不要干那些欺骗民众一锤子买卖的事。所谓把国家建立在稳固的地基上，是指把政权交给有德才的人；所谓把粮食存放在取之不尽的仓里，是指大力发展五谷生产；所谓把财物贮藏在用之不竭的库

中，是指普遍种植桑麻、饲养六畜；所谓政令下达如源畅
流通的水流，是说使国家政策顺应民心；所谓把百姓使用
在没有争执的岗位上，是说让他们各尽其长；所谓向人们
指明必死的路途，是说要申明刑罚；所谓敞开必得的大门，
是说要做到奖赏信实；所谓不做不可能成功的事情，是说
要考虑百姓的承受能力；所谓不追求不应该得到的东西，
是说不强迫百姓做他们不乐意的事情；所谓不留在不可久
停的地方，是说不贪图一时的侥幸；所谓不干那些不可重
复的事，是说不欺骗自己的百姓。把政权交给有德才的人，
国家就安定；大力生产五谷，食物就充足；广种桑麻、饲
养六畜，百姓就富裕；政令顺应民心，君主威信和命令就
能得到执行；让人民各尽所长，各种用度就齐备；刑罚严
明，百姓就不生邪念；奖赏诚信，百姓就不怕为国死难；
考虑百姓的承受力，就事无不成；不强迫百姓做他们不乐
意的事，欺诈虚伪的行为就不会产生；不贪图一时侥幸，
百姓就没有怨恨；不欺诈百姓，百姓就会亲近君上。

　　以上是"十一经"的内容。

　　以家为乡①，乡不可为也；以乡为国，国不可
为也；以国为天下②，天下不可为也。以家为家，
以乡为乡，以国为国，以天下为天下。毋曰不同
生③，远者不听；毋曰不同乡，远者不行；毋曰不
同国，远者不从。如地如天，何私何亲？如月如
日，唯君之节④。御民之辔⑤，在上之所贵；道民之
门⑥，在上之所先；召民之路，在上之所好恶。故

君求之，则臣得之；君嗜之，则臣食之；君好之，则臣服之；君恶之，则臣匿之。毋蔽汝恶⑦，毋异汝度，贤者将不汝助。言室满室，言堂满堂⑧，是谓圣王。城郭沟渠，不足以固守；兵甲强力，不足以应敌；博地多财，不足以有众。惟有道者，能备患于未形也，故祸不萌。天下不患无臣，患无君以使之；天下不患无财，患无人以分之。故知时者，可立以为长；无私者，可置以为政；审于时而察于用，而能备官者，可奉以为君也。缓者后于事，吝于财者失所亲，信小人者失士。

右"六亲五法"。

【注释】

① 以家为乡：按照家族的格局治理乡里。为，理。

② 以国为天下：春秋以前是列国体制，多邦林立，"国"指邦国，"天下"则指全部受王朝统治的各个邦国。

③ 生：通"姓"。

④ 节：节度。

⑤ 辔（pèi）：驾驭马的缰绳，引申为治理百姓的手段。

⑥ 道：同"导（导）"，引导。门：门径。

⑦ 蔽：隐藏。汝：指君主。

⑧ 言室满室，言堂满堂：这两句言外之意是说，君主发令不应有所隐藏。

【译文】

照着治理家族的格局治理乡里，乡里是治理不好的；照着治理乡里的格局治理国家，国家是治理不好的；照着治理国家的格局治理天下，天下是治理不好的。正确的办法是，以家的格局治家，以乡的格局治乡，以国的格局治国，以天下的格局治天下。不要把别人当外姓，那样人家就不听从你了；不要把人家当不同乡，那样人家就不遵从你了；不要把不同国当外国，那样远方的人就不追随你了。要像天地对待万物，有什么好偏私？有什么好偏爱？像日月普照大地，这才是君主该有的气度。驾驭百姓的缰绳，在于君主重视什么；引导百姓的法门，在于君主提倡什么；号召百姓的路途，在于君主喜好、憎恶什么。君主想追求的，一定是臣下尽力得到的；君主爱吃的，一定成为臣下的美食；君主喜欢的，臣下都愿意实施；君主厌恶的，臣下都想隐藏掉。所以，作为君主，不要掩藏你的过失，不要擅改你的法度，否则贤能的人将无法帮助你。在室内讲话，就让全室的人都听到；在堂上讲话，就让满堂的人都听清，开诚布公才是圣明君主。护城的沟渠，不足以坚守国家；强大的武力装备，不足以应付敌人；地多财博，不一定能得到群众拥护。惟有有道的君主，才能防患于未然，祸害不生。天下不怕没有贤臣，就怕没有君主任用他们；天下不怕没有财富，就怕无人使之得到公平分配。所以，通晓天时的人，可以任用为长官；没有私心的人，可以令其处理政务；通晓天时精于地利并能知人善任的人，可以拥戴他为君主。做事迟钝的人总是落后于形势，吝啬钱财的人一定失去亲近者，偏信小人的人一定失去贤士。

以上是"六亲五法"的内容。

形　势

　　任何事物都有其存在的状态和道理，都有其发展的态势和能量。《老子》说："道生之，德畜之，物形之，势成之。"文章开头说：山形只要高，自然就可招来敬供的羊，"山高"即是"形"，能招敬供之羊，就是"势"。本篇名"形势"，其宗旨就在于说明君主如何利用自己特有的权势，巧妙而"自然"地驾驭大臣，统治万民。从学术源流上说，本文深受《老子》哲学的影响，应属于战国时期的黄老文献。其文字也简明扼要，富于哲理趣味。选文有删节。

山高而不崩，则祈羊至矣①。渊深而不涸，则沉玉极矣②。天不变其常，地不易其则，春秋冬夏，不更其节，古今一也。蛟龙得水，而神可立也；虎豹得幽③，而威可载也④。风雨无乡⑤，而怨怒不及也。贵有以行令，贱有以忘卑，寿夭贫富，无徒归也。衔命者⑥，君之尊也；受辞者，名之运也⑦。上无事，则民自试。抱蜀不言而庙堂既修⑧。鸿鹄锵锵⑨，唯民歌之；济济多士⑩，殷民化之，纣之失也。飞蓬之问⑪，不在所宾；燕雀之集，道行不顾。牺牲圭璧⑫，不足以飨鬼神⑬。主功有素⑭，宝币奚为？羿之道⑮，非射也；造父之术⑯，非驭也；奚仲之巧⑰，非斫削也。召远者使无为焉，亲近者言无事焉，唯夜行者独有也。

【注释】

①祈羊：祭祀山神时用以献祭的羊。

②沉玉：投入水中以祭河神的玉石。古礼，以玉沉河祭神。极：到来。

③得幽：凭借深山幽谷。得，一本作"托"。

④载：运行，在此有保持、持有的意思。"载"或为"栽"字之误，竖立的意思。

⑤无乡：没有固定的方向。乡，同"向"。

⑥衔命：发号施令。衔，口含。

⑦名：君主的号令，君臣的名分，都可以成为名。运：起作用。

⑧抱蜀不言而庙堂既修：抱着祭祀之器，无需多言，就可以治理天下，"无为而治"的意思。蜀，祭祀的器皿，象征最高权力。

⑨锵锵：形容鸿鹄鸣叫声的象声词。

⑩济济：众多的样子。语出《诗经·大雅·文王》"济济多士，文王以宁"。"纣之失也"一句为衍文。

⑪飞蓬之问：比喻没有根据的事物。飞蓬，随风飘动的蓬草。问，言论。

⑫牺牲：用以祭祀的牲口。圭璧：用于祭祀的玉器。

⑬飨（xiǎng）：进献神灵食物。一本作"享"。

⑭素：平素。此处指平日的积累。

⑮羿：后羿，古之善射者。

⑯造父：为周穆王驾车之人，善驾。

⑰奚仲：传说中发明造车之人，任姓，黄帝之后，居于薛（今山东滕州境内），春秋时薛国即为其后裔。

【译文】

山势高峻而不崩塌，祈祷的祭羊就来了。渊潭深邃而不枯竭，祭祀的沉玉就到了。天不改换其常规，地不变更其法则，春夏秋冬不错乱其节令，从古到今都是这样。蛟龙得到了水，可以树立神灵；虎豹凭借深山幽谷，可以拥有神威。风雨没有既定的方向，人们对它们就不会有怨愤。贵者之所以发号施令，平民之所以忘记自己的卑贱，寿命或长或短，身家或贫或富，都不是无因而至的。口含命令，是君主的尊严；接受君命，是名分起的作用。君主不事事亲为，老百姓就会自动去做事。抱着祭器不说话，朝廷清静政治就得到实施。鸿鹄锵锵地鸣叫，可以让百姓同声唱和；周文王的子孙人才济济，连商朝遗民也会被感化。对那些没有根据的言论，完全不必在意；对那些燕雀聚集之类的小事，连路上的行人也不会看。用牛羊玉器作贡品，未必能求得鬼神的保佑。君主之功靠平时的积德才有根基，何必把钱币当作珍宝？后羿射箭之道，并不在于射箭的动作；造父的驾车之术，并不在于趋驾马匹；奚仲造车的巧妙，也不在于木料的砍削。招徕远方的人，靠的是无为；亲赴近前的人，靠的是少言。只有懂得暗自行道的人，才能独有这样的作为。

平原之隰^①，奚有于高？大山之隈^②，奚有于深？訾凗之人^③，勿与任大。讠于臣者可与远举^④，顾忧者可与致道^⑤。其计也速而忧在近者，往而勿召也。举长者可远见也，裁大者众之所比也。美人之怀，定服而勿厌也。必得之事，不足赖也；必诺之言，不足信也。小谨者不大立，訾食者不肥体^⑥。有无弃之言者，必参于天地也。坠岸三仞^⑦，人之所大难也，而猿猱饮焉^⑧。故曰伐矜好专，举事之祸也。

【注释】

① 隰（xí）：低湿之地。

② 隈（wēi）：弯曲处。

③ 訾（zǐ）：诋毁贤人。凗（wèi）：称赞恶人。

④诋（mó）：同"谟"，谋划。举：任用贤才。

⑤顾：思考，思虑。致道：犹言入道、合道。

⑥訾（zǐ）：厌恶。

⑦坠岸三仞：能从很高的河岸跳下去。仞，古代长度
　　单位，周代以八尺为一仞。

⑧猱猱（náo）：猿猴。

【译文】

　　平原上的低湿之地，对高度形成有什么帮助呢？大山的弯曲对深渊的形成，又有什么干系呢？诋毁贤人称赞恶人的人，不要让他任大事。有谋略的人，可以干远大的事；顾虑忧患的人，可通于大道。那些计谋短浅的人，请他走开不可招用。做事求长利的人能深谋远虑；能裁断大事的人，大家才亲近他。以别人感怀自己为美，那得安服他人而且行之不倦。看似稳拿的事情，不一定就牢靠；允诺的言语，不一定就可信。谨谨慎慎是拘泥，成不了大事；厌食的人不能胖。有谁能信守上面这些言语，就必定能参天而立。从三仞之高的河岸上跳下去，对人来说是大困难，可猴子却能这样来喝水。所以说骄傲自负，是做事情的大害。

　　道之所言者一也，而用之者异。有闻道而好为家者，一家之人也；有闻道而好为乡者，一乡之人也；有闻道而好为国者，一国之人也；有闻道而好为天下者，天下之人也；有闻道而好定万物者，天下之配也。道往者，其人莫来；道来者，其人莫

往。道之所设，身之化也。持满者与天^①，安危者与人。失天之度，虽满必涸；上下不和，虽安必危。欲王天下，而失天之道，天下不可得而王也。得天之道，其事若自然；失天之道，虽立不安。其道既得，莫知其为之。其功既成，莫知其释之。藏之无形，天之道也。疑今者，察之古。不知来者，视之往。万事之生也^②，异趣而同归^③，古今一也。

【注释】

①与：顺从。

②生：通"性"。

③趣（qū）：趋向，方向。

【译文】

道的内涵是一样的，用道却各有不同。有的人得道而好用之以持家，便是治家的人才；有的人得道而好用之以治乡，便是治乡的人才；有的得道而好用之以治国，便是治国的人才；有的人得道而好用之以治理天下，便是全天下的人才；有的人得道而能安定万物，那就是与天地同等的伟大的人才了。所行的道是推开他人的，他人就不肯前来投顺；所行的道是使人前来的，人们就不会离去。想行道而真有所确立，就得亲身遵行之。想保持圆满，就取法上天；要使危亡者安定，就亲近众人。违背天的法度，即使很满也会枯竭；上下不和，暂时安定最终也会危亡。想要称王于天下，却违背天的大道，天下就是不可获得的。遵从了天道，做事情仿佛是天然而成；违背天道，即使有所确立，也不能持久。做事情符合道，事情的成功不知不觉。成功以后，不居其功，自然而然能放下。无穷伟力而隐藏于无形，正是天道的特征。对于当今有疑虑的人，可以考察历史。不知道未来的人，也可以考察往事。万事万物的性质，虽各有不同，但道理却无异，这是古今一样的。

　　生栋覆屋①，怨怒不及；弱子下瓦②，慈母操棰③。天道之极，远者自亲；人事之起，近亲造怨。万物之于人也，无私近也，无私远也。巧者有余，而拙者不足。其功顺天者天助之，其功逆天者天违之。天之所助，虽小必大；天之所违，虽成必败。顺天者有其功，逆天者怀其凶，不可复振也。乌鸟之狡④，虽善不亲。不重之结，虽固必解。道之用也，贵其重也。毋与不可⑤，毋强不能，毋告不知。与不可，强不能，告不知，谓之劳而无功。见与之交⑥，几于不亲；见哀之役，几于不结；见施之德，几于不报。四方所归，心行者也。独王之国⑦，劳而多祸；独国之君，卑而不威；自媒之女，丑而不信⑧。未之见而亲焉，可以往矣；久而不忘焉，可以来矣。日月不明⑨，天不易也；山高而不见，地不易也。言而不可复者，君不言也；行而不可再者，君不行也。凡言而不可复，行而不可再者，有国者之大禁也。

【注释】

①生栋覆屋：用新伐的生木作屋梁，日久干裂变形，造成房屋倒塌。

②弱子：未成年的孩子。

③棰：棍棒，古代惩治人的木制工具。

④狡：通"交"。一说猜忌。

⑤与：参与，辅助。

⑥见与（yù）之交：见人有用而与之交往。与，赞同。

⑦独王：君王什么事情都自己做。

⑧丑：被视为丑女。

⑨日月不明：日月本来应该明，所以不明，是因为有云雾之类的遮挡。

【译文】

用新砍伐的生木做栋梁致使房屋倒塌，人们不会抱怨木材；小孩拆下屋上的瓦片，慈爱的母亲也会拿起打人的棍子。顺应天道做到极致，疏远的人也自然亲近；做事情违背自然而人为干预，哪怕近亲也要产生怨恨。万物对于人们来说，没有远近亲疏之分。灵巧的人有余裕，笨拙的人则常不足。做事顺天，天必定帮他；做事逆天，天一定会违背他。得到上天帮助，即使弱小，也可以变得强大；遭到上天的背弃，就是成了，也必定失败。顺应天道的人享有成功，违背天道的人则要招祸惹灾，终归无法振作。乌鸦和别的鸟交好，看上去关系不错，内心却不亲近。只打了一个结的绳子，再坚固也拴不住东西。道的作用，贵在慎重。不要参与那些不可能的事情，也不要强人所难，不要告诉不明事理的人。参与不可能的事、强人所难或告诉不明事理的人，都是劳而无功。见人有用而来的交好，到头来也不会亲；见人可怜而为之做事，到头来关系也不会牢靠；出于恩惠而来的感激，到头来也不会有回报。四方之民的归顺，最终还是靠真心诚意。所以，天下的王事必躬亲，一定是劳累却多灾多难；一国之君事必躬亲，也必然声誉扫地没有威望；自己议定婚姻的妇女，只会被人嫌恶得不到信任。对没有见面就近乎的人，应该离他远点；对长期分别却不忘故人的人，可以和他接近。日月有不明的时候，是因天不平易（意思是有云雾之类的遮挡）；山高有看不见的时候，是因为地不平整。说了却不能实践的话，君主就不说；做了却不可再重复的事，君主就不做。凡不可兑现的话、不可重复的事，都是君主的大忌。

权 修

　　权修即修权，顾名思义即修治权力，加强君主统治。不过文章谈得多的是如何凝聚民众、富国强兵以达到称霸天下的问题。文章指出，国家要做到外可应敌、内可固守，必须开垦田野、禁止末业、爱惜民力、奖赏分明。要做到这些，君主必须善守法度；同时，还应该重视从细微处培育国民的礼义廉耻。这一点又与《牧民》篇所说颇为相近。重法而又强调道德，是本篇在思想上的特点，这应是儒法融合的产物。文中"一年之计，莫如树谷；十年之计，莫如树木；终身之计，莫如树人"的言论，很富哲理。

万乘之国①，兵不可以无主；土地博大，野不可以无吏；百姓殷众，官不可以无长。操民之命，朝不可以无政。地博而国贫者，野不辟也；民众而兵弱者，民无取也②。故末产不禁③，则野不辟。赏罚不信，则民无取。野不辟，民无取，外不可以应敌，内不可以固守。故曰有万乘之号，而无千乘之用，而求权之无轻，不可得也。

【译文】

有万辆战车的大国，军队不能没有统帅；国土辽阔，地方治理不能没有官吏；人口众多，官府不能没有政长。掌握民众的命运，朝廷不能没有政令。土地广博而国家贫困的，是因为田野没有得到开垦；百姓众多而军力虚弱的，是因为人民无所取法，不知道怎样行事。所以，不抑制工商业，田野就得不到开垦。赏罚不诚信，百姓就不知道怎么做。田野没有开垦，人民没有准则，对外就不能抵御敌人，对内就不能固守。所以说，虽有万辆战车的虚名，却没有千乘战车的费用，而要求国家权力的不虚弱，那是不可能的。

地辟而国贫者，舟舆饰、台榭广也①。赏罚信而兵弱者，轻用众，使民劳也。舟车饰，台榭广，则赋敛厚矣；轻用众，使民劳，则民力竭矣。赋敛厚，则下怨上矣；民力竭，则令不行矣。下怨上，令不行，而求敌之勿谋己，不可得也。

【注释】

①舟舆：船和车，此处指代的是君主和权贵乘坐的舟船与车马。饰：装饰。榭：建在高台上的厅堂。

【译文】

田野开垦了而国家依然贫穷，是因为君主的车船装饰太华美，亭台楼阁太多太高大。赏罚诚信而兵力仍薄弱，是因为轻易兴师动众，使百姓太苦劳。车船华丽，楼台众多，赋税就一定繁重；轻易兴师动众，劳苦百姓，民力就衰竭。赋税繁重，百姓就要怨恨君上；民力衰竭，国家政令就无法实行。人民怨恨君上，政令无法实行，想要敌国不谋划侵害自己，是不可能的。

欲为天下者①，必重用其国；欲为其国者，必重用其民；欲为其民者，必重尽其民力。无以畜之，则往而不可止也；无以牧之，则处而不可使也。远人至而不去，则有以畜之也；民众而可一，则有以牧之也。见其可也，喜之有征②；见其不可也，恶之有刑③。赏罚信于其所见，虽其所不见，其敢为之乎？见其可也，喜之无征；见其不可也，恶之无刑；赏罚不信于其所见，而求其所不见之为之化，不可得也。厚爱利，足以亲之；明智礼，足以教之。上身服以先之，审度量以闲之④，乡置师以说道之⑤。然后申之以宪令，劝之以庆赏，振之以刑罚⑥，故百姓皆说为善⑦，则暴乱之行无由至矣。

【注释】

①为天下：争夺天下。

②喜之有征：国家喜爱的，就必须要有喜爱的表现。征，表现，征验，此处指实际的奖赏。

③刑：通"形"，表现，此处指实际的惩罚。

④度量：长短多少的标准，引申为法规，制度。闲：防范。

⑤师：负责宣教的官员。说道：教导。道，同"導（导）"。

⑥振：通"震"，震慑。

⑦说：同"悦"，高兴。

【译文】

想要夺取天下，就必须珍惜国力；想要治好国家，就必须慎重用民；想要治好国民，就必须爱惜他们的财力和劳力。君主不能养活国民，国民的离去就不可制止；不能统治国民，他们留下来也无法使其听从政令。远方的人们来投奔而不离去，是因为君主有办法养活他们；人口众多而能齐心协力，是因为治理有方。国家见到人民做自己喜欢的事情，表达高兴应有实际的奖赏；见到人民做自己不喜欢的事，表达厌恶就应该有实际的惩罚。对见到的好事坏事，奖惩严明可信，那些见不到的坏事，人们还敢去做吗？见到有人做应做的事，喜爱却没有奖赏；见人做不好的事，厌恶却不能惩罚；对看到的好坏事不能真正做到奖惩分明，想要使人在不被看到的情况下去恶从善，是不可能的。君主付出厚爱厚利，就足以使人民亲近；申明知识和礼节，就足以教育人民。在上位的能以身作则起表率作用，审定制度来防范社会的不良现象，乡里设立教师教导人民。有了这样的基础，再向他们申明法度，用奖赏来鼓励他们，用刑法来威慑他们，百姓就都乐于行善，暴乱的事情就没有机会出现了。

地之生财有时，民之用力有倦，而人君之欲无穷，以有时与有倦，养无穷之君，而度量不生于其间，则上下相疾也。是以臣有杀其君，子有杀其父者矣。故取于民有度，用之有止，国虽小必安；取于民无度，用之不止，国虽大必危。

【译文】

土地产生财富有时节限制，民众劳力也会困倦，君主的欲望却无穷无尽，以有时节和气力限制的土地和民力供养欲望无穷的君主，如果没有节制和分寸，就会导致上下之间彼此怨恨。于是，就会有臣子杀君、儿子杀父的现象。因此说，取财于民而有节制，使用民力有所克制，国家即使很小也能安定；相反，向人民征敛无度，耗费又毫无节制，那么国家即使强大，也必然灭亡。

地之不辟者，非吾地也。民之不牧者，非吾民也。凡牧民者，以其所积者食之①，不可不审也。其积多者其食多，其积寡者其食寡，无积者不食。或有积而不食者，则民离上；有积多而食寡者，则民不力；有积寡而食多者，则民多诈；有无积而徒食者，则民偷幸②。故离上、不力、多诈、偷幸，举事不成，应敌不用。故曰，察能授官，班禄赐予③，使民之机也。

【注释】

①积：通"绩"，功劳。食（sì）：供给吃的。

②偷幸：苟且，侥幸。

③班：分赐。

【译文】

土地没有开垦，就等于不是自己的土地。人民没有治理，就等于不是自己的人民。凡对待行政官员，据其政绩颁给奖赏，这一点不可不认真从事。功绩大的俸禄多，功绩小的俸禄少，无功绩的不给俸禄。如果有功绩的不给禄赏，那么人们就会离心背德；如果功绩大而奖赏少，人们就不尽心尽力；功绩小而俸禄多，人们就弄虚作假；没有劳绩而白得禄赏，人们就会苟且侥幸。离心背德、不尽心尽力、弄虚作假、苟且侥幸，有了这几种情况，做事不会成功，抵御敌人也将失败。所以说，考察一个人的才能然后授予官职，根据他的功绩赐予不同的赏赐，这才是驾驭臣民的关键。

野与市争民^①，家与府争货，金与粟争贵^②，乡与朝争治。故野不积草，农事先也；府不积货，藏于民也；市不成肆^③，家用足也；朝不合众，乡分治也。故野不积草，府不积货，市不成肆，朝不合众，治之至也！人情不二，故民情可得而御也。审其所好恶，则其长短可知也；观其交游，则其贤不肖可察也。二者不失，则民能可得而官也。

【注释】

① 野：田野，此处指农业。市：市场，此处指工商业。

② 金：货币。粟：小米。《管子》中常以粟指代粮食。

③ 肆：本义是排列、展开，用来表示市场买卖店铺林立状况。

【译文】

农业与工商业会形成争夺民众的现象，私人富家与官府会形成争夺财货的现象，货币会与粮食形成互争贵重的现象，地方和朝廷会形成争执权利的现象。由此可以说，田野不积满杂草，是农业占先的表现；官府不积累大量的财货，是私人积累占先的表现；街市上没有店铺林立，是私家用度自给自足的表现；朝廷上不聚众做事，是乡里分权治理有效的表现。土地不长草，官府不积货，市场不设铺，朝廷不聚众，是国家大治的最高境界！人性没有什么不同，所以民众的真实情况是可以把握的。了解他喜欢什么，厌恶什么，就可以知道他的长处和短处；观察人们与什么人交往，就可以明白他贤能与否。懂得了这两点，就可以对臣民进行有效管制了。

地之守在城，城之守在兵①，兵之守在人，人之守在粟。故地不辟，则城不固。有身不治，奚待于人②？有人不治，奚待于家？有家不治，奚待于乡？有乡不治，奚待于国？有国不治，奚待于天下？天下者国之本也，国者乡之本也，乡者家之本也，家者人之本也，人者身之本也，身者治之本也③。故上不好本事④，则末产不禁；末产不禁，则民缓于时事而轻地利⑤。轻地利，而求田野之辟，仓廪之实，不可得也。

【注释】

①兵：兵器，此处指代军队。

②待：对待，对付，引申为治理。

③"人者"两句：意思是说人以自身为根本，自身又以顺应万物修身养性之大道为其根本。先秦诸子讲君主修养，往往强调先从"治身"开始，做到身心协调，不受外界或情绪干扰，如此才可以处理好国政。

④本事：农事。古代将农耕生产视为本业，而将工商业等视为末业。

⑤时事：指按照春耕秋收的时令进行的事，就是农事。

【译文】

国土的捍卫在城池，城池的捍卫在军队，捍卫军队的关键在人，守住人的根本则在粮食。所以说，土地没有开辟，城池就不牢固。自身不能治理，怎能治理别人？不能治理别人，怎能治家？不能治家，怎能治乡？不能治乡，怎么治国？不能治国，何以治天下？天下是以国为根本，国又以乡为根本，乡以家为根本，家以人为根本，人以自身为根本，自身又以顺应万物修身养性之大道为其根本。所以，如果君主不重视农业，就无法禁止工商业；不禁止工商业，百姓就会延误农时农事，轻视土地之利。在这种情况下，指望土地开辟，仓廪充实，是不可能的。

商贾在朝①，则货财上流②；妇言人事③，则赏罚不信；男女无别，则民无廉耻。货财上流，赏罚不信，民无廉耻，而求百姓之安难④，兵士之死节⑤，不可得也。朝廷不肃，贵贱不明，长幼不分，度量不审⑥，衣服无等⑦，上下凌节，而求百姓之尊主政令，不可得也。上好诈谋闲欺⑧，臣下赋敛竞得，使民偷壹⑨，则百姓疾怨，而求下之亲上，不可得也。有地不务本事，君国不能壹民⑩，而求宗庙社稷之无危⑪，不可得也。

【注释】

①商贾：商人的统称。古代把游走做买卖的称为商，

把在商铺售货的称为贾，所谓行商坐贾。

②货财上流：指财货通过贿赂流入朝廷或官僚手中。

③妇言人事：当作"妇人言事"。古人认为妇女参与政治是非法的，会带来政治祸害，不当言事。这里的"妇"具体指的是后妃一类妇女。

④安难：安于患难，使百姓在国家有危难时与君主一条心。

⑤死节：为国尽忠。兵士的节操是捍卫国家安全，为国尽忠就是死于这样的节操。

⑥度量：指国家制定的各种规范和度量衡。

⑦衣服：与今天的"衣服"一词有区别。衣，衣服。服，衣服上的各种装饰佩戴，如玉器等。

⑧闲：防范，在此有钩心斗角的意思。

⑨偷壹：苟且于一时，不从长远打算。

⑩君国：君临国家。

⑪宗庙社稷：指国家政权。宗庙，指国君的祖庙。社稷，指土地神和农业神。古人用其指代国家。

【译文】

买卖人在朝中掌权，就会使财货流向上层；妇人参与政事，赏罚就会无信用；男女没有界限，人们就不懂得廉耻。财富集中在少数人，赏罚没有信用，人民不知廉耻，有这些情况而希望百姓忍受苦难，士兵为国捐躯，是不可能的。朝廷不整肃，贵贱不明白，老少无分别，制度、规范不明确，衣服佩戴没有等级，上下等级无规矩，有这些情况而要求百姓尊重君主、安守法令，是不可能的。君主喜欢阴谋欺诈，臣下就争相横征暴敛，驱使人民只贪图一时利益，致使百姓痛恨，在这种情况下还指望他们亲近君上，是不可能的。拥有土地而不重视农业，治理国家却不能使人民精神一致，在这种情况下指望国家的宗庙社稷不出现危亡，那是不可能的。

上恃龟筮①，好用巫医②，则鬼神骤祟。故功之不立，名之不章③，为之患者三：有独王者、有贫贱者、有日不足者。一年之计，莫如树谷④；十年之计，莫如树木；终身之计，莫如树人。一树一获者，谷也；一树十获者，木也；一树百获者，人也。我苟种之，如神用之。举事如神，唯王之门。

【注释】

①龟筮：占卜。古代占卜，先卜后筮，卜用龟，筮用蓍草。

②巫医：即巫术人员。古代巫和医不分，所以连言。

③章：同"彰"，彰显，显露。

④树：培养，种植。

【译文】

君主做事好求神问卜，任用巫鬼人员，那么鬼神一定经常作怪。身为一国之君，功业不成，声名不显，将造成以下三种祸患：孤立无援，贫穷卑贱，可能入不敷出。作一年的打算，最好种植五谷；作十年的打算，最好种植树木；作终身的打算，最好是培养人才。一种一收的，是种谷物；一种十收的，是种树木；一种百收的，是培养人才。我做君主的如能扶植人才，那效果就像有神在起作用。做这种有如神效的事情，才是打开了王业的大门。

　　凡牧民者，使士无邪行，女无淫事。士无邪行，教也；女无淫事，训也。教训成俗而刑罚省，数也。凡牧民者，欲民之正也；欲民之正，则微邪不可不禁也。微邪者，大邪之所生也。微邪不禁，而求大邪之无伤国，不可得也。凡牧民者，欲民之有礼也；欲民之有礼，则小礼不可不谨也；小礼不谨于国，而求百姓之行大礼，不可得也。凡牧民者，欲民之有义也；欲民之有义，则小义不可不行；小义不行于国，而求百姓之行大义，不可得也。凡牧民者，欲民之有廉也；欲民之有廉，则小廉不可不修也；小廉不修于国，而求百姓之行大廉，不可得也。凡牧民者，欲民之有耻也；欲民之有耻，则小耻不可不饰也；小耻不饰于国，而求百姓之行大耻，不可得也。凡牧民者，欲民之修小礼、行小义、饰小廉、谨小耻、禁微邪，此厉民之道也①。民之修小礼、行小义、饰小廉、谨小耻、禁微邪，治之本也。

【注释】

①厉：同"励"，勉励，劝勉。

【译文】

凡是治理百姓的人，应当使男人没有邪恶的行为，使女人没有淫乱的事情。使男人不邪恶，靠教育；使女人不淫乱，靠训导。这种教育、训导蔚然成风，国家就可刑法减少，这是很自然的道理。凡所谓治理民众，就是使民众走正路；使民众走正路，微小的邪恶就不能不禁止。微小的邪恶，是大邪大恶的根源。微小的邪恶不加以禁止，指望大邪大恶不危害国家，肯定是不可能的。凡所谓治理民众，是使他们守礼；想使他们守礼，那么微小的礼就不能不重视；如果小礼不重视，指望百姓信守大礼是不可能的。凡所谓治理民众，是让民众守义；要使民众守义，那么微小的义不能不遵从；如果不遵从这种小义，而要求百姓守大义，那是不可能的。凡所谓治理民众，是使民众有廉德；想使民众有廉德，那么微小的廉德就不能不讲究；如果不讲究小廉德，希望百姓有大廉德，那是不可能的。凡所谓治理民众，是使民众有耻辱感；想使他们有耻辱感，那么微小的耻辱感就不能不倡导；如果不倡导小的耻辱感，要求百姓知大耻，那是不可能的。所以，所谓治理民众，就是要求他们重视小礼、遵从小义、奉守小廉、杜绝小耻、禁止小邪，这是劝勉百姓的根本办法。只要做到了重视小礼、遵从小义、奉守小廉、杜绝小耻、禁止小邪，这就是治国的根本。

凡牧民者，欲民之可御也①；欲民之可御，则法不可不审。法者，将立朝廷者也②；将立朝廷者，则爵服不可不贵也③。爵服加于不义，则民贱其爵服；民贱其爵服，则人主不尊；人主不尊，则令不行矣。法者，将用民力者也；将用民力者，则禄赏不可不重也。禄赏加于无功，则民轻其禄赏；民轻其禄赏，则上无以劝民；上无以劝民，则令不行矣。法者，将用民能者也；将用民能者，则授官不可不审也。授官不审，则民闲其治；民闲其治④，则理不上通；理不上通，则下怨其上；下怨其上，则令不行矣。法者，将用民之死命者也；用民之死命者，则刑罚不可不审。刑罚不审，则有辟就⑤；有辟就，则杀不辜而赦有罪；杀不辜而赦有罪，则国不免于贼臣矣！故夫爵服贱、禄赏轻、民闲其治、贼臣首难⑥，此谓败国之教也。

【注释】

①可御：可以驾驭，也就是接受驾驭的意思。

②将：扶持，确立。

③爵服：爵位服饰。古代授官命爵，爵位不同，服饰也不同。贵：保持尊贵。

④闲：非议，反对。

⑤辟：同"避"，回避，躲让。就：靠近。

⑥首难：首先发难。

【译文】

凡治理百姓，都希望百姓服从管制；要百姓服从管制，法条规章就不能不审慎。法条规章，是确立朝廷权威的保证；树立朝廷权威，就必须重视爵位和相应的服饰制度。把爵服给了那些不义的人，人民就轻贱爵位；人民轻贱爵位，君主就得不到尊奉；君主得不到尊奉，国家法度就不能推行了。法条规章，是使用百姓的法宝；使百姓出力，俸禄奖赏就不能不重视。赏禄给没有功绩的人，人民就轻贱禄赏；人民轻贱禄赏，君主就无法劝勉百姓；君主不能劝勉百姓，也就不可能推行命令。法条规章，是使用人民才能的工具；使用人民的才能，任官授职就不能不慎重。任官授职不慎重，百姓就会阻碍官府的治理；百姓阻碍官府的治理就会导致下情不能上达；下情不能上达，人民就怨恨君主；人民怨恨君主，国家政令就不能推行。法条规章，是决定人民生死存亡的典则；决定人民的生死，刑法一定要审慎。用刑不审慎，就会有施法不均的现象；施法不均，就会有无辜者被杀、有罪者免刑的现象；无罪者被杀，有罪者得逃，国家就难免要被贼臣颠覆了！所以，爵服被轻贱、禄赏受蔑视、人民反对治理、贼臣发动叛乱，这是国家败亡的教训。

立　政

　　所谓立政，就是确立治国的基本政治原则。文章认为，国家单靠强制不足以立，重要的是对民众轻税薄敛，发展经济，在用人上做到德当其位、功当其禄。强调经济对国家安危的决定作用，强调德治和任贤的政治原则，这样的思想与《牧民》篇颇为接近，但在表达上则更为痛切。

国之所以治乱者三，杀戮刑罚不足用也。国之所以安危者四，城郭险阻不足守也。国之所以富贫者五，轻税租、薄赋敛不足恃也①。治国有三本，而安国有四固，而富国有五事。五事，五经也。

【注释】

①恃：依靠。

【译文】

国家之所以治乱兴亡有三个原因，杀戮刑罚是不解决问题的。国家之所以安定危亡有四个原因，城郭险阻是靠不住的。国家之所以贫困或富裕有五种原因，轻徭薄赋是不可靠的。治理国家有"三本"，安定国家有"四固"，使国家富裕则有"五事"。这五件事，是五项纲领。

君之所审者三：一曰德不当其位，二曰功不当其禄，三曰能不当其官。此三本者，治乱之原也①。故国有德义未明于朝者，则不可加以尊位；功力未见于国者，则不可授以重禄；临事不信于民者，则不可使任大官。故德厚而位卑者，谓之过；德薄而位尊者，谓之失。宁过于君子，而毋失于小人。过于君子，其为怨浅；失于小人，其为祸深。是故国有德义未明于朝而处尊位者，则良臣不进；有功力未见于国而有重禄者，则劳臣不劝；有临事不信于民而任大官者，则材臣不用②。三本者审，则下不敢求；三本者不审，则邪臣上通，而便辟制威③。

如此，则明塞于上，而治壅于下，正道捐弃，而邪事日长。三本者审，则便辟无威于国，道涂无行禽④，疏远无蔽狱⑤，孤寡无隐治⑥。故曰，刑省治寡，朝不合众。

右"三本"。

【注释】

①原：根本。

②材：同"才"。

③便辟（bì）：帝王亲近宠爱的小臣。便，善于花言巧语取媚的人。辟，通"嬖"，君主宠爱的人，指女人，也指男人。

④涂：同"途"，道路。行禽：道路上禽兽横行。这是对政治昏暗的比喻说法。

⑤疏远：指那些没有权势可依靠的一般小民。蔽狱：冤狱。蔽，蒙蔽，舞弊。

⑥隐治：苦痛的政治遭遇。

【译文】

君主必须在以下三点上慎重：一是德行与地位不相称，二是功劳与俸禄不相称，三是能力与官职不相称。以上三条原则，是国家治理与否的根本。所以，对于德行没有显露于朝廷的人，不能授给崇高的爵位；对于功劳没有表现于邦国的人，不能给予优厚的俸禄；主持政事而没有取信于民的人，不可以任命为重要官职。德行深厚而授爵卑微，这叫做过错；德行浅薄而地位崇高，这叫做失误。宁可对君子有过错，也不能对小人有失误。对君子有过错，招致的怨恨浅；对小人有失误，招致的祸害深。所以，国家有德行未显露于朝廷而身居高位的现象，贤良的大臣就不会积极进取；有功劳未表现于国而享受厚禄的现象，有才干的大臣就不会奋发；有执政未取信于民却担任大官的现象，有才能的人就不会主动发挥作用。三个根本处理精当，臣下就不敢妄求什么；三个根本处理粗疏，奸邪大臣就会上来，宠佞们就会控制权力滥发权威。这样，上层的清明的政治被堵塞，下层的治理就被阻塞，正确治理被抛弃，而邪恶的事情日益增长。三个根本得到精心维持，君主宠佞的近臣不能作威作福，道路上就无禽兽横行的现象，普通小民不蒙受冤枉，孤寡无依之人没有苦痛。所以说，刑罚减省，政务精简，朝廷上也就无须召集群臣议事了。

以上是"三本"。

君之所慎者四：一曰大德不至仁①，不可以授国柄。二曰见贤不能让，不可与尊位。三曰罚避亲贵，不可使主兵。四曰不好本事，不务地利而轻赋敛，不可与都邑②。此四务者，安危之本也。故曰：卿相不得众，国之危也；大臣不和同，国之危也；兵主不足畏，国之危也；民不怀其产，国之危也。故大德至仁，则操国得众；见贤能让，则大臣和同；罚不避亲贵，则威行于邻敌；好本事，务地利，重赋敛，则民怀其产。

右"四固"。

①大：尊崇，崇尚。

②都邑：泛指城镇。都，古代划分行政区域，周代以
　四邑为丘，四丘为甸，四甸为县，四县为都。邑，
　本义是用土墙围起的城防。

【译文】

君主必须对以下四点慎重其事：一是尚德却未达仁爱
的人，不能授予国家大权。二是见贤能者不能让位的人，
不能赏赐尊贵的爵位。三是执行刑罚回避亲贵的人，不能
任命他带兵。四是不重视农业，不开发地利又轻易征取赋
税的人，不能任命为地方官。这四项原则关系国家安危的
根本。所以说：卿相如果得不到民众拥护，国家就危险了；
大臣之间不能同心协力，国家就危险了；军队统帅没有威
望，国家就危险了；人民不安心于自己的产业，国家就危
险了。所以，崇道德极仁爱的人，执掌国政就能得到民众
拥护；能尊贤让能，大臣们就会同心协力；操刑罚不避亲
贵，国家威严就可以传到敌对的邻国；重视农业，开发地
利，慎重地征赋征税，人民就会安于自己的产业。

以上是"四固"。

君之所务者五：一曰山泽不救于火，草木不殖
成，国之贫也。二曰沟渎不遂于隘①，障水不安其
藏②，国之贫也。三曰桑麻不殖于野，五谷不宜其
地，国之贫也。四曰六畜不育于家，瓜瓠荤菜百果
不备具③，国之贫也。五曰工事竞于刻镂④，女事

繁于文章，国之贫也。故曰：山泽救于火，草木殖成，国之富也。沟渎遂于隘^①，障水安其藏^②，国之富也。桑麻殖于野，五谷宜其地，国之富也。六畜育于家，瓜瓠荤菜百果备具^③，国之富也。工事无刻镂，女事无文章^⑤，国之富也。

右"五事"。

【注释】

①渎：小沟渠。遂：畅通。

②障：堤坝、塘堰之类。藏：贮藏，储存。

③瓠（hù）：葫芦。荤：葱蒜之类有特殊气味的蔬菜。

④工事：指手工技艺之事，多指雕刻建筑的手艺。刻镂：雕刻，镂空，多指对房屋梁木的装饰。

⑤女事：指女红针黹之事。文章：服装上的纹样图案。

【译文】

君主必须注意以下五点：一是山林沼泽不能免于火灾，草木不能繁殖生长，国家要贫困。二是渠道有阻碍不能通畅，塘堰的蓄水不稳固，国家要贫困。三是田野里没有种植桑麻，五谷粮食没有因地制宜，国家要贫困。四是人们的家中没有饲养六畜，各类蔬菜瓜果也不齐全，国家要贫困。五是工匠争相刻意雕琢，女红力求文采，国家要贫困。所以，山泽防火，草木茂盛，国家就能富庶丰盛。渠道畅通，塘堰蓄水安稳，国家就能富庶丰盛。桑麻满布田野，五谷种于合适的土壤，国家就能富庶丰盛。家家饲养各种牲畜，蔬菜瓜果百类俱全，国家就能富庶丰盛。工匠不过分雕琢，女红不过分追求花花绿绿，国家就能富庶丰盛。

　　以上是"五事"。

乘 马

　　乘即计算，马通码，乘马即运算、筹算。本文以乘马为题，旨在说明筹划国家一些重大的经济问题。涉及可利用土地的比例、市场和物价，以及如何组织民众积极开发地利等诸多方面。强调政府应调动民众有效利用土地发展经济，是本文的中心。充分认识到市场的作用，又是全文的精要之点。选文略有删节。

凡立国都，非于大山之下，必于广川之上。高毋近旱，而水用足；下毋近水，而沟防省。因天材①，就地利，故城郭不必中规矩②，道路不必中准绳③。

　　右"立国"。

【注释】

①因：凭借，借助。

②规矩：校正圆形和方形的工具，后来引申为规则，法式。

③准绳：测量物体平直的工具，后与准则同义。

【译文】

　　凡是营建国都，不在大山下面，就在大河旁边。城址高不能高到易受干旱，并且有充分水源；低不能低到太近河流，这样就可节省防水沟渠的费用。利用自然资源，依靠大地之利，因而城墙不一定非要方圆规矩，道路也不一定就要平直如绳。

　　以上是"立国"。

　　市者，货之准也①。是故百货贱，则百利不得②。百利不得，则百事治。百事治，则百用节矣③。是故事者生于虑，成于务，失于傲。不虑则不生，不务则不成，不傲则不失。故曰，市者可以知治乱，可以知多寡，而不能为多寡。为之有道。

　　右"务市事"④。

【注释】

①准：平，水平，古代商品交换的固定用语，给货物定价，叫做准；一个地方货物流通到另一地方，从而互通有无，填补物产地域性差别，也叫准。因此准就是商品在流通、交换中确定其价格的意思。

②百利：指商人获得的暴利。

③节：适度消费，是《乘马》的重要概念。

④务：从事。

【译文】

市场，是货物在交换中各自获得其应有价格的地方。所以各种货物如果价格低廉，商人就不能从各种货物牟取厚利。没有这样的牟取暴利，各种事业就都能得到发展。百业并兴，各种社会需求也就可以调节了。因此，任何事业都生于谋虑，成于努力，败于骄傲。不谋虑事业就无起点，不努力就不会成功，不骄傲就不会失败。所以说，从市场可以了解国家的治乱兴亡，可以明晰社会财富的多少，只是不能通过它创造财富而已。这些，做起来都有规律可循。

以上是"务市事"。

黄金者，用之量也①。辨于黄金之理，则知侈俭。知侈俭，则百用节矣。故俭则伤事②，侈则伤货③。俭则金贱，金贱则事不成，故伤事；侈则金贵，金贵则货贱，故伤货。货尽而后知不足，是不知量也；事已而后知货之有余，是不知节也。不知量，不知节，不可谓之有道。

【注释】

①用：用度，费用。量：计量。

②伤事：伤害各种事业。事，主要指宫殿、台榭、车
舆等方面的建造，是上层的消费活动。

③伤货：伤害财货的生产。价格太低，生产财货的积
极性就会减低。

【译文】

黄金，是各种费用的计量。辨明黄金使用的道理，就
可以了解消费的奢和俭。知道奢俭，就可以调节各项用度。
用度过俭将妨碍各种事业，过奢则伤害财货生产。过俭使
黄金价格低廉，金贱各种事业就因材货短缺办不成，所以
说金贱妨碍事业；过于奢侈，使金价抬高，货物就低贱，
所以对货物生产不利。各种物资用光了才知道不足，是因
为不懂得计量；事情完毕才知道财货有余，是因为不懂得
适度耗费。不知计量，不知适度耗费，不可以称之为懂得
治国之道。

天下乘马服牛①，而任之轻重有制。有壹宿之
行，道之远近有数矣。是知诸侯之地千乘之国者②，
所以知地之小大也，所以知任之轻重也。重而后损
之，是不知任也；轻而后益之，是不知器也。不知
任，不知器，不可谓之有道。

【注释】

①服：驾驭。

②千乘之国：国力强盛的大国。古代一辆四匹马拉的车称为一乘，千乘是大国的标志。

【译文】

天下事如同驾马驭牛，因而负担轻重要有限制。有一夜行程的多少，对道路的远近心中就有数了。所以，知道一个诸侯国是一千乘战车的国家，就可以推知它的土地大小了，也可以知道它负担的轻重了。负担很重了才知道减轻，是不了解其承受能力；负担很轻了才知道增加，是不了解承担的器量有多大。不知道能担当多少，不知道器量大小，不可以称为治国有道。

地之不可食者，山之无木者，百而当一。涸泽，百而当一。地之无草木者，百而当一。樊棘杂处①，民不得入焉，百而当一。薮，镰缰得入焉②，九而当一。蔓山③，其木可以为材，可以为轴，斤斧得入焉，九而当一④。汎山⑤，其木可以为棺，可以为车，斤斧得入焉，十而当一。流水，网罟得入焉⑥，五而当一。林，其木可以为棺，可以为车，斤斧得入焉，五而当一。泽，网罟得入焉，五而当一。命之曰地均⑦，以实数。

【注释】

①樊：荆棘。字当作"楚"。

②缳（mò）：绳索。

③蔓山：连绵之山。

④九：当作"十"。

⑤汃：古"盘"字，环绕的样子。

⑥罟（gǔ）：渔网。

⑦命：同"名"。地均：将所有国土面积折合成实际
可生产财富土地面积的方法。

【译文】

不长粮食的地，不生树木的山，一百亩折合为一亩可耕地。干涸的沼泽，一百亩折合一亩。不生草木的荒地，也是百亩折合一亩。荆棘丛生无法进入的土地，百亩折合一亩。沼泽之地，镰刀绳索可以开采的，九亩折一。逶迤连绵的山脉，树木可作材料，可作车轴，斧头可以采伐的，十亩折合一亩。盘旋回环的山岭，树木可以做棺材，可以制造车辆，斧头可以采伐的，十亩折合一亩。活水的河流，可以下网捕捞的，五亩折一。林地树木可以做棺材，可以制造车辆，斧头可以开采的，五亩折一。水泽，可以下网捕捞的，五亩折一。这可以称之为"地均"，上述的国土经过折算，都可以计入国家实际田亩数中。

方六里命之曰暴①，五暴命之曰部，五部命之曰聚。聚者有市，无市则民乏。五聚命之曰某乡，四乡命之曰方，官制也。官成而立邑。五家而伍，十家而连，五连而暴。五暴而长，命之曰某乡。四乡命之曰都，邑制也。邑成而制事②。四聚为一离，

五离为一制，五制为一田，二田为一夫，三夫为一家，事制也。事成而制器。方六里，为一乘之地也。一乘者，四马也。一马其甲七，其蔽五③。一乘，其甲二十有八，其蔽二十，白徒三十人奉车辆④，器制也。

【注释】

①暴（pù）：古时户籍单位，五十家为暴。

②制事：组织起来从事活动。

③蔽：指防护战车的盾牌兵士。

④白徒：战争中不拿武器、不穿铠甲的服务人员。奉车辆：当作"奉车一辆"，负责车辆杂务的意思。

【译文】

方圆六里的地区命名为一暴，五暴命名为一部，五部命名为一聚。聚要有集市，否则人们无法买到所需物品。五聚命名为一乡，四乡命名为一方，这是行政编制。这样的编制一经确定，就可以设立城邑了。以五家为伍，十家为连，五连为暴。五暴为长，命名为某乡。四乡命名为某都，这是居民编制。居民编制之后，就可以组织做事了。四聚为一离，五离为一制，五制为一田，二田为一夫，三夫为一家，如此，生产之类的事情就有底了。编制之后，就可以经营军事器物了。方圆六里的地区，就是出兵车一乘的单位。一乘，是四匹马的战车。每一匹马配备甲士七人，执盾牌兵士五人。一乘共二十八名甲士，二十名盾兵，另外有三十人负责战车的杂务，如此，战争器物就备齐了。

方六里，一乘之地也；方一里，九夫之田也。黄金一镒①，百乘一宿之尽也②。无金则用其绢，季绢三十三制当一镒③。无绢则用其布，绖暴布百两当一镒④。一镒之金，食百乘之一宿，则所市之地，六步一斞⑤，命之曰中。岁有市，无市则民不乏矣。方六里，名之曰社。有邑焉，名之曰央，亦关市之赋。黄金百镒为一箧⑥，其货一谷笼为十箧。其商苟在市者三十人⑦，其正月、十二月黄金一镒，命之曰正分⑧。春曰书比，立夏曰月程，秋曰大稽，与民数得亡⑨。

【注释】

①镒（yì）：二十两或二十四两，古代钱币单位。

②尽：通"赆"，赠送别人的礼物、路费，此处作费用讲。

③季绢：轻软的细绢。季，当作"穟"，细绢。制：一丈八尺。

④绖暴布：一种细白的上好布。两：匹。

⑤斞：同"斗"，古代容器单位。

⑥箧（qiè）：小箱子，这里为征税的单位。

⑦商苟：非正式的商人，没有市籍的小贩之类。

⑧正分：合理的征收。

⑨与：通"举"，记录，记载。得亡：有无。得，在此为"有"的意思，与"亡"相对；亡、无古通。

【译文】

方圆六里，是一乘之地；方圆一里，是九个农夫的土地。一镒黄金供应一百辆兵车一夜的费用。没有黄金就用绢，细软的绢三十三制折合黄金一镒。没有绢就用布，一百匹薄布折合黄金一镒。一镒黄金供应一百辆兵车一夜的费用，那么征收布匹的地方，就相当于六步土地征收一斗粮食，这是中等年岁的税率。一年之中必须有集市，否则百姓无从购买物品。方圆六里的地区命名为社。修建城镇，命名为央，也要征收关税和市税。以黄金百镒为一筴计算，一谷笼货物算作十筴。市场上的小贩每三十人在正月、十二月交纳黄金一镒，称之为合理的征税。春天公布税率，叫做"书比"；夏天按月品量货物，叫做"月程"；秋天则考察总的税收情况，叫做"大稽"，同时，还能统计市场百姓人数的增减。

三岁修封，五岁修界。十岁更制，经正也①。十仞见水不大潦②，五尺见水不大旱。十一仞见水轻征，十分去二三，二则去三四③，四则去四，五则去半，比之于山④。五尺见水，十分去一，四则去三，三则去二，二则去一⑤，三尺而见水，比之于泽。

【注释】

①经正：正常的、制度性的做法。

②仞：古代一仞为八尺或七尺。潦（lǎo）：涝。这句应是说池塘河岸的吃水线。

③十一仞见水轻征，十分去二三，二则去三四：这几句错衍较多，当作："一仞见水轻征，十分去一，二则去二，三则去三。"

④比之于山：是说地势高难以灌溉，如同山地一样。下文"比之于泽"意思大同。

⑤四则去三，三则去二，二则去一：当作："四则去二，三则去三，二则去四。"

【译文】

三年整修一次边界，五年修建一次地界，十年重新划定一次封、界，这是常规做法。十仞高的地方才见到水就不会有大洪涝，下掘五尺深就见水不会有大旱。一仞见水的土地，应该减少十分之一的租税，二仞见水的土地，减轻十分之二，三仞减少十分之三，四仞减少十分之四，五仞减半，比照于山地。五尺见水的地方，也减少十分之一的租税，四尺见水的土地，减少十分之二，三尺则减少十分之三，二尺减少十分之四，比照于沼泽。

距国门以外，穷四竟之内①，丈夫二犁②，童五尺一犁，以为三日之功。正月，令农始作，服于公田农耕，及雪释，耕始焉，芸卒焉③。士闻见博学意察④，而不为君臣者，与功而不与分焉⑤。贾知贾之贵贱⑥，日至于市，而不为官贾者，与功而不与分焉。工治容貌功能⑦，日至于市，而不为官工者，与功而不与分焉。不可使而为工，则视贷离之实而出夫粟⑧。是故智者知之，愚者不知，不可以教民；

巧者能之，拙者不能，不可以教民。非一令而民服之也，不可以为大善；非夫人能之也⑨，不可以为大功。是故非诚贾不得食于贾，非诚工不得食于工，非诚农不得食于农，非信士不得立于朝。是故官虚而莫敢为之请，君有珍车珍甲而莫之敢有。君举事，臣不敢诬其所不能。君知臣，臣亦知君知己也，故臣莫敢不竭力俱操其诚以来。

【注释】

①竟：通"境"，边境。

②二犁：两副犁的耕作面积。

③芸：同"耘"，锄草。

④闻：当作"闲"。闲，通"娴"，熟练。意察：精明。

⑤分：古通"颁"，此处为颁赐、赏赐的意思。

⑥贾：本句第二个"贾"同"價（价）"，价格。

⑦工：即"功"，与上文"三日之功"同义，都是为国出力的意思。功能：技能，手艺。

⑧贷离：家庭财产的差别。

⑨夫人：众人，人人。

【译文】

从都城大门之外到全国境内，成年男子按两犁耕作面积的定额，身高五尺的未成年男童按一犁定额，为君主服役三天。正月，命令农民开始耕作，到公田服役，从雪化时，春耕开始，到夏天锄草为止。士见多识广，学问渊博精明，还没有成为君主的臣属，也要服役但不能接受赏赐。

商人了解物价高低，每天在市场经商但不是官商的，也要服役但不能接受赏赐。工匠打扮好了摆出自己的手艺，每天到市场出卖但不是官方工匠的，也要服役但不能接受赏赐。至于那些不服劳役的，则要根据家产差别交纳粮食。只有聪明人明白而笨人不懂的事情，不能用来要求一般百姓；只有灵巧人能做到而笨拙人不能做到的，也不能要求于所有的百姓。命令不是一下达百姓就能遵从执行，就不可能实现大治；要求若不是人人都可做，就不可能建立大功。所以，不是诚信的商人，不得经商；不是诚信的工匠，不得做工；不是诚信的农民，不得务农；不是守信用的士人，不得在朝中任官。这样，就是官位空缺也无人敢于冒请，君主即使给予珍贵车甲的待遇，也无人敢于享用。君主想办什么事，臣下就不敢谎称他们不能做。君主了解臣下，臣下也知道君主了解自己，那么，臣下就不敢不尽心竭力，拿出真诚来为君主服务了。

道曰：均地分力①，使民知时也，民乃知时日之蚤晏②，日月之不足，饥寒之至于身也。是故夜寝蚤起，父子兄弟，不忘其功，为而不倦，民不惮劳苦。故不均之为恶也，地利不可竭，民力不可殚。不告之以时，而民不知；不道之以事，而民不为。与之分货，则民知得正矣③，审其分，则民尽力矣。是故不使而父子兄弟不忘其功。

右"士农工商"。

【注释】

①分力：公平地为国家出力。分，在此指平分、公平的意思。

②蚤：通"早"。晏：晚。

③得正：当作"得征"。得，民之所得。征，官之所征。

【译文】

有道是：把土地分给农民，公平地收取劳役，让他们抓紧农时，他们就懂得时令的早晚、光阴的紧迫和饥寒的威胁。因此百姓夙兴夜寐，父子兄弟，不忘记他们要做的事情，不知疲倦，不怕劳苦。如果土地分配不均，地利不能充分开发，民力不能充分使用。不告知农时，人们就不能按时耕种；不在农事上引导，百姓就不会有作为。讲明生产所得的分成，百姓知道自己的所得和国家的税收，百姓明确知道自己的份额，就会尽力了。这样，即使国家不予督促，百姓也会父子兄弟尽心尽力地做好自己的事情。

以上是"士农工商"。

圣人之所以为圣人者，善分民也①。圣人不能分民，则犹百姓也。于己不足，安得名圣？是故有事则用，无事则归之于民，唯圣人为善托业于民。民之生也②，辟则愚③，闭则类④。上为一，下为二。

右"圣人"。

①分：意思是将民分作士、农、工、商来管理，使各
　守其分。

②生：通"性"，本性。

③辟：同"僻"，邪恶。

④闭：坚定，不受外恶的干扰、影响。类：善，美好。

【译文】

圣人之所以成为圣人，是因为他善于使民各守其分。
不能使民守分，就与普通百姓无异了。像小百姓那样，连
自己都管不好，怎么能称为圣人？所以，国家有事就取用
于民，无事就使民各归其事，只有这样的圣人才能把国家
事业托付给百姓来做。百姓的本性是邪恶了就愚昧，坚定
了就善良。在上位的做一分，下面的百姓就会以两倍的作
为来回报。

以上是"圣人"。

时之处事精矣，不可藏而舍也。故曰，今日不
为，明日亡货①。昔之日已往而不来矣！

右"失时"。

【注释】

①亡：无，没有。货：货物。

【译文】

时令对于事业太宝贵了，时间到了，是不可因为要暂
时休息而将时光收藏起来的。所以说，今天不做事，明天

就财富匮乏。过去的时光一去不复回啊！

以上是“失时”。

上地方八十里，万室之国一^①，千室之都四。中地方百里，万室之国一，千室之都四。下地方百二十里，万室之国一，千室之都四。以上地方八十里，与下地方百二十里，通于中地方百里。

右“地里”。

【注释】

①室：古代一个家庭为一室。

【译文】

上等土地八十里就可以供应万户的邦国和四个千户的城市。中等土地则需一百里，才能供应一个万户的邦国和四个千户的城市。下等土地却需要一百二十里，才能养得起一个万户的邦国和四个千户的城市。所以，八十里的上等土地和一百二十里的下等土地，与一百里中等土地是相当的。

以上是“地里”。

七　法

　　七法即七项法则，即则、象、法、化、决塞、心术、计数。本文阐明它们的含义和重要性。与此相关，文章还论述了下面三部分内容：一是"百匿"问题，指出藏在君主左右的各种坏人对治国用兵有四方面的伤害（威、法、教、众），名之为"四伤百匿"；二是论述了用兵以匡正天下的基本原则，名之为"为兵之数"；三是分析了如何安排战略进行攻伐，名之曰"选阵"。选文除了选取前四段之外，还选入讨论"四伤百匿"的第一段。

言是而不能立，言非而不能废，有功而不能赏，有罪而不能诛，若是而能治民者，未之有也。是必立，非必废，有功必赏，有罪必诛，若是安治矣？未也。是何也？曰：形势、器械未具^①，犹之不治也^②。形势、器械具，四者备，治矣。不能治其民，而能强其兵者，未之有也；能治其民矣，而不明于为兵之数^③，犹之不可。不能强其兵，而能必胜敌国者，未之有也；能强其兵，而不明于胜敌国之理，犹之不胜也。兵不必胜敌国，而能正天下者，未之有也；兵必胜敌国矣，而不明正天下之分^④，犹之不可。故曰：治民有器，为兵有数，胜敌国有理，正天下有分。

【注释】

①形势、器械：指军事形势与军事装备。

②犹之：依然。

③数：指策略。

④分：名分，这里指适当的方法。

【译文】

主张正确而不能采纳，主张错误而不能废除，有功劳而不予赏赐，有罪过而不予惩罚，像这样而能治理好人民的，向来没有过。正确的一定采用，错误的一定废止，有功必赏，有罪必罚，像这样就能治理好国家了吗？还不能。为什么？因为，军事力量和军事装备没有具备，仍然不能治理好国家。有了军事力量和军事装备，再具备上述四点，那就可以治理好国家了。人民不能治理好而能使其军队强大的，从来没有过；但是，即使能治其民而不懂用兵的策略，仍然不能使军队强大。不能壮大军队而能战胜敌国的，从来没有过；但是，即使能够壮大其军队而不明白战胜敌国的道理的，仍然不能获胜。兵力不能必胜敌国而能够征服天下的，从来没有过；即使兵力有了必胜的把握而不懂得匡正天下的名分的，仍然是不行的。所以说：治民要有凭借，用兵要有谋略，战胜敌国要有头脑，匡正天下要有名分。

则、象、法、化、决塞、心术、计数①。根天地之气②，寒暑之和③，水土之性，人民、鸟兽、草木之生，物虽不甚多，皆均有焉而未尝变也，谓之则。义也、名也、时也、似也、类也、比也、状也④，谓之象。尺寸也、绳墨也、规矩也、衡石也、斗斛也、角量也⑤，谓之法。渐也、顺也、靡也、久也、服也、习也⑥，谓之化。予夺也、险易也、利害也、难易也、开闭也、杀生也，谓之决塞。实也、诚也、厚也、施也、度也、恕也，谓之心术。刚柔也、轻重也、大小也、实虚也、远近也、多少也，谓之计数。

【注释】

①决塞：疏通堵塞。

②根：根源，根本。

③寒暑之和：寒暑协调。和，指交替往来，协调并存。

④义：一说当作"仪"。

⑤衡石：称量轻重的工具。斗斛（hú）：两种量器，此处泛指各种量器。角量：平斗斛的用具。

⑥顺：通"驯"，驯服。靡：通"磨"，消磨。服：适应。

【译文】

则、象、法、化、决塞、心术、计数。源本于天地的气，寒暑的协调，水土的性质以及百姓、鸟兽、草木的生长，事物虽不甚多，却共同拥有的而且未尝改变的，就是所谓的"则"。形状、名称、年代、相似、类属、依次、状态等等，是所谓的"象"。尺寸、绳墨、规矩、衡石、斗斛、角量等等，是所谓的"法"。渐进、顺服、消磨、浸淫、适应、习惯等等，是所谓的"化"。予夺、险易、利害、难易、开闭、死生等等，是所谓的"决塞"。老实、忠诚、宽厚、施舍、度量、宽恕等等，是所谓的"心术"。刚柔、轻重、大小、虚实、远近、多少等等，叫作"计数"。

不明于则，而欲出号令①，犹立朝夕于运均之上②，担竿而欲定其末。不明于象，而欲论材审用，犹绝长以为短，续短以为长。不明于法，而欲治民一众③，犹左书而右息之。不明于化，而欲变俗易教，犹朝揉轮而夕欲乘车。不明于决塞，而欲驱众移民，犹使水逆流。不明于心术，而欲行令于人，犹倍招而必射之。不明于计数，而欲举大事，犹无舟楫而欲经于水险也。故曰：错仪画制，不知则不可；论材审用，不知象不可；和民一众④，不知法不可；变俗易教，不知化不可；驱众移民，不知决塞不可；布令必行，不知心术不可；举事必成，不知计数不可。

【注释】
①出号令：据下文当为"错仪画制"。
②夕：古代测日影以定方向的仪器。均：指制陶器所用的转轮。
③一众：协调和统一民众。
④和：据上文当为"治"。

【译文】
不明白事物的法则，而想要制定号令，如同在转动着的陶轮上用标杆测定时间，摇动竹竿却想稳定它的末端。不了解事物的象，而想量才而用，犹如把长的当短的来使，把短的当长的来用。不了解事物的规范，而想治理人民、调和民众，犹如用左手写字，而闲着右手。不明白变化的道理，而想移风易俗，如同早晨刚制造车轮，晚上就要乘车。不懂得疏通堵塞，而想驱使和调遣人民，如同使水倒流。不懂得心术，而想对民众发号施令，如同背对着靶子射箭而想命中。不懂得计数而想要兴办大事，如同想不用舟楫渡过险恶的河流。所以说：立法定制，不了解"则"不行；论材审用，不了解"象"不行；治理人民、调和民众，不了解"法"不行；移风易俗，不了解"化"不行；驱使和调遣民众，不疏通堵塞不行；发布命令、令出必行，不了解心术不行；举大事、事必成，不了解计数不行。

百匿伤上威①，奸吏伤官法，奸民伤俗教，贼盗伤国众。威伤，则重在下②；法伤，则货上流；教伤，则从令者不辑③；众伤，则百姓不安其居。重在下，则令不行；货上流，则官徒废；从令者不辑，则百事无功；百姓不安其居，则轻民处而重民散④；轻民处、重民散，则地不辟；地不辟，则六畜不育；六畜不育，则国贫而用不足；国贫而用不足，则兵弱而士不厉⑤；兵弱而士不厉，则战不胜而守不固；战不胜而守不固，则国不安矣。故曰：常令不审，则百匿胜；官爵不审，则奸吏胜；符籍不审⑥，则奸民胜；刑法不审，则盗贼胜。国之四经败，人君泄见危。人君泄，则言实之士不进；言实之士不进，则国之情伪不竭于上。

【注释】

①百匿（tè）：指君主左右的各种坏人。匿，通“慝”，指邪恶。

②重在下：权威下移。

③辑：和睦顺从。

④轻民：尹注“轻民谓为盗者”。重民：尹注“重民谓务农者”。

⑤厉：张扬，强盛。

⑥符籍：指通行凭证与户口簿册。符，凭证。籍，簿册。

【译文】

君王左右的各种坏人破坏君主的权威，奸诈的官吏破坏国家的法制，奸诈的国民伤害风俗教化，贼盗伤害国内的民众。君上的权威被伤害，权力就会下移；法制被破坏，财货就会集中到上层；教化被损害，臣民就不会和顺地听命；民众被伤害，百姓就不得安宁。权力下移，政令便难以推行；财货上流，官员就会腐坏；臣民不听命，凡事都难有功效；百姓不得安居，就会导致盗贼横行而农民离散；盗贼横行而农民离散，土地就得不到开辟；土地不开辟，则六畜得不到养育；六畜得不到养育，邦国就会财源不足；邦国财源不足则军队羸弱、士气不振；军队羸弱、士气不振，则不能胜战、也不能固守；战不胜而守不固，国家就无法安定了。所以说：常规法令不严明，君王左右的坏人就得逞；官爵制度不严明，奸诈的官吏就得逞；符籍制度不严明，奸诈之民就得逞；刑法不严明，盗贼就得逞。治国的四经（大法、官爵、符籍、刑法）败坏了，君主又轻慢懈怠，就会出现危机。这是因为人君不重视，说真话的人就不被任用；说真话的人不被任用，国家的真实情况就不能传到君主这里了。

版　法

　　所谓"版法"，即刻在版牍之上的法则。此篇短文实际上是为君主指明了保有国家的三项法则，概括起来就是：赏罚要公正，不要受到主观好恶的影响，即"正彼天植"；审用财物，慎用民力，要量力而行、适可而止；法度要正直，用法要严格有信。总之，此篇着重在说明君主如何把握施行法度的尺度问题，强调君主要依法公正、严格、诚信地办事，以确立权威。本文无疑是《管子》重法思想的重要体现。

凡将立事，正彼天植^①，风雨无违，远近高下，各得其嗣^②。三经既饬^③，君乃有国。喜无以赏，怒无以杀。喜以赏，怒以杀，怨乃起，令乃废。骤令不行，民心乃外；外之有徒，祸乃始牙^④。众之所忿，置不能图^⑤。举所美，必观其所终；废所恶，必计其所穷。庆勉敦敬以显之^⑥，富禄有功以劝之，爵贵有名以休之。兼爱无遗，是谓君心。必先顺教，万民乡风。旦暮利之，众乃胜任。

【注释】

①天植：指心。

②嗣：通"司"，主持，掌管。

③三经：指上面提到的正天植、无违风雨和各得其司三方面。

④牙：通"芽"，萌生。

⑤置：一说当为"寡"。

⑥庆：奖赏。

【译文】

　　凡君主欲建立一番事业，首先要端正心志，其次是不违背风雨天时，第三是使远近高下的人们都得到治理。这三个方面都整饬完善以后，君主才能够保有其国家。不能因个人喜欢而行赏，不可因个人恼怒而杀戮。因喜而赏，因怒而杀，人民就会心生怨恨，政令就会废弛。政令不通的次数多了，人心就向外；有外心的人向外结党，祸乱就开始产生。众怒之下，少数人是难以图谋应对的。兴办喜欢的事，一定要预计到事情的结局；废止厌恶的事，一定要考虑到事情的后果。赏赐敦厚之人以示表彰，把俸禄颁给有功的人以表鼓励，把爵位授予有名望的人以示美誉。兼爱而没有遗漏，这才是君主的胸怀。要先严格教诲，民众才趋从风化。经常给予利益，民众才会恪尽职守。

　　取人以己①，成事以质②。审用财，慎施报，察称量③。故用财不可以嚚，用力不可以苦④。用财嚚则费⑤，用力苦则劳。民不足，令乃辱⑥；民苦殃，令不行。施报不得，祸乃始昌；祸昌不寤⑦，民乃自图。正法直度，罪杀不赦；杀僇必信，民畏而惧。武威既明，令不再行。顿卒怠倦以辱之⑧，罚罪宥过以惩之，杀僇犯禁以振之⑨。植固不动，倚邪乃恐。倚革邪化⑩，令往民移。法天合德，象地无亲，参于日月，佐于四时。悦在施，有众在废私，召远在修近，闭祸在除怨。修长在乎任贤，安高在乎同利。

【注释】

①取人以己：取用于人要比照自己。

②成事以质：办事要量力而行。质，指实际。

③称量：计量轻重的工具，这里指事物的分量、限度。

④苦：指过头。

⑤费：同"拂"，悖逆。

⑥辱：指遭到违背或反对。

⑦寤：同“悟”，醒悟。

⑧顿卒：斥责。顿，挫折。卒，同“猝”，呵斥。

⑨僇（lù）：通“戮”，杀戮。振：通“震”，震慑。

⑩倚革邪化：指怪僻邪恶的行为。

【译文】

用人要比照一下自己，办事要根据实力。要详细审察各种用度，慎重处理施予和报酬，明察事物的限度。所以，用财于民不能太吝啬，征用民力不能太过头。用财吝啬则事情难办，征用民力过头则民众疲劳。民众贫困，政令即使繁缛也没有功效；民众苦于劳役之灾，政令就无法贯彻。施予酬报不当，祸乱就开始萌发；祸乱萌发而人君还不觉悟，民众就自图造反了。法律公正，制度明确，有罪而杀，绝不宽赦；诚信执行杀戮，民众就会畏惧。权威明示于众，法令就不必一再重申。训斥懈怠的人使之感到羞辱，处罚有罪过的人予以惩戒，杀戮犯罪的人以示震慑。君主执法之心坚定而不动摇，怪僻邪恶的人就会恐惧。怪僻邪恶的行为都有了改正，法令颁布下去，民众才能依法行事。君主应该取法于天，普遍施德；模仿地，对万物没有私亲；要与日月参齐，与四时并列。要取悦众人就要善于施予，要得民众拥护就要扫除私心；要招徕远方的人们，就要修好附近的人；要避免祸乱的发生，就要消除人怨。长远大计在于任用贤人，巩固高位在于与民同利。

五　辅

　　五辅，即执政治国的五个方面的内容。《五辅》主要论述了这五个方面：一是体现"德"的六项措施，改善民生、输导财货流通、改善交通、减税宽刑、救人之急、救济穷困之人；二是体现"义"的七项行为准则，即孝悌慈惠、恭敬忠信、公正友爱、端正克制、勤俭节约、敦厚朴实、和睦协调；三是保证八个方面有"礼"，也就是上下有义、贵贱有分、长幼有等、贫富有度；四是五个不同地位的人即君主、大夫、官长、士、庶各尽其职；五是权衡考虑三方面的因素，即天时、地利、人和。综上可知，所谓"五辅"，实际是《管子》给君主提供的一个施政纲领。不过，本文的内容还不仅如此，开头两段论述了得民心的重要性以及如何得民心（给予利益），末尾两段还讨论了控制意识形态、引导民风和重视农业、推行仁义等重要观点。如此种种体现了《管子》的儒家政治观念和政治精神。本书选取了中间五段。

德有六兴，义有七体，礼有八经，法有五务，权有三度。所谓六兴者何？曰：辟田畴，制坛宅，修树艺，劝士民，勉稼穑，修墙屋，此谓厚其生。发伏利，输墆积①，修道途，便关市，慎将宿②，此谓输之以财。导水潦，利陂沟，决潘渚③，溃泥滞，通郁闭，慎津梁，此谓遗之以利。薄征敛，轻征赋，弛刑罚，赦罪戾，宥小过，此谓宽其政。养长老，慈幼孤，恤鳏寡，问疾病，吊祸丧，此谓匡其急。衣冻寒，食饥渴，匡贫窭④，振罢露⑤，资乏绝，此谓振其穷⑥。凡此六者，德之兴也。六者既布，则民之所欲，无不得矣。夫民必得其所欲，然后听上；听上，然后政可善为也。故曰德不可不兴也。

【注释】

①墆（zhì）积：囤积，贮积。

②将宿：指送迎。

③潘渚：回流与浅滩。回旋水为"潘"，水中小洲为"渚"。

④贫窭（jù）：指贫穷的人。

⑤罢露：疲惫、败坏。罢，同"疲"。露，败坏。

⑥振：同"赈"，救济。

【译文】

　　德有"六兴"，义有"七体"，礼有"八经"，法有"五务"，权有"三度"。什么叫六兴呢？是：开垦田野，建造住宅，研习种植，勉励士民，鼓励农耕，修缮房屋，这叫作改善民生。开发潜在的财源，疏通积滞的物产，修筑道路，便利贸易，重视迎送商旅往来，这叫输导财货流通。疏浚积水，修通沟渠，疏畅回流，清除淤泥，打通河道堵塞，注意渡口桥梁，这叫作便民以利。薄收租税，轻征捐赋，宽减刑罚，赦免罪犯，宽恕小过，这叫作从宽执政。敬养老人，慈恤幼孤，救济鳏寡，慰问疾病，吊唁祸丧，这叫作救人之急。给挨冻的人衣服穿，给饥渴的人饮食，救助贫陋，赈济破败人家，资助赤贫，这叫作救人之穷困。这六个方面都是兴举德政。这六项如能实行，则百姓的需求都得到满足了。只有人民的需求得到满足，然后才能够听从上面；只有百姓服从君上，政事才能办好。所以说德政是不可不兴的。

曰民知德矣，而未知义，然后明行以导之义①。义有七体。七体者何？曰：孝悌慈惠，以养亲戚；恭敬忠信，以事君上；中正比宜②，以行礼节；整齐撙诎③，以辟刑僇④；纤啬省用⑤，以备饥馑；敦蒙纯固，以备祸乱；和协辑睦，以备寇戎。凡此七者，义之体也。夫民必知义然后中正，中正然后和调，和调乃能处安，处安然后动威，动威乃可以战胜而守固。故曰义不可不行也。

【注释】

①明行：用行动彰明。导之义：以义导之。

②比宜：亲爱。比，指亲。宜，同"谊"，友爱。

③撙（zǔn）诎：节制。撙，约束，即克制。诎，同
　"屈"。

④辟：同"避"。僇：通"戮"。

⑤纤啬：节约。

【译文】

说是民众已经知道了"德"，还不懂得"义"，然后就应以身示范、教民行义。"义"有七体。什么叫七体呢？回答是：以孝悌慈惠的态度来奉养亲属；以恭敬忠信的态度来侍奉君上；以公正友爱的态度来推行礼节；以端正克制的行为避免刑杀；以节约省用的方法来防备饥荒；以敦厚朴实的姿态来戒备祸乱；以和睦协调的关系来防止敌寇。这七个方面，都是义的内容。民众只有知义才能行为中正，行为中正然后才能关系协调，关系协调才能居处安定，居处安定才能行动威严，行动威严才能攻战胜利而防守稳固。所以说义是不可不推行的。

曰民知义矣，而未知礼，然后饰八经以导之礼^①。所谓八经者何？曰：上下有义，贵贱有分，长幼有等，贫富有度，凡此八者，礼之经也。故上下无义则乱，贵贱无分则争，长幼无等则倍^②，贫富无度则失。上下乱，贵贱争，长幼倍，贫富失，而国不乱者，未之尝闻也。是故圣王饬此八礼，以导其民。八者各得其义，则为人君者，中正而无私；为人臣者，忠信而不党；为人父者，慈惠以

教；为人子者，孝悌以肃；为人兄者，宽裕以诲；为人弟者，比顺以敬；为人夫者，敦懞以固；为人妻者，劝勉以贞。夫然则下不倍上，臣不杀君，贱不逾贵，少不陵长，远不间亲③，新不间旧，小不加大，淫不破义。凡此八者，礼之经也。夫人必知礼然后恭敬，恭敬然后尊让，尊让然后少长贵贱不相逾越，少长贵贱不相逾越，故乱不生而患不作。故曰礼不可不谨也。

【注释】

①饰：通"饬"，整饬。

②倍：同"背"，背离。

③间：离间，妨碍。

【译文】

说是民众知道"义"后，还不懂得"礼"，然后就应整饬"八经"、教民行礼。什么是八经呢？回答是：上与下都各有礼仪，贵与贱都各有本分，长与幼都各有等级，贫与富都各有限度，这八个方面是礼的纲领。所以，上与下没有礼仪就要混乱，贵与贱不守本分就要相争，长与幼没有等差就要悖逆，贫与富没有限度就失控。上下乱，贵贱争，长幼悖，贫富无度，而国家不陷于混乱的，从来没听说过。因此，圣明的君主总是整顿这八礼以教导民众。八方面都各得其宜，做君主的就公正而不偏私；做臣子的就忠诚而不结党；做父母的就慈惠而善教导；做子女的就恭肃而有孝心；做兄长的就宽厚而善教诲；做弟弟的就恭敬而和顺；

做丈夫的就敦厚而专一；做妻子的就自勉而专贞。能如此则下不叛上，臣不弑君，贱不越贵，少不欺长，疏不间亲，新不厌旧，小不越大，迷惑不破坏礼义。这八项是礼的常规。所以，人只有知礼然后才能恭敬，恭敬然后才能尊让，尊让然后才能做到少长贵贱不相逾越，少长贵贱不相逾越，混乱就不会产生而祸患也不会发作了。因此说礼是不可不重视的。

曰民知礼矣，而未知务，然后布法以任力。任力有五务，五务者何？曰：君择臣而任官，大夫任官辩事^①，官长任事守职，士修身功材，庶人耕农树艺。君择臣而任官，则事不烦乱；大夫任官辩事，则举措时；官长任事守职，则动作和；士修身功材，则贤良发；庶人耕农树艺，则财用足。故曰凡此五者，力之务也。夫民必知务，然后心一，心一然后意专，心一而意专，然后功足观也。故曰力不可不务也。

【注释】

①辩：治理。

【译文】

说是民众知道礼后，而还不懂得"务"，然后就该公布法令来安排人力。安排人力有"五务"。什么是五务呢？回答是：君主选择臣子来任命官职，大夫任官治事，官长负责其事而严守职责，士人修养德行而锻炼才艺，平民从事农耕种植。君主能够择臣而任官，政事就不烦乱；大夫任官办事，举措就可以及时；官长负责守时，行动就可以协调；士人能够修身学艺，贤良人材就能产生；平民从事农耕种植，财用就能充足。所以说这五方面，正是人力专务的地方。民众必须意识到这些方面，才能统一心志，然后才能专心致志，思想统一而专心致志，然后功业就可观了。所以说安排人力是不可不有所专务的。

曰民知务矣，而未知权，然后考三度以动之。所谓三度者何？曰：上度之天祥，下度之地宜，中度之人顺，此所谓三度。故曰：天时不祥，则有水旱；地道不宜，则有饥馑；人道不顺，则有祸乱。此三者之来也，政召之。曰：审时以举事，以事动民①，以民动国，以国动天下。天下动，然后功名可成也。故民必知权然后举错得②，举错得则民和辑③，民和辑则功名立矣。故曰权不可不度也。

【注释】

①以事动民：以事件来发动民众。

②权：判断，权衡。

③和辑：即和睦。辑，和睦。

【译文】

说是民众知道"务"后，还不懂得"权"，这样以后就该考究"三度"来使之行动。什么是三度呢？回答是：上考察天时，下考察地利，中考察人和，这就是所谓三度。

所以说：天时不祥，就会有水旱；地利不宜，就会有饥荒；人道不和，就会有祸患。这三者如若到来，都是执政不好招致的。所以说要审度时机来兴办大事，以兴办大事调动民众，通用民众发动国力，用一国调动天下。天下动员起来了，然后功业就可以有成就了。所以只有人民懂得权衡轻重，然后才举措得当；举措得当，人民才能和睦；人民和睦，则功业就建立起来了。所以说权衡轻重这一点，不可不考察。

宙　合

　　宙合意指合天地为宇宙，包罗万象。此篇文章的文体很奇特，第一段为经，其他段落为传，分别详解第一段的各个句子。文段内容比较繁杂，似乎并无统一的线索，但其内容不出这三个方面：一是论述君臣执政治国的一些原则，如"左操五音，右执五味"要求君臣各尽其职，"怀绳与准钩"一句论述重视法度，"毋访于佞"告诫毋近谄媚之人等等；二是一些为人处世的基本原则，既是针对执政者而言，又不仅限于统治者，如"春采生、秋采蔌、夏处阴、冬处阳"，倡导因时而动，"奋乃苓，明哲乃大行"，告诫盛极而衰，"鸟飞准绳"，建议要有长远目光等等；三是带有超越现实的哲理意味的论断，如"夫天地一险一易，若鼓之有桴，擿挡则击"，探讨万物共通的道理，"天地，万物之橐也，宙合有橐天地"，追寻天地宇宙的存在方式等等。这些内容既表现了作者对治国的看法，也体现了他对人际关系和外在世界的思考。本书选取的是传的部分。

"左操五音①，右执五味②"，此言君臣之分也。君出令佚，故立于左③；臣任力劳，故立于右。夫五音不同声而能调，此言君之所出令无妄也④，而无所不顺，顺而令行政成。五味不同物而能和，此言臣之所任力无妄也，而无所不得，得而力务财多。故君出令，正其国而无齐其欲⑤，一其爱而无独与是⑥，王施而无私，则海内来宾矣⑦。臣任力，同其忠而无争其利，不失其事而无有其名，分敬而无妒⑧，则夫妇和勉矣。君失音则风律必流⑨，流则乱败；臣离味则百姓不养；百姓不养，则众散亡。君臣各能其分，则国宁矣。故名之曰不德⑩。

【注释】

①五音：古代音乐中的五个音阶，即宫、商、角、徵、羽。

②五味：指酸、辛、咸、苦、甘。

③立：通"位"，下同。

④无妄：不随意妄为。

⑤齐：通"济"，满足。

⑥独与是：即独自以为其是。与，同"为"。

⑦宾：服从，归顺。

⑧分敬：相互尊敬。

⑨失音：同下文"离味"，喻行事失去协调。

⑩不德：即大德。不，即"丕"。

【译文】

　　"左操五音，右执五味"，这是说君臣各自的名分。人君发号施令是安逸的，所以位于左；人臣分职办事是劳顿的，所以位于右。五音虽不同声却可以协调，这是说人君出令不是随意为之的（而是依法办事），因而才能无所不顺，顺则法令才能得到施行，政事才能有所成就。五味虽不相同却可以调和，这是说人臣出力办事也不是盲目为之的（而是依法办事），因而才能无所不得，才能劳力有所专务，财物有所增长。所以人君出令，为匡正国家而不为满足私欲，与民同爱而非独行其是，如此施德而无私，则四海归服。人臣出力办事，恪尽忠心而不争夺私利，不失本职而不争夺虚名，如此勤敬而无所忌妒，则天下男女都将和谐共勉。人君行事失去协调，则教化必然流败，教化流败则国家混乱；人臣行事失去协调，则不能供养百姓；百姓不得供养，从而离散逃亡。君臣各自胜任其本职，国家就安宁了。所以称之为"大德"。

"怀绳与准钩①，多备规轴②，减溜大成③，是唯时德之节④。"夫绳扶拨以为正⑤，准坏险以为平，钩入枉而出直，此言圣君贤佐之制举也⑥。博而不失⑦，因以备能而无遗。国犹是国也，民犹是民也，桀纣以乱亡，汤武以治昌。章道以教⑧，明法以期，民之兴善也如化，汤武之功是也。多备规轴者，成轴也。夫成轴之多也，其处大也不究⑨，其入小也不塞，犹迹求履之宪也⑩，夫焉有不适善？适善，备也，偮也⑪，是以无乏。故谕教者取辟焉⑫。天淯阳⑬，无计量；地化生，无法厓⑭。所谓是而无非，非而无是，是非有，必交来。苟信是，以有不可先规之，必有不可识虑之。然将卒而不戒⑮。故圣人博闻多见，畜道以待物⑯。物至而对形⑰，曲均存矣。减，尽也。溜，发也。言偏环毕，莫不备得，故曰减溜大成。成功之术，必有巨获⑱。必周于德，审于时，时德之遇，事之会也，若合符然。故曰是唯时德之节。

【注释】

①绳与准钩：比喻治国的法度。绳，取直的工具。准，取平的工具。钩，取曲的工具。

②规轴：圆规之轴，比喻法度。

③减溜大成：指全面完备得宜。减，即"咸"。大成，完备的意思。

④时德：时机与德望。

⑤拨：偏斜。

⑥制举：制，指制度，法度。举，谓兴举，实行。

⑦博而不失：指法度全面详尽而无所遗失。下文所谓"备能而无遗"，即与此意相承，指法度功能完备无遗。

⑧章道以教：即彰明治国之道以教民。章，同"彰"。

⑨不究："究"当为"窍"，细、小的意思。

⑩宪：此处指鞋的模型。

⑪偣："遷"的借字，变化，引申为选择之意。

⑫取辟：即取法、借鉴。辟，通"譬"，样式。

⑬淯（yù）阳：一说"阳"当为"养"，淯阳即育养。

⑭法厓（yá）：一说原为"泮厓"，即畔崖，指边际。

⑮卒（cù）而不戒：突然到来而不能戒备。卒，同"猝"。

⑯畜：同"蓄"，贮备，积累。

⑰对形：即比照已有的范型。形，同"型"，模式，规范。

⑱巨获：当为"矩矱（yuē）"，指规矩。

【译文】

"怀绳与准钩，多备规轴，减溜大成，是唯时德之节。"绳可以扶偏为正，准可以变陡为平，钩可以矫曲为正，这是说圣君贤臣对治国举措的运用。法度详备而没有缺陷，其功能也就完备无缺。国家还是那个国家，民众还是那些民众，桀纣因为暴乱而灭亡，汤武却因为安定而兴盛。彰明治国之道来教民，申明治国之法让民众遵行，使民众从善成风，汤武的功绩就在这一点上。所谓"多备规轴"，是指制成轴枢。成轴多了，把大的放在大的地方就不会松动，把小的放在小的地方就不会堵塞，就像按照足迹大小制鞋一样，怎么会不合适呢？之所以很合适，在于非常完备，因为挑选着使用，所以不会缺乏。所以主持教化的人可以取法于此。上天养育万物，是难以估量的；大地孕育万物，是没有边际的。所谓是就不是非，非就不是是，是非都存在，就必然会一起到来。如果认为某一事物为是，是因为先规定另一事物为非，并且这个为非的事物已经被认识到了。然而这些判断都是仓猝到来，令人无法准备的。所以，圣人总是要博闻多见，积累知识以认识新事物。新事物一经出现，与旧有知识一参照，是非曲直就一目了然了。"减"是全部的意思，"溜"是发展的意思。说的是全局与局部都要完成，无不处理得宜，就是所谓"减溜大成"。成功之道，一定有方法可循。必须德行周全，明察天时，时机与德行结合，便是成事的机会，就像符契的相合无间。所以说最关键的是时与德的恰到好处的结合。

"春采生，秋采蓏①，夏处阴，冬处阳。"此言圣人之动静、开阖、诎信、涅儒②，取与之必因于时也。时则动，不时则静，是以古之士有意而未可阳也③。故挚其治言，阴挚而藏之也。贤人之处乱世也，知道之不可行，则沉抑以辟罚④，静默以俟免⑤。辟之也犹夏之就清，冬之就温焉，可以无反于寒暑之灾矣。非为畏死而不忠也，夫强言以为僇⑥，而功泽不加，进伤为人君严之义⑦，退害为人臣者之生，其为不利弥甚。故退身不舍端⑧，修业不息版⑨，以待清明。故微子不与于纣之难，而封于宋，以为殷主。先祖不灭，后世不绝，故曰大贤之德长。

【注释】

①蓏（luǒ）：指瓜类植物的果实。

②诎信：同"屈伸"。涅（yíng）儒：义不详。疑通"盈缳"，即"盈缩"的意思。

③阳：意同"扬"，张扬。

④辟：同"避"。下文"辟之也"同。

⑤侔：同"谋"，谋取。

⑥强言以为僇：即由于强言而遭受刑戮。僇，通"戮"。

⑦严：疑是衍文。

⑧端：通"专"，指朝笏，大臣上朝所持的板子。

⑨修：疑为"休"，休业即解职或退休。版：版牍，写字用的木片。

【译文】

"春采生，秋采蓏，夏处阴，冬处阳。"这是说圣人的动静、开合、屈伸、取予，一定要因时制宜。合于时宜则动，不合时宜则静，所以，古代贤士有意图却不宣扬。他心藏其治世之言论，暗中收敛，注意隐藏自己。贤人处于乱世，知道治世之道行不通，就沉抑自己以躲避刑罚，静默以求免祸。其行为如夏天之就清凉，冬天之就温暖，才不会感染上寒热之害。他并不是怕死，也不是不忠，硬要强进谏言只会招致杀身之祸，对百姓却一点功德恩泽也没有施与，往积极方面说伤害了君主尊严的义理，往消极方面说伤害了人臣个人的生命，这都是极为不利的事情。因此，一个人在野却不肯扔掉笏板，退休也不停止版书，以等待政治清明。所以，微子并没有参与纣王之难，而是受封于宋国，充当殷遗民的封君。这样祖先不被湮灭，后代也不断绝，所以说大贤人的德泽是长远的。

"明乃哲，哲乃明，奋乃苓①，明哲乃大行。"此言擅美主盛自奋也，以琅汤凌轹人②，人之败也常自此。是故圣人着之简策，传以告后进，曰："奋盛，苓落也。盛而不落者，未之有也。"故有道者，不平其称③，不满其量，不依其乐④，不致其度⑤。爵尊则肃士，禄丰则务施，功大而不伐，业明而不矜。夫名实之相怨久矣，是故绝而无交。惠者知其不可两守⑥，乃取一焉。

【注释】

①奋乃苓（líng）：指兴盛就即将衰弱。奋，兴盛。苓，通"零"，指衰落。

②琅汤（làngdàng）凌轹（lì）：指骄傲放荡、欺凌他人。轹，指欺凌。

③不平其称：指不要使自己的分量十足，是要保持谦虚的意思。称，同"秤"。下文"不满其量"同。

④依：盛大。

⑤致：同"至"，达到极至。

⑥惠：古通"慧"，聪明。

【译文】

"明乃哲，哲乃明，奋乃苓，明哲乃大行。"这是说独擅其美，自我夸耀，自奋其能，以骄傲狂妄的态势去欺凌他人，人的失败常从此开始。所以圣人把这个道理写入简册，传给后来的人，说："奋，是兴盛；苓，是衰落。只兴盛而不衰落的事，从来没有。"所以，有道之人表现得自己分量不足，尽其量却不自满，调子不高，气度不傲。爵位高就注意尊敬贤士，俸禄丰厚就注意广施财物，功劳大而并不夸耀，事业盛而并不骄傲。名与实的互相矛盾由来已久，所以互相排斥而不能并有。明智的人知道不可能兼得两者，于是只取其一，弃名取实。

"夫天地一险一易，若鼓之有桴①，摛挡则击②。"言苟有唱之，必有和之，和之不差，因以尽天地之道。景不为曲物直③，响不为恶声美。是以圣人明乎物之往者必以其类来也，故君子绳绳乎慎其所先④。"天地，万物之橐也⑤，宙合有橐天地。"天地苴万物⑥，故曰万物之橐。宙合之意，上通于天之上，下泉于地之下，外出于四海之外，合络天地，以为一裹。散之至于无间，不可名而山。是大之无外，小之无内，故曰有橐天地，其义不传。一典品之，不极一薄⑦，然而典品无治也。多内则富，时出则当。而圣人之道，贵富以当。奚谓当？本乎无妄之治，运乎无方之事，应变不失之谓当。变无不至，无有应，当本错，不敢忿。故言而名之曰宙合。

【注释】

①桴：鼓槌。

②摛（zhì）挡则击：鼓响是因为击打它。比喻事物有打击必有反响。摛挡，指鼓声。

③景：同"影"。

④绳绳乎：形容戒惧的样子。

⑤橐（tuó）：口袋或包袱。有底称囊，无底称橐。

⑥苴（jū）：一种草包，引申为包裹。

⑦一典品之，不极一薄：即一旦整理起来，还不到一板。典品，指整理。薄，古代记事的木板。

【译文】

"夫天地一险一易，若鼓之有桴，摘挡则击。"说的是如有所唱，必有所和，所和不差，就能合天地之规律。影子不可能替弯曲的物体表现为笔直，回响不可能替粗恶的音响表现为美声。可见圣人懂得事物的特性是通过参照事物之类而得出的，所以君子戒惧地慎重对待先行之物。"天地，万物之橐也，宙合有橐天地。"天地包裹着万物，所以叫万物之橐。"宙合"的意思，是上通于天空之上，下深于土地之下，外出于四海之外，合拢天地，成为一个包裹。把它散放开来，可以至于无限，简直都说不出名字。大到没有什么物体在其外，小到没有什么东西可以在其内了，所以说它能包藏天地，宙合的义理并没有传开。若一旦整理起来，其内容还不到一版，可惜整理之事没有人去做。容纳广博就内容丰富，发表适时就用之得当。而圣人之道，贵在丰富而且得当。何谓得当呢？源于法则之理，用于没有固定范围的各类事物上，应机随变而没有差错就叫得当。事物的变化虽然无所不至，但没有不处理得当的，治事的本末不离。所以称呼它为"宙合"。

枢　言

枢言即非常关键的言论。此篇记录了关于治国、修身、为君、为臣的一些基本原则，如人主三慎（慎贵、慎民、慎富），国有三制（制人、为人所制、不能制人亦不为人所制），先王所贵（贵当、贵周、贵诚信、重荣辱等），重法度，重"无"，五化以治天下，体、礼以取天下，等等。这些原则没有什么逻辑联系，但基本上是管子治国思想的体现。本书选取的是前面四段。

管子曰：道之在天者，日也①；其在人者，心也②。故曰：有气则生，无气则死，生者以其气；有名则治③，无名则乱，治者以其名。枢言曰：爱之，利之，益之，安之，四者道之出，帝王者用之，而天下治矣。帝王者，审所先所后：先民与地则得矣，先贵与骄则失矣。是故先王慎所先所后。人主不可以不慎贵，不可以不慎民，不可以不慎富。慎贵在举贤，慎民在置官，慎富在务地。故人主之卑尊轻重在此三者，不可不慎。国有宝、有器、有用：城郭、险阻、蓄藏，宝也；圣智，器也④；珠玉，末用也⑤。先王重其宝器而轻其末用，故能为天下。

【注释】

①道之在天者，日也：唐人尹知章注"日者万物由之以照，万象由之以显，功莫大焉，故谓之道"。此句意思是太阳显示了上天之道。

②心：心之为道，尹注"心者万物由之以虑，万理由之以断，云为莫大焉，故谓之道"。

③名：指事物的名称和概念，与"实"相对。

④圣智，器也：尹注："圣无不通，智无遗策，二者可操以成事，故曰器。"

⑤末：次等的，较轻的。

【译文】

管子说：道在天就是太阳，在人就是人心。所以说有气就生，无气则死，生命依靠气存在；有名分则治，无名分则乱，安定依靠名分实现。枢言认为：爱民、利民、益民、安民，这四方面都是由道决定的，帝王采用它们，天下便得安定了。帝王应当分清什么事在先、什么事在后：以百姓和地利为先就得当，以富贵和骄奢为先就失当了。所以，先代圣王总是慎重地处理何者为先、何者为后的问题。人君不可不慎重地对待何者为"贵"的问题，不可不慎重地对待"民众"，不可不慎重地对待"富"的问题。慎重对待何者为"贵"，就要举用贤人；慎重对待民众，就要谨慎设置官吏；慎重对待"富"，就要注意开发地利。所以君主的尊卑轻重就取决于这三个方面，所以不可不慎。国要有宝、有器、有用：内城外郭、山川险地、财货贮备，这些是"宝"；圣明、智谋，是所谓的"器"；珍珠玉器，居末位，是所谓的"用"。先代圣王看重宝与器而看轻财用，所以能治理天下。

生而不死者二①，立而不亡者四——喜也者、怒也者、恶也者、欲也者，天下之败也，而贤者宝之。为善者②，非善也，故善无以为也，故先王贵善。王主积于民，霸主积于将战士③，衰主积于贵人，亡主积于妇女珠玉。故先王慎其所积。疾之，疾之，万物之师也④。为之，为之，万物之时也。强之，强之，万物之脂也⑤。

【注释】

①生而不死者二：指上文提到的气与名。一说是宝与器。

②为：通"伪"，伪装。

③将战士："战"字疑衍。

④师：众多。

⑤脂：同"旨"，意旨，涵义。

【译文】

长存不灭的东西只有两样——气与名，消失以后就不再存在的东西有四样——喜、怒、厌恶与嗜好，这是天下败亡的原因，然而贤者很看重这些。伪善不是真的善，所以善是无法伪装的，因而先代圣王看重"善"。成就王业的国君积聚民众，成就霸业的国君聚集武将和战士，衰亡的国君聚集官僚贵族，亡国之君则聚敛珠玉与妇女。所以，先代圣王总是慎重地处理积聚什么的问题。赶紧进行探索，赶紧进行探索，万物是如此众多。努力从事，努力从事，万物随时流逝。加强学习，加强学习，万物的意旨是如此深奥。

凡国有三制：有制人者①，有为人之所制者，有不能制人、人亦不能制者。何以知其然？德盛义尊，而不好加名于人；人众兵强，而不以其国造难生患；天下有大事，而好以其国后：如此者，制人者也。德不盛，义不尊，而好加名于人；人不众，兵不强，而好以其国造难生患；恃与国，幸名利②：如此者，人之所制也。人进亦进，人退亦退，人劳亦劳，人佚亦佚，进退劳佚，与人相胥：如此者，不能制人，人亦不能制也。

【注释】

①制：宰制，领导。

②幸：侥幸，非分地贪图。

【译文】

大凡一国有三种控制关系：控制别人，被别人控制，不能控制别人、也不为别人所控制。怎么知道是这样的呢？有的国家德义尊盛，但并不喜欢把自己的名位强加于他人；其人多兵强，却不喜好用国力制造危难和祸患；一旦天下有大的事变，也不愿意出头：这样的国家，一定是控制别人的。德不盛，义不高，却喜好强加名位于他人；其人不多，兵不强，却好用国力制造危难和祸患；并依仗同盟，偷取名利：这样的国家，一定是被人控制的。别人前进也跟着前进，别人后退也跟着后退，别人劳顿自己也劳顿，别人豫逸自己也豫逸，进退劳逸，总是与人相对而行：这样的国家，不能控制他人，也不为别人所控制。

爱人甚，而不能利也①；憎人甚，而不能害也。故先王贵当，贵周②。周者，不出于口，不见于色；一龙一蛇，一日五化之谓周③。故先王不以一过二。先王不独举，不擅功。

①不能：指不能随意。

②贵周：尹注"深密不测则周也"。

③一龙一蛇，一日五化之谓周：以龙蛇作为比喻，言
　　其一日变化五次而不露形迹。一日五化，一日变化
　　五次。

【译文】

即使非常喜欢一个人，也不能随便给予利益；非常憎
恨一个人，也不能加害于他。所以，先王注重分寸适当，
注重周密。所谓周密，就是不说出口，不表现于神色；就
像龙、蛇一天五变而无人察觉一样，才是所谓的周密。所
以，先王不会说一大于二，也不会独自包办，或独擅功绩。

先王不约束，不结纽①。约束则解，结纽则绝。
故亲不在约束、结纽。先王不货交②，不列地③，以
为天下。天下不可改也，而可以鞭箠使也④。时也，
利也⑤，出为之也。余目不明，余耳不聪⑥，是以
能继天子之容⑦。官职亦然。时者得天，义者得人。
既时且义，故能得天与人。先王不以勇猛为边竟，
则边竟安⑧；边竟安，则邻国亲；邻国亲，则举
当矣。

【注释】

①"先王"二句：约束，结成束。结纽，打扣子。这
　　都是比喻成心做某些事。

②货交：即用财物外交。

③列地：即割让土地。列，同"裂"。

④鞭筀（chuí）：鞭子和棍杖，引申为武力。

⑤利也：据下文"利"当为"义"。

⑥余目不明，余耳不聪：古人认为做君主的不能什么
都看得清楚、听得明白，要会装糊涂，这样才能不
受蒙蔽，所谓"不痴不聋，不做大家翁"。余，多
余的。一说"余"，我也。

⑦容：形容，指天子的圣德。

⑧竟：通"境"。

【译文】

先王既不会拉帮，也不会结派。约结成邦终究会解散，
结成派别终将会破裂。所以，建立亲善的关系不在于"约
束"和"结纽"的拉帮结派。先王也不用财货建交，不会
割地交好，以此治理天下。尽管天下格局不可轻易改变，
却可以用鞭子和棍棒（即武力）来驾驭。把握天时，符合
正义，就可以去做。虽有多余的眼力却不看，多余的耳力
却不听，这样才能够维继天子的圣明。官吏的职责也同样
如此。把握天时就能得到自然优势，符合正义就会得到民
众的拥护。既占天时，又合正义，这就能把自然与人力的
力量一并掌握起来了。先王不以武力解决边境问题，边境
就会安宁；边境安宁，则邻国亲善；邻国亲善，举措就得
当了。

八　观

　　八观就是从八个方面考察一个国家。此篇先论述统治者应当落实各项管理措施，营造一个让百姓循规蹈矩的生活环境，从而创造安宁的统治局面。其次，它从八个方面分析了一个国家是治是乱的衡量标准，概括起来即：一是田地耕耘和农业生产，以观饥饱；二是山林湖泽、种植畜牧，以观贫富；三是城市建筑、车马衣服，以观奢俭；四是灾荒、军队、财政开支，以观虚实；五是风俗、教化，以观治乱；六是朝廷君臣、上下贵贱，以观强弱；七是法令行赏、威严宽惠，以观兴废；八是敌国盟友、国本民产，以观存亡。这八个方面其实就是作者为统治者指引的强国之道，有纲有目，体现了作者的现实精神和治国才能。选文第一段是引子，第二段是对论述"八观"的八个段落的核心句的汇集。

大城不可以不完，郭周不可以外通①，里域不可以横通②，闾闬不可以毋阖③，宫垣关闭不可以不修④。故大城不完，则乱贼之人谋；郭周外通，则奸遁逾越者作；里域横通，则攘夺窃盗者不止；闾闬无阖，外内交通，则男女无别；宫垣不备，关闭不固，虽有良货，不能守也。故形势不得为非⑤，则奸邪之人悫愿⑥；禁罚威严，则简慢之人整齐；宪令著明，则蛮夷之人不敢犯；赏庆信必⑦，则有功者劝；教训习俗者众，则君民化变而不自知也⑧。是故明君在上位，刑省罚寡，非可刑而不刑，非可罪而不罪也；明君者，闭其门，塞其涂，弇其迹⑨，使民毋由接于淫非之地，是以民之道正行善也若性然。故罪罚寡而民以治矣。

【注释】

①郭周：城郭的四周。

②横通：尹注"谓从旁横通也"。

③闾闬（hàn）：古代里巷的门。阖：闭合。

④关闭：指门栓。

⑤形势：这里可以理解为社会环境、整体风尚。

⑥悫（què）愿：安分，老实。悫，恭谨，朴实。

⑦庆：赏。

⑧君民化变：一说"君"字当删。

⑨弇：同"掩"，指消除。

内城的城墙不可不完整，外城的四周不可以有通向外面的通道，城内不可以左右横通，闾门不可以不能关闭，门墙不可不注意整修。因为内城城墙不完整，作乱为害的人就会图谋不轨；城郭有向外的通道，奸邪逃遁越境的人就会猖獗；城内随意横通，抢劫盗窃的行为就不会停止；闾门不关，内外随意交往，男女之间就没有界限；门墙不修，门栓不牢，虽有宝贵的财货却无法保管。所以形势不利于为非作歹，奸邪的人才能够老实守法；禁律与刑罚威严，简傲散漫的人才能够齐整起来；法令严明，蛮夷之人就不敢触犯；奖赏信实坚定，有功的人就得到鼓励；受教育、守习俗的人多了，民众就会不知不觉地跟着潜移默化。因此英明的君主执政，刑罚很少，并不是该受刑的不用刑，该治罪的不治罪；而是英明之君关闭了犯罪的门户，阻断了犯罪的道路，消灭了犯罪的影响，使人民无从接触为非作歹的情况，因而人民走正道、做好事，犹如出自本性。所以，罪罚很少而民众生活安定。

行其田野，视其耕芸，计其农事，而饥饱之国可知也①。行其山泽，观其桑麻，计其六畜之产，而贫富之国可知也。入国邑，视宫室，观车马衣服，而侈俭之国可知也。课凶饥②，计师役，观台榭，量国费，而实虚之国可知也。入州里，观习俗，听民之所以化其上，而治乱之国可知也。入朝廷，观左右，求本朝之臣，论上下之所贵贱者，而强弱之国可知也。置法出令，临众用民，计其威严宽惠行于其民与不行于其民^③，兴废之国可知也。计敌与，量上意，察国本，观民产之所有余不足，而存亡之国可知也。故以此八者，观人主之国，而人主毋所匿其情矣。

【注释】

①饥饱之国：倒装，指国之饥饱。下同。

②课凶饥：即核查灾年饥馑的情况。课，指核查。

③威严：指刑罚。宽惠：指奖赏。

【译文】

途经一个国家的田野，了解它的耕耘情况，计算它的农事生产，这个国家是饥是饱，就可以区别出来了。途经一个国家的山林川泽，观察它的桑麻生长情况，计算它的六畜生产，这个国家是贫是富，就可以区别出来了。进入一个国家的城邑，观察它的宫室，看看它的车马、衣服，这个国家是侈是俭，就可以区别出来了。核查灾年饥馑的情况，计算从军服役的情况，看看楼台亭阁的修建，计算财政开支，这个国家是虚是实，就可以区别出来了。进入一国的州、里，观察那里的风俗习惯，了解它的民众是如何接受上层影响的，这个国家是治是乱，就可以区别出来了。进入一国的朝廷，观察其君主的左右，推求朝廷百官的情况，分析朝廷上下重视和轻视的东西，这个国家是强是弱，就可以区别出来了。确立法律、发号施令，调动和使用民力，考察其刑赏政策或威严或宽惠，是否贯彻于民，这个国家是兴是灭，就可以区别出来了。估量敌国和盟国的实力，了解君主的意图，考察民众的生产，看看人民财产是有余还是不足，这个国家是存是亡，就可以区别出来了。因此，从这八方面调查一个君主所统治的国家，这个君主就无法掩盖他的真实状况了。

法　禁

　　所谓"法禁"，即确立法律以实现令行禁止。此篇首先强调了法制一旦确立就不可争议的重要性，其实就是强调法令的权威不可侵犯。这就有了两方面的要求，一是执法者不能将权力让度于人，更不能枉法徇私，而要严格执法、秉公执法；另一方面则是对官吏和民众要求遵纪守法，严禁触犯法令权威的行为。在第二点上，管子强调了君王治人首要在于使人"和同以听令"，并列出了君主务必要严厉禁止的十八种行为，表现了明显的高压控制的色彩，反映了法家的特色。本书选取的是前三段。

法制不议，则民不相私；刑杀毋赦，则民不偷于为善；爵禄毋假①，则下不乱其上。三者藏于官则为法，施于国则成俗，其余不强而治矣。君一置其仪②，则百官守其法；上明陈其制，则下皆会其度矣。君之置其仪也不一，则下之倍法而立私理者必多矣③。是以人用其私，废上之制而道其所闻。故下与官列法，而上与君分威，国家之危必自此始矣。昔者圣王之治其民也不然，废上之法制者，必负以耻；厚财博惠以私亲于民者，正经而自正矣④……圣王既殁，受之者衰。君人而不能知立君之道⑤，以为国本，则大臣之赘下而射人心者必多矣⑥。君不能审立其法，以为下制，则百姓之立私理而径于利者必众矣。

【注释】

①假：假托，指将授予爵禄的权力假托于人。

②一置其仪：一，即统一集中。仪，指仪法，法度。

③倍：通"背"。

④正经：即整顿国家常法。经，指常规，常法。

⑤立君之道：指树立君主权威。立，即树立。

⑥赘：同"缀"，连缀，指拉拢。

【译文】

法制不容疑议，民众就不敢相互营私；刑杀不容宽赦，民众就不敢苟且为善；爵禄的授予不假于人，臣下就不会作乱犯上。这三者如果实施于官府而成为法律，推行到全国民众而成为风俗，其他事情不用太费力就可以治理国家了。君主统一立法，百官就遵纪守法；君上公开表明制度，臣下就能领会其分寸。如果君主立法不能统一，臣下违反法律而徇私的行为就会多起来。从而人人都行其私心，废弃君上的法制而宣扬道听途说的东西。所以，百姓与官方各有法律，大臣与君主争权，国家的危机必然自此产生了。从前，圣王治理民众不是这样，对于废弃君上法制的，一定让他蒙受耻辱（给予惩处）；这样也就纠正了那种用丰厚钱财和较大的恩惠来收揽民心的行为。圣王既死，后代君主就差了。作为统治者却不懂得为君之道，不懂得以此作为立国的根本，所以大臣们拉拢下级、收买人心的现象就多了。作为君主不能审定立法的，并以此为臣下的示范，所以百姓自立私理而追求私利的自然就多了。

　　昔者圣王之治人也，不贵其人博学也，欲其人之和同以听令也①。《泰誓》曰："纣有臣亿万人，亦有亿万之心；武王有臣三千而一心。"故纣以亿万之心亡，武王以一心存。故有国之君，苟不能同人心，一国威，齐士义②，通上之治以为下法，则虽有广地众民，犹不能以为安也。君失其道，则大臣比权重以相举于国③，小臣必循利以相就也。故举国士以为己党，行公道以为私惠，进则相推于君，退则相誉于民；各便其身，而忘社稷，以广其居；聚徒成群，上以蔽君，下以索民。此皆弱君乱国之道也，故国之危也。

【注释】

①和同：指与君上保持一致。

②齐士义：统一士人的志义。

③比：比附，勾结。

【译文】

以前圣王管理人材，不看重人是否学识渊博，而是希望其能听从君令而与君主保持一致。《泰誓》说："商纣王有亿万臣子，也就有亿万条心；周武王有臣三千人，却只有一条心。"所以，纣王因亿万心而亡，武王因一心而存。因此一国之君，如果不能合同人心，统一国威，整齐士人意志，将君上的治理措施贯彻为臣下的行为之法，那么即使拥有广大的国土、众多的民众，也不会安宁。君主如果统治失道，国中大臣们就会勾结权势互相抬举，小臣们也必然为追逐私利而相互屈从。所以全国的士人就会兴起朋党，利用公法谋取私利，在朝就互相夸赞于君主之前，退朝就互相吹捧于民众之间；各图己便，忘掉国家，以扩大势力；结党成群，上以蒙骗君主，下以勒索百姓。这些都是削弱君主权力、破坏国家的做法，所以是国家的危险所在。

乱国之道，易国之常①，赐赏恣于己者，圣王之禁也。擅国权以深索于民者，圣王之禁也。其身毋任于上者，圣王之禁也。进则受禄于君，退则藏禄于室，毋事治职，但力事属②，私王官，私君事，去非其人而人私行者③，圣王之禁也。修行则不以亲为本，治事则不以官为主，举毋能、进毋功者，圣王之禁也。交人则以为己赐，举人则以为己劳，仕人则与分其禄者，圣王之禁也。交于利通而获于贫穷④，轻取于其民而重致于其君，削上以附下，枉法以求于民者，圣王之禁也。交于利通而获于贫穷，用不称其人，家富于其列，其禄甚寡而资财甚多者，圣王之禁也。拂世以为行，非上以为名，常反上之法制以成群于国者，圣王之禁也。饰于贫穷而发于勤劳⑤，权于贫贱，身无职事，家无常姓⑥，列上下之间，议言为民者，圣王之禁也。壹士以为亡资⑦，修田以为亡本，则生之养私不死⑧，然后失矫以深⑨，与上为市者⑩，圣王之禁也。审饰小节以示民，时言大事以动上，远交以逾群，假爵以临朝者，圣王之禁也。卑身杂处，隐行辟倚⑪，侧入迎远⑫，遁上而遁民者，圣王之禁也。诡俗异礼，大言法行，难其所为而高自错者，圣王之禁也。守委闲居，博分以致众，勤身遂行，说人以货财，济人以买誉，其身甚静，而使人求者，圣王之禁也。行僻而坚，言诡而辩，术非而博，顺恶而泽者，圣王之禁也。以朋党为友，以蔽恶为仁，以数变为智，以重敛为忠，以遂忿为勇者，圣王之禁也。固国之本⑬，其身务往于上⑭，深附于诸侯者，圣王之禁也。

【注释】

①易国之常：改变国家的常规、常法。

②力事属：指用力于培植僚属。

③去非其人：即排斥异己。人私行者：一说"人"字当删。

④利通：通利之人，即有权势者。

⑤饰：掩饰，装扮。发：通"废"。

⑥家无常姓：言家无固定的产业。姓，通"生"，指产业。

⑦壹士：指供养游士。

⑧死：穷尽。

⑨失矫以深：指顽固不化。

⑩为市：指讨价还价。

⑪辟倚：邪僻。辟，同"僻"，倚，指不正行为。

⑫侧入：即潜入。远：他国之人。

⑬固：同"锢"，闭塞。

⑭往：同"诳"，欺骗。

【译文】

破坏国家正道，改变国家常法，封赐与禄赏恣意妄为，是圣王所要禁止的。专擅国家大权以严厉地搜刮人民，是圣王所要禁止的。自身不肯为朝廷任职做事，是圣王所要禁止的。在朝廷从君上那里领受俸禄，退朝就把俸禄藏于私室，不干自己职责内的事，却一心扶植僚属，私用国家官员，私决君主政事，排斥异己而私自行事，是圣王所要禁止的。进修德业不以事亲为根本，办事不以奉公为主旨，所举用的无贤能之人，所推荐的乃无功之辈，是圣王所要禁止的。结交别人就以为是自己的恩赐，推荐人材就以为是自己的功劳，任用人材又从中分取俸禄，是圣王所要禁止的。既巴结权势又收买穷人，轻取于民而重求于君，削弱上层趋就下层，枉法收买民心，是圣王所要禁止的。既巴结权势又收买穷人，财用与其身份不相称，家产多于其所处的爵位，俸禄很少而资财很多，是圣王所要禁止的。所作所为违背世情，以非议君上猎取名声，经常反对朝廷的法制，并以此聚结朋党于国内，是圣王所要禁止的。装扮成贫穷的样子，却不肯辛勤劳动，苟安于贫贱的处境，自身没有固定职业，自家没有常久的资产，处于上下之间而声称是为了民众，是圣王所要禁止的。凝聚士子之心以强化自己的力量，耕治田地以雄厚自己的凭借，如此则私人奉养的财富丰富。于是那些强直不让，顽固不化，与君主讨价争权的，就是圣王所要禁止的。文饰小节以显耀于人民，时常谈论大事以打动国君，广泛结交以凌驾群臣，凭借权势以控制朝政，是圣王所要禁止的。委屈自己杂处于人群之中，偷偷地做不正之事，叛逃别国或接纳外奸，欺瞒君主，欺瞒民众，是圣王所要禁止的。实行奇怪的风俗和反常的礼节，夸夸其谈，行为矜傲，夸大自己所做过的事的难度，借此以抬高自己，是圣王所要禁止的。守着积蓄而生活安逸，广施财物给予民众，殷勤办事，顺从人意，用财货收买人心，以救济为手段沽名钓誉，行为闲静而使人主动拥护，是圣王所要禁止的。行为邪僻而顽固不化，言谈诡谲而博辩，办法虽错却有很多，支持邪恶而善于辩解，是圣王所要禁止的。以聚结朋党为友爱，以包庇罪恶为仁慈，以投机善变为智慧，以横征暴敛为忠君，以发泄私忿为勇敢，是圣王所要禁止的。闭塞国家根本，既蒙骗君主，又密切勾结敌国，是圣王所要禁止的。

重 令

　　重令即使法令得到尊重。此篇文段比较混乱，实际上论述"重令"的只有前两段，阐述了法令对于维护君主权威的重要，并且指出了三点措施来维护法令：一是法令不得增改和损害，二是法令一旦制定必须执行，没有讨论的余地，三是法令严禁被扣押和被违反。除了前两段之外，还分析所谓"逆"，即有害于国的四个内容，分析了国要有经臣、经俗，百姓要有经产，论述了法令执行与百姓服从、军队强大、国家强盛的关系，分析了治国的三个手段即号令、刑罚和禄赏，并告诫统治者要注意盛极而衰的道理，等等。本书选取前两段和最后一段。

凡君国之重器①，莫重于令。令重则君尊，君尊则国安；令轻则君卑，君卑则国危。故安国在乎尊君，尊君在乎行令，行令在乎严罚。罚严令行，则百吏皆恐；罚不严，令不行，则百吏皆喜②。故明君察于治民之本，本莫要于令。故曰：亏令者死③，益令者死，不行令者死，留令者死，不从令者死。五者死而无赦，唯令是视。故曰令重而下恐。

【注释】

①重器：重要的手段、凭借。

②喜：通"嬉"，怠慢。

③亏令：损害法令。

【译文】

　　凡属治理国家的重要工具，法令最为重要。法令受重视则君主就受尊敬，君主受尊敬则国家安定；法令不受重视则君主卑贱，君主卑贱则国家危险。所以，国家安定在于尊敬君主，尊敬君主在于施行法令，施行法令在于严明刑罚。刑罚严厉，法令施行，则百官畏惧；刑罚不严，法令不行，则百官怠慢。因此，英明的君主觉察到治民的原则没有比法令更重要的。所以说：损害法令者，处死；增添法令者，处死；不执行法令者，处死；扣压法令者，处死；不服从法令者，处死。这五种情况都应是不能赦免的死罪，一切唯法令是从。所以说法令威严臣下就畏惧了。

　　为上者不明，令出虽自上，而论可与不可者在下^①。夫倍上令以为威^②，则行恣于己以为私^③，百吏奚不喜之有？且夫令出虽自上，而论可与不可者在下，是威下系于民也。威下系于民，而求上之毋危，不可得也。令出而留者无罪，则是教民不敬也；令出而不行者毋罪，行之者有罪，是皆教民不听也；令出而论可与不可者在官，是威下分也；益损者毋罪，则是教民邪途也。如此，则巧佞之人，将以此成私为交；比周之人^④，将以此阿党取与^⑤；贪利之人，将以此收货聚财；懦弱之人，将以此阿贵事富便辟^⑥；伐矜之人^⑦，将以此买誉成名。故令一出，示民邪途五衢，而求上之毋危，下之毋乱，不可得也。

【注释】

①论可与不可者：即论定是否可行。

②倍：通"背"，违背。

③则：相当于"而"。

④比周：拉拢勾结。

⑤阿党取与：指勾结同党。与，相与，相好。

⑥阿贵事富便辟：一说当为"阿贵富，事便辟"。便辟，指谄媚逢迎受君主宠信的近臣。

⑦伐矜：自夸自骄。伐，自夸。

【译文】

统治者如果昏庸不开明，法令虽然由上面制定，但议断其法令可不可行的权力就落到下面了。只要有违背君上的法令以作威作福，为一己私利而肆意妄为的行为，百官哪有不玩忽怠慢的呢？况且，法令虽然由上面制定，但决定其是否可行却取决于下面，这样权威就掌控在下面的人的手里了。权威被下面的人控制，君上却想没有危险，是不可能的。法令发出，而扣压法令者却无罪，这是教人不敬法尊君；法令发出，而不执行者却无罪，执行的却有罪，这都是教民众不服从；法令发出，而决定法令是否可行之权在百官，这就是权力下分；增删法令者不治罪，这就是教人们走邪路。照此以往，取巧诡佞的人将因此勾结营私；拉帮结派的人将因此结党取与；贪图财利的人将因此收贿聚财；懦弱的人将因阿谀权贵逢迎宠幸者；骄矜自夸的人将因而沽名钓誉浪得虚名。所以法令一出，等于敞开五条邪路，却想要君主不危亡，臣下不作乱，是不可能的。

凡先王治国之器三，攻而毁之者六。明王能胜其攻①，故不益于三者，而自有国、正天下。乱王不能胜其攻，故亦不损于三者，而自有天下而亡。三器者何也？曰：号令也，斧钺也②，禄赏也。六攻者何也？曰：亲也，贵也，货也，色也，巧佞也，玩好也。三器之用何也？曰：非号令毋以使下，非斧钺毋以威众，非禄赏毋以劝民。六攻之败何也③？曰：虽不听，而可以得存者；虽犯禁，而可以得免者；虽毋功，而可以得富者。凡国有不听而可以得存者，则号令不足以使下；有犯禁而可以得免者，则斧钺不足以威众；有毋功而可以得富者，则禄赏不足以劝民。号令不足以使下，斧钺不足以威众，禄赏不足以劝民，若此，则民毋为自用。民毋为自用，则战不胜；战不胜，而守不固；守不固，则敌国制之矣。然则先王将若之何？曰：不为六者变更于号令，不为六者疑错于斧钺，不为六者益损于禄赏。若此，则远近一心；远近一心，则众寡同力，众寡同力，则战可以必胜，而守可以必固。非以并兼攘夺也，以为天下政治也，此正天下之道也。

【注释】

①胜其攻：即克服上述六方面的破坏。

②斧钺：刑器，这里指刑罚大权。

③六攻之败：指六个方面的破坏力。

【译文】

先代君王治理天下的方法有三，遇到破坏和毁灭国家的有六方面。英明的君主能够克服这六个方面，所以，治国方法虽然不超过三个，却能够保有国家、匡正天下。昏庸的君主不能克服这六个方面，所以，治国方法虽然不少于三个，却是拥有天下而终于灭亡。三种治国方法是什么？即号令、刑罚、禄赏。六个破坏因素是什么？即亲者、贵者、财货、美色、奸佞之臣和玩好之物。三种手段有什么用？回答是：没有法令无法役使臣下，没有刑罚无法威慑民众，没有禄赏无法鼓励民众。六个破坏因素表现在哪里？回答是：虽不听君令，却可以平安无事；虽触犯禁律，却可以免于刑罚；虽没有功绩，却可以获得财富。一旦国家有不听君令而可以平安无事的，号令就不能役使臣民；有触犯禁律而免于刑罚的，刑罚就不能慑服群众；有无功而获得财富的，禄赏就不能鼓励人民。号令不能役使臣民，刑罚不能慑服民众，禄赏不能鼓励人民，这样的话，民众就不肯为君主所用。民众不肯为君主所用，攻战就不能取胜；攻战不胜，防守就不稳固；防守不稳固，就会受到敌国的牵制。那么，先代君主是如何面对这种局面的？回答是：不因为六个破坏因素而变更号令，不因为六个破坏因素而怀疑或废置刑罚，不因为六个破坏因素而增加或减少禄赏。这样的话，就可以做到远近团结一心了；远近团结一心，就可以达到众寡戮力同心了；众寡勠力同心，就可以做到攻战必胜、防守必固了。这些并不是为侵吞和掠夺别国，而是为把天下政事治理好，这才是匡正天下的原则。

法　法

　　法法，即取法于法律禁令。此篇内容丰富，实为管子最富法家色彩的一篇理论宣言。此篇不仅谈到要重视法，严格贯彻法，进而要求君主以身作则，要求执法从严，令行禁止，惩治枉法徇私。而且，此篇实际上还谈到了"术"和"势"，分析了君主驾驭大臣、控制百姓的策略，分析了君主手中所握的权势以及如何维持这一权势。法、术、势三者正是此文的核心，这都是战国法家的核心思想。此外，还论述了如何运用赏罚手段，君主如何运用手中六种权力等等。本书选取的是前四段。

不法法^①，则事毋常；法不法，则令不行。令而不行，则令不法也；法而不行，则修令者不审也；审而不行，则赏罚轻也；重而不行，则赏罚不信也；信而不行，则不以身先之也。故曰：禁胜于身^②，则令行于民矣。

【注释】

①法法：取法于法，即依法办事。

②禁胜于身：禁律胜于自身，即能让禁令管住自身。

【译文】

不依法推行法度，国事就没有常规；法度不依法推行，政令就不能施行。法令发布却得不到贯彻，是因为政令还没有成为法律；成为法律而不能贯彻，是因为政令的制定不够慎重；法令慎重制定而得不到贯彻，是因为赏罚太轻；赏罚重而法令得不到贯彻，是因为赏罚还不信实；赏罚信实而法令还得不到贯彻，是因为君上不以身作则。所以说：禁律能够管束君主自身，那么政令就可以行于民众。

闻贤而不举，殆；闻善而不索^①，殆；见能而不使，殆；亲人而不固^②，殆；同谋而离，殆；危人而不能，殆；废人而复起，殆；可而不为，殆；足而不施，殆；几而不密^③，殆。人主不周密，则正言直行之士危；正言直行之士危，则人主孤而毋内^④；人主孤而毋内，则人臣党而成群。使人主孤而毋内、人臣党而成群者，此非人臣之罪也，人主之过也。

【注释】

①索：寻找，指有了善就应寻找以表彰。

②亲人：亲信于人。

③几：同"机"，机要。

④内：亲近，亲信。

【译文】

知道有贤才而不举用，就危殆了；听到有好事而不寻找表彰，就危殆了；见到能干的人而不任用，就危殆了；亲信于人而不坚定，就危殆了；共同谋事而有离心，就危殆了；想害人而不能办到，就危殆了；已废黜的人而再起用，就危殆了；事可为而不为，就危殆了；自己富足而不施与，就危殆了；机要而不能保密，就危殆了。君主行事不周密，正言直行的人就危险了；正言直行的人有危险，君主就孤立无援；君主孤立无援，臣下就会结党成群。君主之所以孤立无援，人臣之所以结党成群的原因不在人臣，而是君主自身的错误。

民毋重罪，过不大也；民毋大过，上毋赦也。上赦小过，则民多重罪，积之所生也。故曰：赦出则民不敬①，惠行则过日益。惠赦加于民，而图圄虽实，杀戮虽繁，奸不胜矣。故曰：邪莫如蚤禁之②。赦过遗善，则民不励。有过不赦，有善不遗，励民之道，于此乎用之矣。故曰明君者，事断者也。

①敬：根据文意，字当为"傲"。

②蚤：通"早"。

【译文】

不处重罪于民，是因为他们过失不大；民众不犯大过，是因为君主不会轻易赦免。君主赦免小过，则民众触犯重罪的就多了，这是逐渐积累所造成的。所以说赦免的命令发布了，民众就不加警惕；恩惠太多，过失也就随之增多。如果对民众施加了过多的恩惠和宽赦，那么即使监狱人满，杀戮繁多，奸邪也难以制止。所以说：奸邪的行为最好早早加以禁止。赦免有过之人而遗忘善人，就无法勉励民众。有过错就要追究，有善行不会遗忘，这才是勉励民众的办法。所以说英明的君主是掌握裁决之权的人。

君有三欲于民，三欲不节，则上位危。三欲者何也？一曰求，二曰禁，三曰令。求必欲得，禁必欲止，令必欲行。求多者，其得寡；禁多者，其止寡；令多者，其行寡。求而不得，则威日损；禁而不止，则刑罚侮；令而不行，则下凌上。故未有能多求而多得者也，未有能多禁而多止者也，未有能多令而多行者也。故曰：上苛则下不听，下不听而强以刑罚，则为人上者众谋矣①。为人上而众谋之，虽欲毋危，不可得也。号令已出又易之，礼义已行又止之，度量已制又迁之，刑法已错又移之②。如是，则庆赏虽重，民不劝也；杀戮虽繁，民不畏也。故曰：上无固植，下有疑心。国无常经，民力不竭，数也。

【注释】

①众谋：指众人谋算他。

②错：通"措"。

【译文】

君主对民众有三项欲求，这三项欲求不节制，君位就会危险。这三项欲求是什么呢？一是索取，二是禁止，三是命令。索取希望能获得，禁止希望能阻止，命令希望能施行。但是索取太多，得到的反而少；禁止太多，停止的反而少；命令太多，得到施行的反而少。索取而不得，威信就日益降低；禁而不止，刑罚就会受到轻视；命令得不到施行，臣下就欺凌君上。所以从来没有人能多求而多得，多禁而多止，多令而多行的。所以说：上面过于苛刻，下面就不听从；下不听命而强加以刑罚，君主就会被众人谋算。君主被众人谋算，虽想没有危险也不可能了。号令已经发布又改变，礼仪已施行又废止，度量已制定又变换，刑法已实行又动摇。如果这样的话，赏赐虽多，民众也不会得到勉励；杀戮虽多，民众也不会畏惧了。所以说：君上意志不坚定，臣下就有疑心。国家没有常法，民众就不肯竭尽全力，这都是规则定数。

兵　法

　　此篇主要分析了用兵的一些方法和原则。在论述了用兵重要性的基础上，文段首先提出了用兵作战的目标：不仅要胜利、没有伤亡，而且要不用尽国内之财、管理好所占领的敌国土地。那么，如何达到这个目标呢？有三个环节：一是作战准备上掌握情报、储蓄军粮、改进装备、赏罚严明，二是行军上章法严明，三是作战时迅捷、专心、勇猛。最后，文段还论述了如何以道、德养兵，如何固守，如何使用战术的问题。总之，这些用兵方法展现了管子的兵法思想。本书选取的是前三段。

明一者皇①，察道者帝②，通德者王，谋得兵胜者霸。故夫兵，虽非备道至德也，然而所以辅王成霸。今代之用兵者不然，不知兵权者也③。故举兵之日而境内贫，战不必胜，胜则多死，得地而国败。此四者，用兵之祸者也。四祸其国而无不危矣。

【注释】

①一：尹注"一者，气质未分，至一者也"。古人认为一元之气是万物生成的根源。

②帝：成就帝业。

③兵权：用兵的权谋。

【译文】

通晓万物本质可以成就皇业，明察治世之道可以成就帝业，通达德义可以成就王业，谋略得当以获取军事胜利的可以成就霸业。因此，战争虽然不是最高尚、最完备的道德，却是辅助王业和成就霸业的凭借。如今用兵的人却不明白这一点，不知道用兵是要权衡得失的。所以一旦打起仗来，国内就越来越贫穷，打仗没有必胜的把握，打了胜仗则死亡太多，得了土地却大伤国家元气。这四种情况是用兵导致的祸害。四者害其国，没有不危亡的。

大度之书曰①：举兵之日而境内不贫，战而必胜，胜而不死，得地而国不败。为此四者若何？举兵之日而境内不贫者，计数得也②。战而必胜者，法度审也。胜而不死者，教器备利，而敌不敢校也③。得地而国不败者，因其民也。因其民，则号制有发也④。教器备利，则有制也。法度审，则有守也。计数得，则有明也。治众有数，胜敌有理。察数而知理，审器而识胜，明理而胜敌。定宗庙，遂男女，官四分⑤，则可以定威德；制法仪，出号令，然后可以一众治民。

【译文】

大度之书说：打仗的时候而国家不变穷，打仗有必胜的把握，打了胜仗没有大的伤亡，获得土地而不伤元气。如何才能做到这四点呢？打仗而国内不穷，是因为筹划得当。战而必胜，是因为法度严明。战胜而没有大的伤亡，是因为军队训练有素、武器装备精良，敌人不敢抗拒。获得土地而不伤元气，是因为顺应民心。顺应民心，号令、制度就有法可依。训练有素、武器精良，就有控制力量。法度严明，军队就会遵循。筹算得当，就能洞明形势。治理兵众有其方法，战胜敌国也有其道理。明查治兵的方法就可以明白胜敌的道理，详查武器的状况就可以了解战胜的原因，明白用兵作战的正理就可以战胜敌人。安定宗庙，养育儿女，四民分业治事，就可以树立德行和威望；制定仪法，发布号令，然后就可以统一和治理民众了。

三官不缪，五教不乱，九章著明，则危危而无害①，穷穷而无难。故能致远以数，纵强以制②。三官：一曰鼓，鼓所以任也③，所以起也，所以进也；二曰金，金所以坐也，所以退也，所以免也；三曰旗，旗所以立兵也，所以制兵也，所以偃兵也。此之谓三官。有三令，而兵法治也。五教：一曰教其目以形色之旗，二曰教其耳以号令之数，三曰教其足以进退之度，四曰教其手以长短之利，五曰教其心以赏罚之诚。五教各习，而士负以勇矣。九章：一曰举日章，则昼行；二曰举月章，则夜行；三曰举龙章，则行水；四曰举虎章，则行林；五曰举鸟章，则行陂；六曰举蛇章，则行泽；七曰举鹊章，则行陆；八曰举狼章，则行山；九曰举韅章④，则载食而驾。九章既定，而动静不过。三官、五教、九章，始乎无端，卒乎无穷。始乎无端者，道也；卒乎无穷者，德也。道不可量，德不可数也。故不可量，则众强不能图；不可数，则伪诈不敢向。两者备施，则动静有功。径乎不知，发乎不意。径乎不知，故莫之能御也；发乎不意，故莫之能应也。故全胜而无害。因便而教，准利而行。教无常，行无常。两者备施，动乃有功。

【注释】

①危危：处于危险的境地。下文"穷穷"同。

②纵强：总领众强国。

③任：担任。这里指作战。

④橐：本作"櫜"，同"橐（tuó）"，指弓衣。

【译文】

"三官"无误，"五教"不乱，"九章"著明，这样即使处于非常危险的处境也无害，处于极度困乏的处境也不会有难。所以才能按章法进行远征，才有办法制约众强。所谓"三官"：一是鼓，鼓是用于指挥作战、鼓励士气和发动进攻的；第二是锣，锣是用于指挥防守、命令退兵和宣布停战的；第三是旗，旗是用于指挥出动军队、节制军队和驻扎军队的。这就是所谓三官。有此三令，兵法就发挥作用了。所谓"五教"：一是教兵士眼看各种形色的旗帜，二是教兵士耳听各种号令的规律，三是教兵士行走前进后退的步伐，四是教兵士使用长短不等的各种武器，五是教兵士相信赏罚制度的信行。这五个方面熟练了，兵士就有勇气作战了。所谓"九章"：一是举日章，白日行军；二是举月章，夜里行军；三是举龙章，水里行军；四是举虎章，林中行军；五是举鸟章，丘陵行军；六是举蛇章，沼泽行军；七是举鹊章，陆地行军；八是举狼章，山地行军；九是举弓衣之章，装载粮食驾车行马。这九章确立以后，军队的行动就不会越轨了。三官、五教和九章，起始于没有开端，结束于没有穷尽。始于无端，与"道"一样；终于无穷，与"德"一样。道是不可量度的，德是不可估算的。因为不可量度，所以敌军再强大也不敢图谋我方；因为不可估算，所以敌军再诈伪也不敢对抗我方。两者兼而施之，无论发兵或息兵都有成效。过境敌军不知，发兵敌军不觉。过境敌军不知，敌人就无法抵御；发兵出敌不意，敌人就无法应对。所以能全胜而没有损伤。依据进军方便进行训练，按照利于作战而指挥行动。训练不拘常规，行动也不法常可。两者兼施，兴兵才能成功。

大　匡

　　此篇与《管子》中的《中匡》《小匡》文体类似。所谓
"匡"，据郭沫若《管子集校》为古代简书的尺寸，大匡为二尺
四寸简书，中匡为一尺二寸简书，小匡为八寸简书。从内容上
看，此篇近于史书，主要记载管仲辅佐桓公的史实，具体而言
包括四个部分：一是桓公即位之前齐国诸公子争立，管仲、鲍
叔各为其主以及桓公得立、不计前嫌接纳管仲；二是桓公不听
管仲之言，屡次兴兵，败于宋鲁；三是桓公开始采纳管仲建
言，修内政、缮甲兵、赏诸侯，然后勤王事、伐狄人，从而成
就霸业；四是补充记述了桓公按管仲建议任命鲍叔、晏子、高
子、国子等人管理官吏、士农、工商等阶层，选贤举能的史
实。可见，本篇记载的是管仲如何进入桓公的宫廷并使桓公采
纳建言的过程，富有历史意味。本书选取了后面两段。

　　狄人伐，桓公告诸侯曰："请救伐。诸侯许诺，大侯车二百乘，卒二千人；小侯车百乘，卒千人。"诸侯皆许诺。齐车千乘，卒先致缘陵①，战于后。故败狄。其车甲与货，小侯受之，大侯近者，以其县分之，不践其国。北州侯莫来，桓公遇南州侯于召陵，曰："狄为无道，犯天子令，以伐小国；以天子之故，敬天之命，令以救伐。北州侯莫至，上不听天子令，下无礼诸侯，寡人请诛于北州之侯。"诸侯许诺。桓公乃北伐令支②，下凫之山，斩孤竹③，遇山戎④，顾问管仲曰："将何行？"管仲对曰："君教诸侯为民聚食，诸侯之兵不足者，君助之发。如此，则始可以加政矣。"桓公乃告诸侯，必足三年之食，安以其余修兵革⑤。兵革不足，以引其事告齐，齐助之发。既行之，公又问管仲曰："何行？"管仲对曰："君会其君臣父子⑥，则可以加政矣。"公曰："会之道奈何？"曰："诸侯毋专立妾以为妻，毋专杀大臣，无国劳毋专予禄；士庶人毋专弃妻，毋曲堤⑦，毋贮粟，毋禁材。行此卒岁，则始可以罚矣。"君乃布之于诸侯，诸侯许诺，受而行之。卒岁，吴人伐榖，桓公告诸侯未遍，诸侯之师竭至，以待桓公。桓公以车千乘会诸侯于竟⑧，都师未至，吴人逃。诸侯皆罢。桓公归，问管仲曰："将何行？"管仲曰："可以加政矣。"曰："从今以往二年，嫡子不闻孝，不闻爱其弟，不闻敬老国良，三者无一焉，可诛也。诸侯之臣及国事，三年不闻善，可罚也。君有过，大夫不谏，士庶人有善，而大夫不进，可罚也。士庶人闻之吏贤、孝、悌，可赏也。"桓公受而行之，近侯莫不请事，兵车之会六，乘车之会三，飨国四十有二年。

【注释】

①致：这里指使军队到达，即派遣到。

②令支：古代北方族群之名。

③孤竹：古代国名，在今河北青龙、卢龙一带。

④遏：当为"遏"，拦阻。山戎：北方族群，春秋时曾进犯燕国等中原邦国。

⑤安：同"乃"，虚词。

⑥会：尹注"谓考合其君臣父子之宜"，即考核、考察。

⑦毋曲堤：不准到处筑堤，尹注"所谓无障碍"。

⑧竟：通"境"，边境。

【译文】

狄人来犯，桓公通告各国诸侯说："请出兵救助被进攻的国家。如各国同意，大国出兵车二百乘和士卒二千，小国出兵车百乘和士卒一千。"各国诸侯都同意了。齐国出了兵车一千乘，士卒提前到达缘陵，随后会集诸侯作战。打败了狄人。狄人的车甲与物资，由小国诸侯分享，邻近狄人的大国诸侯分得其郡县，不许军队践踏其都城。北方诸侯没有到，桓公在召陵遇到南方诸侯说："狄人无道，违背天子之命，擅自侵犯小国；我们从天子的立场出发，敬顺天命，下令援救被进犯的诸侯国。但北方诸侯不到，一方面不听天子之令，另一方面无礼于诸侯，寡人建议大家惩罚北方诸侯。"各诸侯都同意。桓公于是率军北伐令支国，攻克凫之山，攻取孤竹国，阻止了山戎的进攻，桓公回看管仲说："还要干什么？"管仲回答说："您可以让各国诸侯为民众积聚粮食，至于各国诸侯军备不足的时候，您就发兵相助。这样就可以对他们施加政令了。"桓公便通告各诸侯国，一定要储备三年的粮食，然后再用余力装备军队。军备不足，就把情况报告齐国，齐国就会补助。这件事办了以后，桓公又问管仲说："还做什么？"管仲回答说："您能考察他们君臣父子的关系，就可以发布政令了。"桓公问："如何考察呢？"回答说："诸侯们不准擅自立妾为妻，不准擅自诛杀大臣，没有为国立功不准擅自赐予禄赏；士人和庶人不准擅自抛弃妻室，不准随处修筑堤坝，不准囤积粮食，不准霸占山林木材。实施满一年之后，不服从的就可以给予处罚。"桓公便把这些主张公布于诸侯，各国诸侯都同意，接受它们并实行。满一年，吴国侵略齐国的穀城，桓公还没有来得及通告诸侯，而各国诸侯的军队都全部赶到待命。桓公率兵车千乘在边境会合诸侯，齐国的军队还没有到达，吴兵就逃走了。于是各国诸侯都罢兵。桓公回来后问管仲说："还要做什么？"管仲说："可以对各国诸侯发号施令了。"还说："从今以后的两年中，诸侯世子不孝敬父母，不友爱兄弟，不敬老尊贤，三者有其一，就可以诛伐。诸侯之臣办理国事，三年不出成绩，可以给予处罚。国君有过失而大夫不进谏，士庶人表现良好而大夫不举荐，可以给予处罚。根据官吏的了解，士庶人中有贤而孝悌的，可以给予赏赐。"桓公接受并实行了这些建议，邻近的诸侯没有不主动事奉的，有战事的会盟有六次，和平的乘车会盟有三次，享国达四十二年。

　　桓公践位十九年，弛关市之征^①，五十而取一。赋禄以粟^②，案田而税。二岁而税一，上年什取三，中年什取二，下年什取一；岁饥不税，岁饥弛而税。

【注释】

①征：尹注"赋也"，即税收。

②禄：即"录"，登记，记录。

【译文】

　　桓公即位十九年，放宽了关市的征税，税率为五十分之一。租赋收取粮食，按田亩征收。两年收税一次，上等年景收十分之三，中等年景收十分之二，下等年景收十分之一，荒年不收税，待饥荒情况缓解后再收。

小　匡

　　此篇与《大匡》都记载了桓公和鲍叔如何运用计策从鲁国获得管仲的史实，但是，与后者不同的是，《小匡》主要篇幅是用于记述管仲辅佐桓公称霸的策略。此篇可以分为两个部分。第一部分以桓公设问、管仲回答的形式记载了管仲对成就霸业的长篇言论，其要点可以概括为：三分其国、五分其鄙，建立严整的军事化的行政体制；士农工商四者分而治之；推行爱民之道，安顿民心；修理内政，整顿军令；修德进贤，赏功罚罪；缮治甲兵；结交诸侯、巩固邻邦。第二部分追加记载了管仲告诫桓公不要称王，匡正天下诸侯，论定百官等等史实。此篇重在记载管仲的治国政策，与《国语·齐语》中记载管仲之处有共通之处。本书选取的是第四段，析为三小段。

至于堂阜之上①，鲍叔被而浴之三②。桓公亲迎之郊。管仲诎缨捷衽③，使人操斧而立其后。公辞斧三，然后退之。公曰："垂缨下衽，寡人将见。"管仲再拜稽首曰："应公之赐，杀之黄泉，死且不朽。"公遂与归，礼之于庙，三酌而问为政焉，曰："昔先君襄公，高台广池，湛乐饮酒，田猎罼弋④，不听国政。卑圣侮士，唯女是崇，九妃六嫔，陈妾数千。食必粱肉，衣必文绣，而戎士冻饥。戎马待游车之弊，戎士待陈妾之余。倡优侏儒在前⑤，而贤大夫在后。是以国家不日益，不月长。吾恐宗庙之不扫除，社稷之不血食，敢问为之奈何？"管子对曰："昔吾先王周昭王、穆王世法文武之远迹，以成其名。合群国，比校民之有道者，设象以为民纪⑥。式美以相应⑦，比缀以书⑧，原本穷末，劝之以庆赏，纠之以刑罚，粪除其颠旄⑨，赐予以镇抚之，以为民终始。"

【注释】

①堂阜：齐地名。

②被（fú）：尹注"除其凶邪之气"，即除灾仪式。

③诎缨捷衽（rèn）：把冠缨折起来，把衣襟掖进衣带，表示自己为受刑做好了准备。诎，同"屈"。缨，帽穗。捷，插入。衽，衣襟。

④罼（bì）弋：用长柄网捕取猎物。弋，指射取猎物。

⑤侏儒：指个子矮小的杂技艺人。

⑥设象以为民纪：象，典范。纪，规范。

⑦式美：立为典范。式，式样，榜样。相应：相感化。

⑧比缀：按顺序连缀在一起。

⑨粪除：扫除。颠旄：顶发。这里指那些罪大恶极者。颠，头顶。旄，通"毛"，毛发。

【译文】

抵达堂阜，鲍叔为管仲举行除灾仪式并使他沐浴了三次。桓公亲自到郊外迎接。管仲折叠帽缨、收整衣襟，使人拿着斧子站在身后。桓公三次辞退执斧人，然后他们退出。桓公说："已经垂下帽缨、收整衣襟了，寡人将接见。"管仲叩头至地再拜说："承蒙您的恩赐，就是死在黄泉，也不朽了。"桓公便与管仲回到庙堂上，以礼接见，酒过三酹以后，桓公向管仲请教为政之道，说："以前先君襄公，建筑高台，修造大池，沉迷于饮酒游玩，田猎捕射，不理国政。他不重视贤人，怠慢士子，只知道爱宠女色，九妃六嫔，宫女多达几千人。吃的是精美的膳食，穿的是华美的衣服，而兵士却挨饿受冻。用游车用完的老马补充战马，用宫女吃剩的东西补充战士的给养。歌舞、杂技的优人显得比贤大夫还重要。因而国家没有逐渐发展壮大。我担心宗庙将无人打扫，社稷无人祭祀，请问该怎么办呢？"管子回答说："从前我们的先王周昭王和周穆王效法文王、武王遥远的事迹，以成就名望。聚集各邦国，将那些年高有德的老人推选出来，立为典型做百姓的示范。设立美好的典范作为民众的样板，使他们知道努力的方向，将这些典范的事迹有规则地记录在一起，使其原委清楚，以赏赐勉励人行好，用刑罚纠正人为恶，扫除那些罪大恶极者，以赏赐来安抚一般民众，这样就可以为民众树立遵循始终的规则。"

公曰："为之奈何？"管子对曰："昔者圣王之治其民也，参其国而伍其鄙^①，定民之居，成民之事，以为民纪。谨用其六秉^②，如是而民情可得，而百姓可御。"桓公曰："六秉者何也？"管子曰："杀、生、贵、贱、贫、富，此六秉也。"桓公曰："参国奈何？"管子对曰："制国以为二十一乡：商工之乡六，士农之乡十五。公帅十一乡，高子帅五乡，国子帅五乡。参国故为三军。公立三官之臣^③：市立三乡，工立三族，泽立三虞，山立三衡。制五家为轨，轨有长；十轨为里，里有司；四里为连，连有长；十连为乡，乡有良人；三乡一帅^④。"桓公曰："五鄙奈何？"管子对曰："制五家为轨，轨有长；六轨为邑，邑有司；十邑为卒，卒有长；十卒为乡，乡有良人；三乡为属，属有大夫。五属五大夫。武政听属，文政听乡，各保而听，毋有淫佚者。"

【注释】

①参其国而伍其鄙：把国分为三个部分，把鄙分为五个部分。国，指城邑。鄙，指城郊以外的地区。

②秉：指权柄，方式，手段等。

③三官：国分为三，各置官府，即成三官。官，官府。

④三乡：一说当为"五乡"。

【译文】

桓公问："还要怎么办？"管子回答说："从前圣王治理人民，分国为三，划鄙为五，安定民众的居处，安排民众的职事，以此作为治民的体制。严格实行六秉之权，这样就可以了解民情、驾驭百姓了。"桓公说："六秉是什么？"管子说："杀、生、贵、贱、贫、富，就是六秉。"桓公说："如何把国分为三？"管子回答说："将全国分为二十一乡：商贾和工匠六个乡，士人和农民十五个乡。您统管十一个乡，高子统管五个乡，国子统管五个乡。三部分就相应有了三军。您还要设立这三部分的各级官吏：市场设立三乡，手工业设立三族，湖泽设立三虞，山林设立三衡。规定五家为一轨，轨设有长官；十轨为一里，里设有司之官；四里为一连，连设有长官；十连为一乡，乡设有良人之官；三乡设有一帅。"桓公说："五鄙又怎么办？"管子回答说："规定五家为轨，轨设有轨长官；六轨为一邑，邑设有邑司之官；十邑为一卒，卒设有长官；十卒为一乡，乡设有良人之官；三乡为一属，属设有大夫。五属设五个大夫。武事由属管理，文事由乡管理，各司其职各尽其责，不准淫佚懈怠。"

桓公曰："定民之居，成民之事奈何？"管子对曰："士农工商四民者，国之石民也，不可使杂处，杂处则其言咙①，其事乱。是故圣王之处士必于闲燕②，处农必就田野，处工必就官府，处商必就市井。今夫士群萃而州处③，闲燕则父与父言义，子与子言孝，其事君者言敬，长者言爱，幼者言弟。旦昔从事于此④，以教其子弟，少而习焉，其心安焉，不见异物而迁焉。是故其父兄之教不肃而成；其子弟之学不劳而能。夫是故士之子常为士。今夫农群萃而州处，审其四时，权节具备其械器用⑤，比耒耜枷芟⑥。及寒击槁除田，以待时乃耕，深耕、均种、疾耰⑦。先雨芸耨，以待时雨。时雨既至，挟其枪刈耨锄⑧，以旦暮从事于田野，脱衣就功⑨，别苗莠，列疏遫⑩。首戴茅蒲⑪，身服袯襫⑫，沾体涂足，暴其发肤，尽其四支之力，以疾从事于田野。少而习焉，其心安焉，不见异物而迁焉。是故其父兄之教不肃而成；其子弟之学不劳而能。是故农之子常为农，朴野而不慝，其秀才之能为士者，则足赖也，故以耕则多粟，以仕则多贤，是以圣王敬农戚农。今夫工群萃而州处，相良材，审其四时，辨其功苦，权节其用，论比计制⑬，断器尚完利⑭。相语以事，相示以功，相陈以巧，相高以智。旦昔从事于此，以教其子弟。少而习焉，其心安焉，不见异物而迁焉。是故其父兄之教不肃而成；其子弟之学不劳而能。夫是故工之子常为工。今夫商群萃而州处，观凶饥，审国变，察其四时而监其乡之货，以知其市之贾。负任担荷，服牛辂马⑮，以周四方；料多少，计贵贱，以其所有，易其所无，买贱鬻贵。是以羽旄不求而至⑯；竹箭有余于国；奇怪时来，珍异物聚。旦昔从事于此，以教其子弟。相语以利，相示以时，相陈以知贾。少而习焉，其心安焉，不见异物而迁焉。是故其父兄之教不肃而成；其子弟之学不劳而能。夫是故商之子常为商。相地而衰其政⑰，则民不移矣。正旅旧⑱，则民不惰。山泽各以其时至，则民不苟。陵陆、丘井、田畴均，则民不惑。无夺民时，则百姓富；牺牲不劳，则牛马育。"

【注释】

①咙（páng）：杂乱。

②闲燕：指宁静、安宁的处所，尹注"谓学校之处"，可备一说。

③萃：草丛生的样子，这里是聚集的意思。州处：居住集中。州，通"周"。

④旦昔：当为"旦夕"，朝暮。

⑤权节具备其械器用：疑有脱落讹误之处。一说为"权节其用，备其械器"。

⑥耒耜枷芨（jī）：指各种农具。耒耜，翻土工具，枷芨，枷与镰刀。

⑦耰（yōu）：种后覆土叫"耰"。

⑧枪刈：割草的农具。耨镈（nòubó）：刺地除草的农具。

⑨税：通"脱"，解下，脱下。

⑩遫：通"数"，尹注"密也"。

⑪苎蒲：用苎与蒲编的草笠。

⑫袯襫（bóshì）：蓑衣。

⑬论比计制：论比，评论等级。计制，考计规格。

⑭断器：裁断器物。

⑮服牛辂（lù）马：驾牛驾马。服，本为车驾内两马。辂，本为马车。

⑯羽旄：雏羽和旄牛尾，用来装饰军旗。

⑰衰其政：衰，差别。政，通"征"，指税收。

⑱正旅旧：当作"政不旅旧"，即施政不遗弃功臣故旧。旅，寓居他方，这里指遗弃。

【译文】

桓公说："如何安定民众居处、促成民众职事？"管子回答说："士农工商四者，是国家的柱石，不能让他们杂乱居处，杂居则言谈混乱、难以成事。因此，圣王一定会安排士人住于闲静之地，安排农民靠近田野居住，安排工匠住在靠近官府的地方，安排商人住在靠近市场的地方。命令士人们集中居处，闲居的时候父与父谈论慈仁，子与子谈论孝道，事奉君上的谈论恭敬，长辈谈论慈爱，年幼的谈论孝悌。朝夕从事于此，以教导其子弟，这样他们从小就习惯了，他们心思安定，不会见异思迁。因而其父兄教导子弟不严也能教好；其子弟学习东西不必太费劲就能学好。所以士人的子弟便世代为士人。命令农家集中居住，详察四季农时，权衡安排，置备各种农具，备全耒耜枷镰等等。天冷的时候除草修整土地，以等待时节耕耘，深耕、均种、快速盖土。在降雨之前除草松土，以等待时雨。时雨一来，就带上枪刈耨镈等各种农具，早晚在地里从事农活，脱下衣服大干一场，分别禾苗的好坏，排好禾苗的疏密。他们头戴蒲笠，身披蓑衣，泥土沾满全身，头发肌肤暴露在外，竭尽其四肢之力，积极在地里劳动。少年从小就习惯了，所以心思安定，不会见异思迁。因此其父兄教导子弟不严也能教好；其子弟学习本领不费劲就能学会。所以，农家的子弟世代为农民，他们朴实而不奸恶，其中材质能够成为士人的，就可以信赖，让他们种地，粮食就多，让他们做官，贤人就多，所以，圣王总是敬农而爱农。命令工匠集中居处，挑选好的木材，审察四时活计，分辨质量优劣，安排各种用具，互相评比、制定规格、评估质量，崇尚的是齐全和精致。这样互相谈论工事，展示功效，展现技巧，互相提高以促进工事。他们整天从事于此，并且教给了子弟。他们从小就习惯了，所以心思安定，不会见异思迁。因而其父兄教导子弟，不严也能教好；其子弟学习本领，不费劲就能学会。所以，工匠的子弟世代为工匠。命令商人集中居处，他们观察年景凶饥，了解国内变化的情况，观察四时，注意本乡货物，掌握交易价格。他们肩挑背负，赶牛驾马，周游四方；预计物资多寡，估计商品贵贱，以其所有，易其所无，贱买贵卖。所以，像雉羽和旄尾一类的珍品，不用远道去买而能买到；竹箭一类的产品，国内还有盈余；奇怪的商品经常有，珍异的东西也不断增多。他们整天从事于此，并且教给了子弟。他们互相谈论利润，传告买卖时机，互相传达物价情况。他们从少年就习惯于此，心思安定，不会见异思迁。因此，其父兄教导子弟，不严也能教好；其子弟学习本领，不费劲就能学会。所以，商人的子弟世代为商人。按土地肥瘠而有差别地征收租税，民众就不会外流。执政不遗弃旧人，民众就不会懒惰。山林川泽按时开放，民众就不会苟且从事。平原、山地、耕地都能合理安排，民众就不会疑惑。不夺民众之时，则百姓富裕；祭祀所用的牺牲不妄取，则牛马繁殖。"

霸　形

　　所谓"霸形"，指称霸天下的形势和气派。一说此篇名当为下一篇的篇名，而《霸言》乃此篇真正篇名，从内容上看颇有道理。本篇主要内容是管仲与桓公关于如何成就霸业的对话。但是，这里并没有类似《小匡》的长篇大论，而只是简单地提到务本，即改善民生这一条措施。同时，记载了管仲如何辅佐桓公处理宋伐杞、狄伐邢和卫及楚国伐宋这几件诸侯间的纠纷。其实，管仲的做法无非兼顾征伐的双方，既保护被打的一方，又不得罪打人的一方，其本质就是从齐国作为霸主的立场出发，最大程度上为齐国谋求利益。这些记载表现了管仲的政治外交才能。

此其后，宋伐杞，狄伐邢、卫。桓公不救，裸体紾胸称疾①。召管仲曰："寡人有千岁之食，而无百岁之寿，今有疾病，姑乐乎！"管子曰："诺。"于是令之县钟磬之榬②，陈歌舞竽瑟之乐，日杀数十牛者数旬。群臣进谏曰："宋伐杞，狄伐邢、卫，君不可不救。"桓公曰："寡人有千岁之食，而无百岁之寿，今又疾病，姑乐乎！且彼非伐寡人之国也，伐邻国也，子无事焉。"宋已取杞，狄已拔邢、卫矣。桓公起，行竽虡之间③，管子从。至大钟之西，桓公南面而立，管仲北乡对之，大钟鸣。桓公视管仲曰："乐夫，仲父？"管子对曰："此臣之所谓哀，非乐也。臣闻之，古者之言乐于钟磬之间者不如此。言脱于口，而令行乎天下；游钟磬之间，而无四面兵革之忧。今君之事，言脱于口，令不得行于天下；在钟磬之间，而有四面兵革之忧。此臣之所谓哀，非乐也。"桓公曰："善。"于是伐钟磬之县，并歌舞之乐④，宫中虚无人。桓公曰："寡人以伐钟磬之县，并歌舞之乐矣，请问所始于国，将为何行？"管子对曰："宋伐杞，狄伐邢、卫，而君之不救也，臣请以庆⑤。臣闻之，诸侯争于强者，勿与分于强。今君何不定三君之处哉⑥？"于是桓公曰："诺。"因命以车百乘、卒千人，以缘陵封杞；车百乘、卒千人，以夷仪封邢；车五百乘、卒五千人，以楚丘封卫。桓公曰："寡人以定三君之居处矣，今又将何行？"管子对曰："臣闻诸侯贪于利，勿与分于利。君何不发虎豹之皮、文锦以使诸侯，令诸侯以缦帛鹿皮报⑦？"桓公曰："诺。"于是以虎豹皮、文锦使诸侯，诸侯以缦帛、鹿皮报。则令固始行于天下矣。

【注释】

①纫胸：即胸部缠绕上东西。纫，缝，佩带。

②县：同"悬"，悬挂。榬（yuán）：悬挂钟磬的器具。

③笋虡（jù）：古代悬挂钟磬的架子。横架为笋，直架为虡。

④并：通"屏"，撤去。

⑤以：通"已"，已经。

⑥三君之处：据下文当补"居"字。

⑦缦帛：无文彩的帛，即素帛。

【译文】

在这之后，宋国攻打杞国，狄人侵扰邢国和卫国。桓公不出兵援救，光着身子用布缠着胸部声称有病。桓公召见管仲说："我有千年的粮食，却没有百岁的寿命，现在又身患疾病，姑且享乐一下吧！"管子说："好。"桓公于是下令悬挂钟磬，吹竽鼓瑟，陈设歌舞，每天杀几十头牛，持续了几十天。群臣都来进谏说："宋国进攻杞国，狄人进犯邢、卫，大王不能不出兵援救。"桓公说："我拥有千年的粮食，却没有百岁的寿命，现在又身患疾病，姑且享乐吧！况且，它们并没有进攻我的国家，它们攻打的是邻国，你们会安全无事的。"宋国已经攻占杞国了，狄人也已经拿下邢、卫了。桓公起身，徘徊在钟磬的行列里，管子在后面跟着。走到大钟的西侧，桓公南面而立，管仲面北而对，大钟敲响起来了。桓公看着管仲说："仲父，你快乐吗？"管子回答说："我认为这是悲哀而不是快乐。我听说古人称所谓行乐于钟磬之间，并非这种情况。而是那样的：话从口出，就作为命令推行于天下；行乐于钟磬之间的时候，不用忧虑四面的兵革之灾。现在您的情况却是，话说出口，不能作为命令推行于天下；身在钟磬之间，却心存四面兵革的忧虑。这就是为什么以之为悲哀，而不以之为快乐。"桓公说："好。"于是令人拆除悬挂的钟磬，撤掉歌舞音乐，宫中变得空虚无人了。桓公说："我已经拆除悬挂的钟磬，撤掉歌舞音乐了，请问重修国政要从何开始？"管子回答："宋国攻打杞国，狄人进犯邢、卫，您没有出兵援救，我是为您感到庆幸。我听说诸侯相争的时候，不要与之争胜。现在，您何不安顿一下杞、邢、卫三国国君的居处呢？"桓公说："好。"于是命令把百乘兵车、一千个士卒，连同缘陵之地封给杞国国君；把百乘兵车、一千个士卒，连同夷仪之地封给邢国国君；又把五百乘兵车、五千个士卒，连同楚丘之地封给卫国国君。桓公说："我已经安顿好三国国君的居处了，现在还要做什么？"管子回答说："我听说诸侯贪图利益的时候，不要与之分利。您何不送给各诸侯国虎皮、豹皮和有文饰的织锦，而只要求各诸侯国回报素帛、鹿皮呢？"桓公说："好。"于是就让人带上虎皮、豹皮和有文饰的织锦出使各诸侯国，各诸侯国也只回报素帛和鹿皮。这样，齐国的命令由此开始通行天下。

此其后，楚人攻宋、郑。烧焫熯焚郑地^①，使城坏者不得复筑也，屋之烧者不得复葺也；令其人有丧雌雄^②，居室如鸟鼠处穴。要宋田^③，夹塞两川，使水不得东流，东山之西，水深灭垝^④，四百里而后可田也。楚欲吞宋、郑而畏齐，思人众兵强能害己者，必齐也。于是乎楚王号令于国中曰："寡人之所明于人君者，莫如桓公；所贤于人臣者，莫如管仲。明其君而贤其臣，寡人愿事之。谁能为我交齐者，寡人不爱封侯之君焉^⑤。"于是楚国之贤士皆抱其重宝币帛以事齐。桓公之左右，无不受重宝币帛者。于是桓公召管仲曰："寡人闻之，善人者人亦善之。今楚王之善寡人一甚矣，寡人不善，将拂于道^⑥。仲父何不遂交楚哉？"管子对曰："不可。楚人攻宋、郑，烧焫熯焚郑地，使城坏者不得复筑也，屋之烧者不得复葺也，令人有丧雌雄，居室如鸟鼠处穴。要宋田，夹塞两川，使水不得东流，东山之西，水深灭垝，四百里而后可田也。楚欲吞宋、郑，思人众兵强而能害己者，必齐也，是欲以文克齐^⑦，而以武取宋、郑也。楚取宋、郑而不知禁，是失宋、郑也；禁之，则是又不信于楚也。知失于内，兵困于外，非善举也。"桓公曰："善。然则若何？"管子对曰："请兴兵而南存宋、郑，而令曰：'无攻楚，言与楚王遇^⑧。'至于遇上^⑨，而以郑城与宋水为请。楚若许，则是我以文令也；楚若不许，则遂以武令焉。"桓公曰："善。"于是遂兴兵而南存宋、郑，与楚王遇于召陵之上，而令于遇上曰："毋贮粟，毋曲堤，无擅废嫡子，无置妾以为妻。"因以郑城与宋水为请于楚，楚人不许。遂退七十里而舍。使军人城郑南之地，立百代城焉。曰：自此而北至于河者，郑自城之，而楚不敢骤也。东发宋田，夹两川，使水复东流，而楚不敢塞也。遂南伐，及逾方城，济于汝水，望汶山，南致吴越之君⑩。而西伐秦，北伐狄，东存晋公于南。北伐孤竹，还存燕公。兵车之会六，乘车之会三，九合诸侯，反位已霸，修钟磬而复乐。管子曰："此臣之所谓乐也！"

【注释】

① 烧焫（ruò）熯（hàn）焚：烧、焫、熯、焚，都是焚烧的意思。

② 有：通"又"。丧雌雄：指夫妻失散，家庭破败。

③ 要：拦截，限制。

④ 垝（guǐ）：坏损的墙。

⑤ 封侯之君：身为一方诸侯的国君，这里指封赏土地。

⑥ 拂：悖逆，违背。

⑦ 文：指用政治守信言于楚。

⑧ 遇：会见，会盟。

⑨ 上：指会盟之地。

⑩ 吴越：依《小匡》篇当为"楚越"。

【译文】

后来，楚国侵略宋国和郑国。火烧郑地，使城池毁坏得无法修复，房屋焚烧得无法修葺；民众妻离子散，居室如鸟巢鼠洞一样。楚国又拦截宋国农田的水源，堵塞两边河道，使河水不能东流，而在东山的西面却水没墙垣，距河四百里之外才能耕种。楚国想吞并宋、郑，又害怕齐国，知道人众兵强、有实力威胁自己的只有齐国。于是楚王在国内发布命令说："在诸侯国君中我认为没有比齐桓公更圣明的，在人臣中没有比管仲更贤能的。我称道齐国国君的圣明及其人臣的贤能，所以愿意事奉他们。谁能够为我交好齐国，我不会吝惜给予封侯之赏。"于是，楚国的贤能之士带着贵重的宝物和布帛来交好齐国。桓公左右的人都接受其贵重宝物和布帛。于是桓公召见管仲说："我听说，对人好的人别人也对他好。现在楚王对我太友善了，我不表示友善就不合情理了。仲父何不就此与楚国交好呢？"管子回答说："不能这样。楚国侵略宋国和郑国，火烧郑地，使城池毁坏得无法修复，房屋焚烧得无法修葺，民众妻离子散，居室如鸟巢鼠洞一样。楚国又拦截宋国农田的水源，堵塞两边河道，使河水不能东流，而在东山的西面却水没墙垣，距河四百里之外才能耕种。楚国想吞并宋、郑，又害怕齐国，知道人众兵强、有实力威胁自己的只有齐国，所以想要用'文'的手段战胜齐国，而用武力吞并宋、郑。楚国攻占宋、郑，而我们不予阻拦，就等于失去了宋国和郑国；予以阻拦，与楚国的关系就会破裂。如果国内计谋失误，军队就会在国外陷入困境，因而与楚交好不是一个好办法。"桓公说："好，那应该怎么办？"管子回答说："请发兵南下保全宋、郑，下令说：'不要进攻楚国，我将与楚王会谈。'等到与楚王会面的时候，就提出要解决郑城和宋水的问题。楚国如果答应，就相当于我们用'文'的方式命令他；楚国如果不答应，就使用武力手段。"桓公说："好。"于是就发兵南下保全宋国和郑国，在召陵与楚王相会，并在会谈的时候下令说："不准囤积粮食，不准随意修筑堤坝，不准擅自废黜嫡子，不准立妾为妻。"因而又提出解决郑城与宋水的问题，征询楚国，楚国没有同意。于是就后退七十里驻扎军队。下令军队在郑国的南边筑城，建立了可传百代的城池。说：从此处往北到黄河的地带，郑国自己建立城郭，而楚国不敢毁坏。东面开放了宋国的田地，从两面处理两道水流，重新使水向东流，而楚国也不敢堵塞。于是南伐楚国，越过方城，渡过汝水，遥望汶山，南下召见吴越的国君。且向西讨伐秦国，向北击退狄人，东进又保全晋文公于南部。北上讨伐孤竹，回师又保全燕召公。以武力会盟诸侯有六次，和平的乘车会盟诸侯有三次，共九次会盟诸侯，在桓公回国已确立霸业之后，修治钟磬乐器，重新行乐。管子说："这才是我认为的快乐啊！"

霸　言

　　一说此篇按内容应称为"霸形",因为篇中两次以"霸王之形"起头,其论述的中心正是指出作为一代霸主及其统治下的国家应该呈现的样子。文章并没有严谨的逻辑,而是零散、反复地论述一些原则:如必须有"道",必须抓住时机,要布施恩德、获取民心,霸主要有权力、智慧和判断能力,要重视主观上的经营和治理,要保持权力的统一,要竞争谋略和权势,等等。在倒数第三段,他集中讨论了霸业的伟大形势:行为方正、号令整齐、政策平易、举事合道、战无不胜、收容小国、征服近郊、威慑远方等等。综合来看,这些描述表达的是法家的功业理想。本书选取的是前二段。

霸王之形：象天则地①，化人易代②，创制天下，等列诸侯，宾属四海，时匡天下；大国小之，曲国正之③，强国弱之，重国轻之；乱国并之，暴王残之：僇其罪，卑其列，维其民，然后王之。夫丰国之谓霸④，兼正之国之谓王。夫王者有所独明，德共者不取也，道同者不王也。夫争天下者，以威易危暴，王之常也。君人者有道，霸王者有时。国修而邻国无道，霸王之资也。夫国之存也，邻国有焉；国之亡也，邻国有焉。邻国有事，邻国得焉；邻国有事，邻国亡焉。天下有事，则圣王利也。国危，则圣人知矣⑤。夫先王所以王者，资邻国之举不当也⑥。举而不当，此邻敌之所以得意也。

【注释】

①象天则地：取法天地。

②化人易代：尹注"谓美教化、移风俗"。人，民。易代，改换时代。

③曲：弯曲，不正。这里指不合道义之国。

④丰国：尹注"自丰其国"，即使自己的国家强大。

⑤知：同"智"，尹注"怀独见之明"。

⑥资：借助，利用。

【译文】

霸王之业的形势是这样：取法上天，效法大地，教化民众，改换朝代，为天下创立制度，分列诸侯等次，臣服四海，适时匡正天下；缩小大国的版图，纠正邪曲的国家，削弱强国的实力，降低重国的地位；兼并乱国，推翻暴君；惩罚其罪恶，降低其地位，维护其民众，然后加以统治。能富强本国称之为"霸"，能匡正天下诸侯称之为"王"。王者有其独见之明，有相同仁德的国家，他不去攻取；道义一致的国家，他不去控制。历来争夺天下的时候，王者常常是以威望推翻危乱的暴君。统治民众必须有道，建立王霸之业要等待时机。国内政治清明而邻国无道，这是成就霸王之业的有利条件。因为国家的存在与邻国密切相关；国家的败亡也与邻国密切相关。邻国有事，邻国可能有所得，也可以有所失。天下一旦起事端，对圣王是有利的。国家一旦危殆，圣人的明智就显示出来了。先代圣王能成其王业，往往是利用邻国的举措不当。邻国举措不当，是其敌人满意的原因。

　　夫欲用天下之权者，必先布德诸侯^①。是故先王有所取，有所与，有所诎^②，有所信^③，然后能用天下之权。夫兵幸于权^④，权幸于地。故诸侯之得地利者，权从之；失地利者，权去之。夫争天下者，必先争人。明大数者得人^⑤，审小计者失人。得天下之众者王，得其半者霸。是故圣王卑礼以下天下之贤而任之，均分以钓天下之众而臣之。故贵为天子，富有天下，而世不谓贪者，其大计存也。以天下之财，利天下之人；以明威之振^⑥，合天下之权；以遂德之行，结诸侯之亲；以奸佞之罪，刑天下之心^⑦；因天下之威，以广明王之伐；攻逆乱之国，赏有功之劳；封贤圣之德，明一人之行，而百姓定矣。夫先王取天下也，术术乎大德哉^⑧！物利之谓也。夫使国常无患，而名利并至者，神圣也；国在危亡，而能寿者，明圣也。是故先王之所师者，神圣也；其所赏者^⑨，明圣也。夫一言而寿国，不听而国亡，若此者，大圣之言也。夫明王之所轻者马与玉，其所重者政与军。若失主不然，轻予人政，而重予人马；轻予人军，而重予人玉；重宫门之营，而轻四境之守，所以削也。

【注释】

①布德诸侯：施恩德于诸侯。

②诎：同"屈"。

③信：通"伸"。

④幸：尹注"犹胜也"，即取决于。

⑤大数：指大的方面，关键之处。与"小计"相对，后者指眼前的小利益。

⑥明威：即大威，极大的威力。

⑦刑：通"型"，规范。

⑧术术乎：形容丰盛的样子。术，事物兴作的样子。

⑨赏：通"尚"，赞赏。

【译文】

想要掌握天下的权力，首先必须对诸侯布施恩德。因此先王有取有予，能屈能伸，然后才能掌控天下的大权。作战能胜在于掌握权力，获得权力在于占有地利。因而诸侯占有地利的，权力也就随之而来；失去地利的，权力也就随之丧失。想要争夺天下，必须先争取人心。明悉天下大势的得人心，斤斤计较的失人心。得到天下大多数人拥护的能成就王业，得半数人拥护的能成就霸业。所以圣明君主谦恭地礼贤下士而加以任用，平均分配禄食来吸引天下民众归顺。所以，虽然贵为天子，富有天下，但世人不以之为贪婪，因为他顺乎天下大势。用天下的财物，为天下人谋利；以权威的震慑作用，集中天下的权力；用合乎德政的行为，来取得诸侯的亲近；用惩治奸佞罪行的行动，来规正天下人；借助天下的威望，来扩大明王的功绩；攻取逆乱的国家，以赏赐有功有劳的大臣；树立圣贤的德望，来宣扬君王的道行，这样百姓就安宁了。先王借以获取天下的，乃兴盛的大德啊！也就是所谓的以物利人。使国家经常没有忧患而名利兼得的人，可称为神圣；国家在危亡之中而能使之长久保全的，可称为明圣。所以，先王所师法的是神圣；所赞赏的是明圣。一句话而能保全国家，不听的就会亡国，这是大圣人的话。英明君主最看轻的是骏马与宝玉，最看重的是政权与军队。至于亡天下的君主就不这样了，他不重视教人统治之术，而重视予人骏马；轻视教人管理军队，而重视予人宝玉；重视营治宫门，而轻视边境的防务，所以国家就削弱了。

问

　　问，是询问和调查的意思。此篇所谓问，实际上是站在执政者的立场，从建立国之常法、推行霸王之术的角度出发，提出的一个详细的施政调查问卷。文章文体奇特，其中主要的施政措施都是以问句的形式提出，共发问六十几次。这个施政报告涉及的方面包括民生、公共事务、社会保障、经济、政治、军事等等，其范围之广，了解之具体，令人惊叹。此外，文章末段还强调了要效法地德、轻徭薄赋、管理市场、守护边关、明确法度等等措施。本文表现了很高的执政水平。

凡立朝廷^①，问有本纪^②。爵授有德，则大臣兴义；禄予有功，则士轻死节^③。上帅士以人之所戴，则上下和；授事以能，则人上功^④。审刑当罪，则人不易讼；无乱社稷宗庙，则人有所宗^⑤。毋遗老忘亲^⑥，则大臣不怨；举知人急^⑦，则众不乱。行此道也，国有常经，人知终始，此霸王之术也。

【注释】

①立朝廷：即主持政事。立，通"莅"。

②问：即征询，掌握情况。本纪：根本纲纪。

③轻死节：为了某种原因不惜赴死。死节，赴死的节制，即选择为何而死。

④上：通"尚"，崇尚，追求。

⑤宗：奉养祖宗。

⑥遗老忘亲：老，指老臣。亲，指亲近之臣。

⑦举知人急：举即尽，充分。急，尹注"困难也"。

【译文】

凡主持朝政，征问调查有一定法则。爵位授予有德的人，大臣们才会倡行仁义；禄赏赐予有功的人，兵士才不惧死难。君上任用兵士拥戴的将领治兵，军队上下就会和睦；按才能大小安排职事，民众才会追求功效。刑罚判处得当，民众就不会轻易诉讼；社稷宗庙不被扰乱，民众就有所宗奉。不遗忘老臣和宗亲，大臣就不会抱怨；全面了解百姓的急难，民众就不会作乱。执行这些做法，国家便有常法，民众也知道行为规范，这是创立霸王之业的方法。

然后问事，事先大功，政自小始①。问死事之孤②，其未有田宅者有乎？问少壮而未胜甲兵者几何人③？问死事之寡，其饩廪何如④？问国之有功大者，何官之吏也⑤？问州之大夫也，何里之士也？今吏亦何以明之矣⑥？问刑论有常以行⑦，不可改也，今其事之久留也何若？问五官有度制，官都其有常断⑧，今事之稽也何待？问独夫、寡妇、孤寡、疾病者几何人也⑨？问国之弃人⑩，何族之子弟也？问乡之良家⑪，其所牧养者几何人矣⑫？问邑之贫人，债而食者几何家？问理园圃而食者几何家？人之开田而耕者几何家？士之身耕者几何家？问乡之贫人，何族之别也？问宗子之收昆弟者，以贫从昆弟者几何家？余子仕而有田邑⑬，今入者几何人？子弟以孝闻于乡里者几何人？余子父母存，不养而出离者几何人⑭？士之有田而不使者几何人⑮？吏恶何事⑯？士之有田而不耕者几何人？身何事？君臣有位而未有田者几何人？外人之来从而未有田宅者几何家⑰？国子弟之游于外者几何人？贫士之受责于大夫者几何人⑱？官贱行书⑲，身出以家臣自代者几何人？官丞吏之无田饩而徒理事者几何人⑳？群臣有位事官大夫者几何人？外人来游在大夫之家者几何人？乡子弟力田为人率者几何人？国子弟之无上事，衣食不节，率子弟不田弋猎者几何人？男女不整齐，乱乡子弟者有乎？问人之贷粟米有别券者几何家㉑？

【注释】

①自小始：尹注"为政先小，从微而至著"。

②死事：为王事而死难的人。

③胜：服役，承担。

④饩（xì）廪：泛指官方发给的口粮。饩，生食。廪，米粟。

⑤官：指五官，本书指大行、大司田、大司马、大司理、大谏，下文"五官有度制"的"五官"同。

⑥明：显明，奖赏，尹注"优赏厚禄"。

⑦刑论：按罪判决。

⑧官都：尹注"谓总摄诸司者也"，即统领五官的官员。

⑨孤寡：一说为"孤穷"。

⑩弃人：尹注"谓有过不齿，投之四裔者也"，即有重罪而遭流放的人。

⑪良家：尹注"谓善营生以致富者"，即善于挣钱的富人家。

⑫牧养：尹注"谓其人不能自存，良家全活之"，即富家奴役之人。

⑬余子：与"昆弟"略同，嫡长子以外的子弟。

⑭出离：尹注"谓父母在而分居"。

⑮不使：尹注"不用"，即不任事为官。

⑯吏恶何事：一说"吏"字衍，"恶何事"从上句。

⑰外人：指其他诸侯国的人。

⑱责：同"债"。

⑲官贱行书：官贱，即收养贱者。官，收养的意思。

书，当为"贾"。

⑳丞吏：指低级官吏。

㉑别券：尹注"谓分契也"，指贷放粮食于人所握有的契券。

【译文】

然后调查各项事务，调查应先从大事开始，治理则从细微之处入手。调查为国而死的人的遗孤，有没有未得到田宅的？调查青壮年中未服兵役的有多少？调查为国而死的人的孀寡，应该得到的口粮领到了没有？调查各级官吏中谁为国立了大功？调查各州的大夫，都是什么地方的人？现任官吏是凭什么条件被提拔的？调查判案有常法可循，不能改变，但现在案件却常期积压，为什么？调查五官各有制度，其长官断事有常法，如今事情却拖延不办，还等待什么？调查鳏夫、寡妇、孤儿、病犯各有多少？调查国中因罪被放逐的都是哪个家族的子弟？调查乡中富户所收养和使用的奴婢有多少？调查邑内借债度日的穷人有多少家？调查依靠经营园圃为生的有多少家？民众中开荒种田的有多少家？士人亲自耕种的有多少家？调查乡中的穷人，都是哪个家族的？调查嫡长子收养兄弟的有多少家，因贫而寄食于兄弟之家的又有多少家？其他子弟作了官，有了田邑后，仍在交税的有多少人？以孝行闻名于乡里的子弟，有多少人？父母虽健在却无力赡养，而出赘为婿的非嫡长的子弟有多少人？有田禄而不服任使的士人有多少？官吏厌恶什么事情？有田产而不事耕作的士人有多少？他们在干什么？人臣中有爵位而无田禄的有多少人？

从其他诸侯国来投奔而尚无田宅的人有多少家？国内出游别国的子弟有多少人？向大夫借债的贫困士人有多少？收养贱者以经商，自身出外，由家臣代理家务的有多少人？官吏之中没有田禄而白白干事的有多少人？群臣之中有其职位且在大夫家做事的有多少人？外来人游于本国士大夫家里的有多少人？乡中子弟，力田耕作可为表率的有多少人？城中不务正业，衣食奢侈，带着青年弃农打猎取乐的有多少人？男女不守规矩，带坏乡中子弟有没有？调查贷出粮食，握有借券的有多少家？

戒

　　戒，即进言以告诫。此篇首先记载了管仲进言以告诫桓公的几件史实：一是谏止桓公出游，教桓公保养心性、进修德行；一是进谏桓公不要因为有贤臣辅佐，就忘了在行政上下功夫，而建议施行宽政、轻赋税、举贤能。其次，此篇还记述了管仲临终嘱托、托人于桓公，然而桓公并未照办，最终落了个可悲下场的史实。从行文上看，此篇似乎重在描述管仲与桓公的行为，而不是他们的言论，具有史笔的特点。本书选取的是最后一段，析为三小段。

管仲寝疾，桓公往问之，曰："仲父之疾甚矣，若不可讳也。不幸而不起此疾^①，彼政我将安移之？"管仲未对。桓公曰："鲍叔之为人何如？"管子对曰："鲍叔，君子也。千乘之国，不以其道予之，不受也。虽然，不可以为政。其为人也，好善而恶恶已甚，见一恶终身不忘。"桓公曰："然则孰可？"管仲对曰："隰朋可。朋之为人，好上识而下问^②。臣闻之，以德予人者谓之仁，以财予人者谓之良。以善胜人者，未有能服人者也；以善养人者，未有不服人者也。于国有所不知政，于家有所不知事，必则朋乎！且朋之为人也，居其家不忘公门，居公门不忘其家，事君不二其心，亦不忘其身。举齐国之币，握路家五十室^③，其人不知也。大仁也哉，其朋乎！"

【注释】

①起：治愈。

②上识：高明的见识。与"下问"相对为文。

③握：当为"渥"，意为沾润，此处指救济。路家：过路乞讨的穷困之家。

【译文】

管仲卧病在床，桓公去慰问，说："仲父的病很重了，似乎不用讳言了。假设不幸而此病不愈，我该将政事转托给谁呢？"管仲没有回答。桓公说："鲍叔怎样？"管仲回答说："鲍叔是个君子。即使送千乘之大国给他，如果不合道义，他是不会接受的。尽管如此，也不能把政事托付给他。他为人好善，但过于憎恶恶人，见一恶终身不忘。"桓公说："那么谁可以呢？"管仲回答说："隰朋行。隰朋为人，识见高远而又不耻下问。我听说给人德行叫作仁，给人财物叫作良。以做好事来与人争胜，不一定使人心服；用做好事来感染人，没有人不心服的。治国的政事有些不用管，治家的家事有些不用知道，只有隰朋能明白这一点。而且隰朋为人，在家不忘公事，在公也不忘私事，事君忠诚不二，也不忘其自身。他曾用齐国的钱，救济过路难民五十多户，而受惠者不知道是他。称得上大仁的不是隰朋是谁！"

公又问曰："不幸而失仲父也，二三大夫者，其犹能以国宁乎？"管仲对曰："君请矍已乎①！鲍叔牙之为人也好直，宾胥无之为人也好善，宁戚之为人也能事，孙宿之为人也善言②。"公曰："此四子者，其孰能一人之上也③？寡人并而臣之，则其不以国宁，何也？"对曰："鲍叔之为人好直，而不能以国诎④；宾胥无之为人也好善，而不能以国诎；宁戚之为人能事，而不能以足息；孙在之为人善言，而不能以信默。臣闻之，消息盈虚，与百姓诎信⑤，然后能以国宁勿已者⑥，朋其可乎？朋之为人也，动必量力，举必量技。"言终，喟然而叹曰："天之生朋，以为夷吾舌也，其身死，舌焉得生哉！"管仲曰："夫江、黄之国近于楚，为臣死乎，君必归之楚而寄之；君不归，楚必私之。私之而不救也，则不可；救之，则乱自此始矣。"桓公曰："诺。"

【注释】

①蒦：通"蔓（huò）"，规度，度量，这里指权衡。

②孙宿：原为"孙在"，据刘师培说改。下同。即曾孙宿。

③一人之上：这里指超过其中一人。

④诎：同"屈"。

⑤诎信：同"屈伸"。

⑥勿已：同"无已"，长久不停息。

【译文】

桓公又问："寡人要是不幸失去仲父，几位大夫还能使国家安宁么？"管仲回答说："请衡量一下吧！鲍叔牙为人正直，宾胥无为人善良，宁戚很能干，孙宿善于谈吐。"桓公说："这四人有谁能超过他们？我让他们为我所用，却不能使国家安宁，那是为什么呢？"回答说："鲍叔为人好直，但不能为国委屈自己；宾胥无为人善良，但不能为国改变自己；宁戚很能干，但不能适可而止；孙宿善于谈吐，但不能适当保持沉默。我听说，根据消长盈亏的变化能与百姓共屈伸，才能使国家长久安宁，这样只有隰朋做得到吧？隰朋为人，量力而行，办事必考虑能力。"管仲说完，长叹一声说："上天生下隰朋，本是作为我的舌头，身体死了，舌头还能活着！"管仲还说："江、黄两个诸侯国地近于楚，如我死了，您务必把它们归还给楚国；您如不归还，楚国一定会来吞并它们。两小国被吞并而我不救，则不合道义；要去救，祸乱就从此开始了。"桓公说："好。"

管仲又言曰："东郭有狗嘡嘡^①，旦暮欲啮我，猳而不使也^②。今夫易牙，子之不能爱^③，将安能爱君？君必去之。"公曰："诺。"管子又言曰："北郭有狗嘡嘡，旦暮欲啮我，猳而不使也。今夫竖刁，其身之不爱^④，焉能爱君？君必去之。"公曰："诺。"管子又言曰："西郭有狗嘡嘡，旦暮欲啮我，猳而不使也。今夫卫公子开方，去其千乘之太子而臣事君，是所愿也得于君者是将欲过其千乘也。君必去之。"桓公曰："诺。"管子遂卒。卒十月，隰朋亦卒。桓公去易牙、竖刁、卫公子开方。五味不至^⑤，于是乎复反易牙；宫中乱，复反竖刁；利言卑辞不在侧，复反卫公子开方。桓公内不量力，外不量交^⑥，而力伐四邻。公薨，六子皆求立。易牙与卫公子内与竖刁，因共杀群吏，而立公子无亏。故公死七日不殓^⑦，九月不葬。孝公奔宋，宋襄公率诸侯以伐齐，战于甗^⑧，大败齐师，杀公子无亏，立孝公而还。襄公立十三年，桓公立四十二年。

【注释】

① 嘡嘡（ái）：犬龇牙咧嘴貌。

② 猳（jiā）：当为"枷"，用木枷锁起来。下"猳"字同。

③ 子之不能爱：指易牙蒸子作为桓公食物的事情。

④ 其身之不爱：指竖刁自宫为桓公治内的事情。

⑤五味不至：即五味不能达到最美的程度。

⑥量交：考虑邦交。

⑦七：据《史记·齐世家》当为"六十七"。

⑧甗（yǎn）：齐国地名。

【译文】

管仲又说道："东城有只狗，从早到晚磨牙砺齿想要咬我，我用木枷把它锁起来才没让它得逞。现在的易牙，连儿子都不爱，怎会爱戴君主？务必要废黜他。"桓公说："好。"管子又说："北城有只狗，从早到晚磨牙砺齿想要咬我，我用木枷把它锁起来才没让它得逞。现在的竖刁，连自己的身体都不爱惜，怎会爱戴君主？务必要废黜他。"桓公说："好。"管子又说道："西城有只狗，从早到晚磨牙砺齿想要咬我，我用木枷把它锁起来才没让它得逞。现在的卫公子开方，放弃做千乘之国的太子而臣服于您，这是因为他想从您身上得到的，不止一个千乘的国家。务必要废黜他。"桓公说："好。"管子随后死了。十个月后，隰朋也死了。桓公免去易牙、竖刁和卫公子开方。但从此吃饭五味不佳，所以又召回了易牙；宫中混乱，所以又召回了竖刁；身边没有了甜言蜜语，所以又召回了卫公子开方。桓公在内不估量自己的国力，向外不考虑邦交，而大力征伐四邻。桓公死后，六个儿子都谋求立为国君。易牙和卫公子开方勾结竖刁，谋杀百官，拥立公子无亏为君。所以，桓公死后六十七天没有入殓，九个月没有安葬。齐孝公投奔宋国，宋襄公率诸侯攻打齐国，在甗地会战，大败齐军，杀公子无亏，立齐孝公而回师。宋襄公当政十三年，齐桓公当政四十二年。

参　患

参患，即参透祸患产生的原因以求避免。此篇实际上是讨论君主如何才能够避免杀身之祸。一方面，文章先指出两类君主容易被杀：猛毅的君主和懦弱的君主。另一方面，它分析了君主要如何运用手中的力量避免祸患，它认为，最重要的手段莫过于军队，所以，君主要善于掌控军队。那么，如何掌控军队作战以获得胜利呢？它认为：一要警惕和定好计谋，二要统一军心，三要提高武器装备的水平。可见，此篇乃是人主统治之术的一个方面。

凡人主者，猛毅则伐①，懦弱则杀②。猛毅者何也？轻诛杀人之谓猛毅③。懦弱者何也？重诛杀人之谓懦弱④。此皆有失彼此。凡轻诛者杀不辜⑤，而重诛者失有罪⑥。故上杀不辜，则道正者不安；上失有罪，则行邪者不变。道正者不安，则才能之人去亡；行邪者不变，则群臣朋党。才能之人去亡，则宜有外难；群臣朋党，则宜有内乱。故曰，猛毅者伐，懦弱者杀也。

【注释】

①伐：被杀伐。

②杀：遭杀害。

③轻：轻易，随便。

④重：难，过分慎重地对待某事。

⑤辜：同"罪"。

⑥失有罪：姑息有罪之人。

【译文】

大凡君主为人猛毅的就会被人讨伐，为人懦弱的就会被人谋杀。什么叫猛毅呢？杀人不以为意的，称为猛毅。什么是懦弱呢？不忍于杀人的，称为懦弱。这二者各有所失。凡不以杀人为意的，会伤害无辜；凡不忍于杀人的，会姑息罪人。因此君主杀害无辜，正直的人就会心怀不安；姑息罪人，走歪路的人就不改邪归正。正直的人不安心，有才能的人就会流亡；走歪路的人不改邪归正，群臣就会兴起朋党。人材流失，势必带来外患；群臣结党，势必带来内乱。所以说，君主猛毅就会被人讨伐，君主懦弱将会被人谋杀。

　　君之所以卑尊，国之所以安危者，莫要于兵①。故诛暴国必以兵，禁辟民必以刑②。然则兵者外以诛暴，内以禁邪。故兵者尊主安国之经也，不可废也。若夫世主则不然③，外不以兵，而欲诛暴，则地必亏矣；内不以刑，而欲禁邪，则国必乱矣。故凡用兵之计，三惊当一至④，三至当一军⑤，三军当一战。故一期之师，十年之蓄积殚；一战之费，累代之功尽。今交刃接兵而后利之⑥，则战之自胜者也。攻城围邑，主人易子而食之，析骸而爨之⑦，则攻之自拔者也。是以圣人小征而大匡⑧，不失天时，不空地利，用日维梦⑨，其数不出于计。故计必先定而兵出于竟。计未定而兵出于竟，则战之自败，攻之自毁者也。

【注释】

①要：重要，关键。

②辟民：指坏人。辟，同"僻"。

③世主：当世之君。

④惊：通"警"，警戒，戒备。至：来犯。

⑤军：指围击。

⑥利之：指利于军队打仗的各种条件。

⑦析骸而爨（cuàn）：用尸骨烧柴火。骸，尸骨。爨，

烧柴火。

⑧小征而大匡：即对小的征战持极大的警惕。匡，畏惧，警惕。

⑨用日维梦：白天用兵，夜间就早计划好。日，白天。梦，夜间。

【译文】

决定君主尊卑、国家安危的因素中，军队最为关键。征讨残暴的国家得用军队，禁止坏人得用刑罚。所以军队对外用于征伐残暴之国，对内用于震慑坏人。因此，军队是使君主受尊崇、使国家安定的根本，不可废弃。如今君主则不是这样，对外不用军队却想征伐暴国，结果必然要丧失己国的土地；对内不用刑杀而想震慑坏人，结果国家必然混乱。所以计算用兵的消耗，三次警备相当于一次敌军来犯，三次来犯相当于一次围敌，三次围敌相当于一次交锋。所以，军队一年的给养，耗尽十年的积蓄；一场战争的费用，用尽几代人的积累。如今如果等到双方交战以后才创造有利条件，那样的作战一定失败。如果等到攻城围邑以后，才知道城内易子而食，烧骨为炊，顽强抵抗，那样的进攻一定会失败。所以圣人对小的征战也高度警惕，不错失天时，不丧失地利，白天作战夜里就准备好，其措施都在计划之内。所以，一定要筹划得当之后再兴兵出境。没有筹划得当而兴兵出境，则作战是自己使自己失败，进攻是自己毁灭自己。

得众而不得其心，则与独行者同实①；兵不完利，与无操者同实；甲不坚密，与伐者同实②；弩不可以及远，与短兵同实；射而不能中，与无矢者同实；中而不能入，与无镞者同实；将徒人，与残者同实；短兵待远矢，与坐而待死者同实。故凡兵有大论③，必先论其器、论其士、论其将、论其主。故曰，器滥恶不利者，以其士予人也；士不可用者，以其将予人也；将不知兵者，以其主予人也；主不积务于兵者，以其国予人也。故一器成④，往夫具⑤，而天下无战心；二器成，惊夫具⑥，而天下无守城；三器成，游夫具⑦，而天下无聚众。所谓无战心者，知战必不胜，故曰无战心；所谓无守城者，知城必拔，故曰无守城；所谓无聚众者，知众必散，故曰无聚众。

【注释】

①同实：一样，同样的实力。

②伐（jiàn）者：尹注"无甲单衣者"。

③论：即评定，考评。

④一器成："器"指军队的武器。一说"成"当为"盛"。

⑤往夫：尹注"敢往之夫"，即敢于出征的兵士。

⑥惊夫：尹注"惊敌之夫"，即能惊摄敌人的兵士。

⑦游夫：尹注"游务之夫"，即善于言辞和外交的士人。

【译文】

拥有众多军队而不得军心，那就与单人行动一样；兵器不齐全精良，那就与不持兵器一样；盔甲不细密坚固，那就与不穿铠甲一样；弓弩射不远，那就与短兵器一样；射箭不能射中，那就与没有射箭一样；箭射中而不穿透铠甲，那就与没有箭头一样；以未经训练的人作战，那就与自我残杀一样；用短兵器对抗远射的弓箭，那就是坐而待毙。所以，凡用兵有很多要考虑的地方，首先必须考虑的是兵器、考虑兵士、考虑将领、考虑君主。所以说，兵器粗制滥造不够精良，无异于把士兵奉送给敌人；士兵不可用，无异于把主将送给敌人；主将不懂用兵，无异于把君主送给敌人；君主不能长期重视军事，就无异于把国家送给别人了。所以有一种最精良的兵器，再有敢于出征的战士，则天下无人敢来攻打；有两种最精良的武器，再有神勇惊人的战士，则天下无城不破；有三种最精良的武器，再拥有游说的谋士，则天下连聚集兵众都难了。所谓无人敢来攻打，是因为知道了交战一定无法取胜，所以不敢有战心；所谓无城不破，是因为守城人知道了城堡一定会被攻破，所以说无守住之城；所谓难以聚集兵众，是因为知道兵众必然逃散，所以说没有聚集的兵众。

制　分

　　制分，即控制天下的分寸和方法。本篇论述的是关于治国用兵的一些原则。其中着重讨论的是用兵的策略，它认为一要使将帅和兵士各尽其职，二要重视情报的收集，三要严整行军、准备充足，四要攻打无道之国。在治国方面，认为要了解治国的手段、富国的办法、强国的策略、战胜敌国的思路，这样才能增强自己，掌控天下。这些内容反映了以兵治国的思想。

　　凡兵之所以先争：圣人贤士，不为爱尊爵①；道术知能②，不为爱官职；巧伎勇力③，不为爱重禄；聪耳明目④，不为爱金财。故伯夷、叔齐非于死之日而后有名也，其前行多修矣；武王非于甲子之朝而后胜也⑤，其前政多善矣。故小征，千里遍知之。筑堵之墙，十人之聚，日五间之⑥。大征，遍知天下。日一间之，散金财用聪明也。故善用兵者，无沟垒而有耳目。兵不呼儆⑦，不苟聚，不妄行，不强进。呼儆则敌人戒，苟聚则众不用，妄行则群卒困，强进则锐士挫。故凡用兵者，攻坚则轫⑧，乘瑕则神⑨。攻坚则瑕者坚，乘瑕则坚者瑕。故坚其坚者，瑕其瑕者。屠牛坦朝解九牛⑩，而刀可以莫铁，则刃游间也。故天道不行，屈不足从⑪；人事荒乱，以十破百；器备不行，以半击倍。故军争者不行于完城池⑫，有道者不行于无君。故莫知其将至也，至而不可圉⑬；莫知其将去也，去而不可止。敌人虽众，不能止待。治者所道富也⑭，治而未必富也，必知富之事，然后能富。富者所道强也，而富未必强也，必知强之数，然后能强。强者所道胜也，而强未必胜也，必知胜之理，然后能胜。胜者所道制也，而胜未必制也，必知制之分，然后能制。是故治国有器，富国有事，强国有数，胜国有理，制天下有分。

①爱：吝啬，爱惜。

②道术知能：指有道术、智慧、能力的人。

③巧伎勇力：指有武艺勇猛之人。伎，通"技"，技艺。

④聪耳明目：指刺探情报的人。

⑤甲子：武王伐纣大胜之日。

⑥间：间候，侦察。

⑦呼儆：即高声叫警。儆，同"警"，警戒，警备。

⑧轫（rèn）：阻碍车轮之物为轫，引申为阻止、挫折。

⑨瑕：瑕疵，引申为薄弱环节。

⑩屠牛坦：人名，善分解牛。

⑪屈：困穷。

⑫完城池：指坚固的城池。完，完整、坚固。

⑬圉：同"御"，抵御，防御。

⑭道：同"導（导）"，导向。

【译文】

大凡用兵所以能够争先的原因是：对圣人贤士不要吝惜尊贵的爵位；对有道术、有智能的人不要吝惜官职；对有巧技勇力的人不要吝惜优厚的俸禄；对耳聪目明的人才不要吝惜金钱和财货。伯夷、叔齐不是饿死才名扬天下的，而是生前就很注重修养德行；周武王的胜利不是在甲子那天获得的，而是之前就行政清明。所以，小规模的征战就要了解方圆千里的情况。即使一墙之隔只聚集有十个人，也要每天侦察五次。至于大规模的征战就需要了解天下的情况了。每天一次侦察，要花钱收买情报。所以，善用兵的没有沟垒的阻挡，却有侦察耳目的。调集兵士不能高声呼警，不能草率集合，不能随便行军，不能勉强进攻。高声呼警，敌人就知道警惕；草率集合，兵众就难以发挥效用；随便行军，则士卒就会疲劳；勉强进攻，精兵就会受挫。所以，大凡用兵，攻坚则容易受挫，攻弱则获得神效。攻坚的话，其薄弱点也会变得加剧；攻弱的话，其坚固部分也会变弱。所以要巩固其强势环节，削弱其薄弱环节。屠牛坦一天解九只牛而屠刀还能削铁，是因为刀刃活动于空隙之间。所以，不顺天道的话，即使敌人穷困，也不能追击；敌国人事荒乱，就可以以十破百；敌国兵器不备，就可以以一敌二。所以，用兵不打坚固的城池，有道义的人不在无君的国家行道。所以要使敌方不知我方将要来到，我方到了敌方就无法防御；要使敌方不知我方将要离去，我方走了敌方便不能阻止。如果这样，敌人再多也不能阻拦和防御。安定是国家富裕的条件，但国家安定未必就能富裕，还必须懂得致富的道理，然后才能富国。富裕是国家强大的条件，但富裕了未必就能使国家强大，还必须懂得强国的道理，然后才能强国。强大是胜利的条件，但强大未必就能致胜，还必须懂得致胜的道理，然后才能致胜。战胜是控制天下的条件，但战胜别人未必就能控制别人，必须懂得控驭天下的道理，然后才能控制天下。所以，治理国家要有军备，使国致富要有生产，使国强大要有措施，使国战胜要有道理，控制天下则要有名分。

君　臣

　　所谓"君臣"，指君道和臣道，即如何为君、如何为臣的法则。《君臣》分上、下两篇，上篇认为君臣之间不应当互相干涉，而应分工治事，尽好自己的职责，即：上有明法，下有常事；君主知人善任，臣下守职尽责；吏不可以上夺君权，人君也不可包办臣职。君主事必躬亲，反而不能照顾全局，造成不公。因此，它提出君依法而出令，有司奉命而行事，百姓顺上而成俗，以实现君明、相信、五官肃、士廉、农愚、商工愿的局面。此外，文章末尾还讨论了所谓"道"的普遍性，力图进一步为君道、臣道提供理据。本书选取的是上篇前四段。

　　为人君者，修官上之道①，而不言其中②；为人臣者，比官中之事③，而不言其外。君道不明，则受令者疑；权度不一，则循义者惑。民有疑惑贰豫之心而上不能匡④，则百姓之与间⑤，犹揭表而令之止也⑥。是故能象其道于国家⑦，加之于百姓，而足以饰官化下者⑧，明君也。能上尽言于主，下致力于民，而足以循义从令者，忠臣也。上惠其道⑨，下敦其业，上下相希，若望参表⑩，则邪者可知也。

【注释】

①官上：处于众官之上，即领导和管理官吏。

②其中：指职责之中，即各种官吏所负责的事情。

③比：尹注"校次之也"，引申为处理。

④贰豫：犹豫，有二心。

⑤与间：即与之产生隔阂。

⑥揭表：高标，崇尚。

⑦象：树立法度的意思。

⑧饰：通"饬"，管理，治理。

⑨上惠其道：君上按君道办事。惠，顺从，实行。

⑩参表：树立标尺以参验曲直。

【译文】

　　作为君主，领导官员要讲究方法，而不要干涉官员职责以内的事务；作为人臣，应该处理分内之事，而不要干预职责以外的事务。君道不明，接受命令的人就有疑虑；权责法度不一贯，遵守道义的人就会感到迷惑。民众心中疑惑犹豫而国君不将其消除的话，那么百姓与君主就产生隔阂了，就像君主用高标某种事情的办法来阻止它一样不能奏效。所以，能为国家树立为君之道，并在百姓中施行，因而能够领导官员教化民众的，那就是明君。对上能对君主尽言，对下能为民众出力办事，因而能够修明道义服从命令的，那就是忠臣。君上施行君道，臣下恪守职责，上下相互呼应，就像观察测验日影的标竿一样，就可以明了奸邪之人了。

吏啬夫任事，人啬夫任教①。教在百姓，论在不挠②，赏在信诚，体之以君臣，其诚也以守战③。如此，则人啬夫之事究矣。吏啬夫尽有訾程事律④，论法辟、衡权、斗斛、文劾⑤，不以私论，而以事为正。如此，则吏啬夫之事究矣。人啬夫成教、吏啬夫成律之后，则虽有敦悫忠信者不得善也⑥，而戏豫怠傲者不得败也。如此，则人君之事究矣。是故为人君者因其业，乘其事，而稽之以度。有善者，赏之以列爵之尊、田地之厚，而民不慕也。有过者，罚之以废亡之辱、僇死之刑，而民不疾也。杀生不违，而民莫遗其亲者，此唯上有明法，而下有常事也。

【注释】

① 人啬夫：当为"民啬夫"，与"吏啬夫"俱为官名，其官职，尹注"谓检束群吏之官也，若督邮之

比也"。

②不挠：指不枉法。挠，枉曲。

③诚：通"成"，指成效，成就。

④訾（zī）：计量，计算。程：规章法式。事律：根据法令行事。

⑤辟：尹注"刑也"，也是法。文劾：尹注"据文而举劾"。

⑥善：同"缮"，修补，引申为增补。

【译文】

吏啬夫掌管督察职事，民啬夫掌管教化百姓。教化应向百姓施行，论罪应当不徇私枉法，行赏应当信诚，体现出君臣之道，做得好的足以防守征战。这样的话民啬夫的职责就完成了。吏啬夫完全掌握着计量的章程和办事的律法，审议刑法、权衡、斗斛、文告与劾奏，不徇私论断，而是实事求是。这样的话，吏啬夫的职责也完成了。民啬夫完成教化、吏啬夫制定律令以后，那么即使是敦厚忠信的人也不许增益，玩忽怠惰的人更不许破坏。这样的话，君主的职责就完成了。所以，身为君主要依靠前二者的职事，依赖他们的努力，并且根据法度加以考核。表现良好的，就赏赐给尊贵的爵位和丰厚的田产，民众也不会对此有攀比羡慕的心理。有过失的，就用撤职的耻辱和诛死的重刑以示处罚，民众也不会有嫉恨抱怨的情绪。生与杀不违背法度，民众也就没有抛弃父母的，这只有当君上有明确的法制、臣下有固定的职事的时候才做得到。

天有常象，地有常形，人有常礼，一设而不更，此谓三常。兼而一之，人君之道也；分而职之，人臣之事也。君失其道，无以有其国；臣失其事，无以有其位。然则上之畜下不妄，而下之事上不虚矣。上之畜下不妄，则所出法制度者明也；下之事上不虚，则循义从令者审也。上明下审，上下同德，代相序也①。君不失其威，下不旷其产，而莫相德也。是以上之人务德，而下之人守节②。义礼成形于上③，而善下通于民，则百姓上归亲于主，而下尽力于农矣。故曰：君明、相信、五官肃、士廉、农愚、商工愿④，则上下体而外内别也，民性因而三族制也⑤。

【译文】

　　天有一定的气象，地有一定的形状，人有一定的礼制，一旦设立就不更改，这是所谓三常。兼顾和统一掌握全局，是君主的职责；分别承担各项职责的，是人臣的事。君主违背了君道，就不能够保有他的国家；人臣废弃了职事，就不能够保有他的官位。这样君上对待臣下真诚，臣下服务君上也就老实了。君上真诚地畜养臣下，说明制定法律制度的君主是英明的；臣下忠实地服务君上，说明遵从道义、服从法令的臣子是审慎的。君上英明，臣下审慎，上下同心同德，就能形成良好的风气。君主不失其威信，臣下不玩忽职守，就用不着感恩怀德。所以在上的人追求德义，在下的人谨守本职。义礼由上面形成，善行贯彻到民众之中，这样百姓就都向上拥戴亲近君主，向下致力于农业了。所以说：君主英明，宰相诚信，五官严肃，士人廉直，农民愚朴，商人工匠谨厚，那么，上下就成为一体，内外有一定的分别，民众生活有了依靠，而农、商、工三民也都有所管理了。

夫为人君者，荫德于人者也；为人臣者，仰生于上者也。为人上者，量功而食之以足①；为人臣者，受任而处之以教。布政有均，民足于产，则国家丰矣。以劳受禄②，则民不幸生；刑罚不颇，则下无怨心；名正分明，则民不惑于道。道也者，上之所以导民也。是故道德出于君，制令传于相，事业程于官③，百姓之力也，胥令而动者也。是故君人也者，无贵如其言；人臣也者，无爱如其力。言下力上，而臣主之道毕矣。是故主画之④，相守之；相画之，官守之；官画之，民役之；则又有符节、印玺、典法、策籍以相揆也。此明公道而灭奸伪之术也。

①量功而食：尹注"量其功之多少，制禄以食之"。

②受：同"授"。

③程：呈上，上报。

④画：尹注"谓分别其所授事"。

【译文】

　　身为君主，就是要用德泽来荫护臣下的；作为人臣，就是要仰靠君主生存的。身为君主的，要考量功绩而给予足够的俸禄；作为人臣，接受任务要认真地完成。行政注意保持公平，民众的产业能够自足，国家也就丰足了。按功劳授予俸禄，民众就不会侥幸为生；刑罚不失偏颇，臣下就不会抱怨；名义严正，职责明确，民众就不会对道义感到疑惑了。所谓"道"，是君主用以引导人民的方式。所以，道与德出自君主，法制和命令由辅相传布，各种事务由官吏处理，百姓是等待命令而行动的。所以，身为君主，再没有比言语更重要的了；作为人臣，再没有比才力更令人珍爱的了。君主的言语下达于臣民，臣民的才力上报于君主，君臣之道就算完备了。所以，君主筹划，宰相遵守执行；宰相筹划，官吏遵守执行；官吏筹划，民众去实现；又有符节、印玺、典章、律法、文书和书籍，加以考核管理。这都是用来辨明公道、消除奸伪的办法。

小 称

　　小称，即稍稍指出过错使其改正。本篇谈论的是统治者应当如何对待自身过失的问题。文章分两个部分，第一部分是论证对错误的正确态度，即三点：一是民众的眼睛是雪亮的，不能指望躲避过失；二是有错要反省自身，有善归之于民；三是践行恭逊敬爱之道。第二部分是叙事，记述了管仲临终嘱托桓公要废黜易牙、竖刁、堂巫、公子开方等奸臣，桓公不听，最终不得善终。一个道理，一个事实，然而二者并非论点与论据的关系，二者似乎有拼凑痕迹。本书选取前三段。

管子曰："身不善之患①，毋患人莫己知。丹青在山，民知而取之；美珠在渊，民知而取之。是以我有过为②，而民毋过命③。民之观也察矣，不可遁逃以为不善。故我有善，则立誉我；我有过，则立毁我。当民之毁誉也，则莫归问于家矣，故先王畏民。操名从人，无不强也；操名去人，无不弱也。虽有天子诸侯，民皆操名而去之，则捐其地而走矣，故先王畏民。在于身者孰为利？气与目为利。圣人得利而托焉，故民重而名遂。我亦托焉，圣人托可好，我托可恶，以来美名，又可得乎？我托可恶，爱且不能为我能也。毛嫱、西施④，天下之美人也，盛怨气于面，不能以为可好。我且恶面而盛怨气焉，怨气见于面，恶言出于口，去恶充以求美名⑤，又可得乎？甚矣，百姓之恶人之有余忌也⑥，是以长者断之，短者续之，满者洫之，虚者实之。"

【注释】

①身不善之患：即忧患自身不完善。

②过为：即错误的行为，做错事。

③过命：错误的评价。命，即名，评价。

④毛嫱、西施：春秋时代越国的两个美女。毛嫱，越王爱姬。西施，越女，被献给吴王夫差。

⑤恶充：即"恶之实"，指丑恶的事实。充，即"实"。

⑥余忌：较多的缺陷。忌，忌讳，这里是缺点的意思。

【译文】

管子说:"要忧患的是自身不善,不用担心别人不了解自己。丹青藏在深山,人们知道把它取出来;美珠藏在深渊,人们也知道把它取出来。所以,我自己的行为可以有错误,民众的评价却不会有错。民众的眼睛是雪亮的,谁都不能瞒着他们为非作歹。所以,我有优点人们就立即表扬我,我有过失人们就会指责我。面对民众的指责和表扬,不用再回家去询问是非,所以先王敬畏民众。拥有好名声而且听从民众,是最强大的;名声不好而且脱离民众,是最弱小的。即使是天子诸侯,如果民众都因其恶名而离去,也会失其领地而流亡了,所以先王是敬畏民众的。人身上什么最有利于人?气目最有利于人。圣人得到气目之利以为依托,所以能得到民众的器重而名声远扬。我也依靠它,但圣人以行善得耳目之利,我则以行恶为手段,而想求美名,怎么能行呢?我以行恶为手段,即使爱我的人也无法帮我得到美名的。毛嫱、西施是天下有名的美人,但是如果脸上满是怨色,也不美丽。我本姿色丑恶又满脸怨气,怨气表现在脸上,恶言又出于口中,以恶的内容而想获得美好的名声,能办到么?百姓是非常憎恶有严重缺点的人的,所以,过长的要截短,过短的要续长,过满的要疏泄,空了的要加以充实。"

管子曰:"善罪身者①,民不得罪也;不能罪身者,民罪之。故称身之过者,强也;治身之节者,惠也②;不以不善归人者,仁也。故明王有过则反之于身，有善则归之于民。有过而反之身则身惧，有善而归之民则民喜。往喜民，来惧身^③，此明王之所以治民也。今夫桀纣不然，有善则反之于身，有过则归之于民。归之于民则民怒，反之于身则身骄。往怒民，来骄身，此其所以失身也。故明王惧声以感耳^④，惧气以感目。以此二者有天下矣，可毋慎乎！匠人有以感斤欘^⑤，故绳可得料也；羿有以感弓矢，故彀可得中也^⑥；造父有以感辔策^⑦，故遬兽可及^⑧，远道可致。天下者，无常乱，无常治。不善人在则乱，善人在则治；在于既善，所以感之也。"

【注释】

①罪：本指罪过，这里意为寻找自身的过错。

②惠：通"慧"，聪明。

③往喜民，来惧身：根据上下文，"往"是指明王归善于民的行为，"来"是指过错降临。

④声以感耳：即"以声感耳"。下句"气以感目"句式同。

⑤斤欘（zhú）：两种农具。斤指斧，欘指钁锄。

⑥彀（gòu）：张弓而射。

⑦感：尹注"深得其妙"。

⑧遬：同"速"。

【译文】

管子说："善于寻找自己的罪过的，民众就不会寻找他的罪过；不会寻找自己的罪过的，民众就会寻找他的罪过。所以，承认自己错误的人是强大的；修养自身节操的人是明智的；不把不善之事归于人是'仁'的表现。所以，圣明君主有了过错就归之于己，有了善行则归之于民众。有过归之己则自身警戒，有善归之民则民众喜悦。一方面推善以取悦于民，另一方面反思过失以警戒自身，这是圣明君主治理民众的方式。至于桀、纣等暴君就不是这样，有了好事就归之于己，有了过错就归之于民。把过错归于民则民怒，把善举归于己则己骄。一方面推托过错以激怒民众，另一方面独占好事以骄纵自身，这便是失败丧命的原因。所以圣明的君主警戒恶声影响听闻，警戒恶气影响观看。这两者关乎得失天下，怎么能不谨慎呢！工匠有技术运用斤斧，所以用绳墨能裁定木材；羿因为有技术使用弓矢，所以张弓能射中标的；造父因为有方法使用辔鞭，所以能追赶快速的野兽，行驶遥远的路程。天下不会永远混乱，也不会永远安定。坏人当政则乱，善人当政则治；当政尽善，因而能把握局势。"

管子曰："修恭逊、敬爱、辞让、除怨、无争以相逆也[1]，则不失于人矣。尝试多怨、争利，相为不逊，则不得其身。大哉！恭逊敬爱之道。吉事可以入祭，凶事可以居丧。大以理天下而不益也，小以治一人而不损也。尝试往之中国、诸夏、蛮夷之国[2]，以及禽兽昆虫，皆待此而为治乱。泽之身则荣[3]，去之身则辱。审行之身毋怠[4]，虽夷貉之民[5]，可化而使之爱；审去之身，虽兄弟父母，可化而使之恶。故之身者⑥，使之爱恶；名者，使之荣辱。此其变名物也，如天如地，故先王曰道。"

【注释】

①逆：迎接，对待。

②中国：这里指京师，京都。诸夏：指中原之地。

③泽：尹注"身之粉泽"，即润泽、感染的意思。

④审：果真，确实。

⑤夷貉：边地无教养之人。贬称。

⑥之身者："之"字疑衍。

【译文】

管子说："修养恭逊、敬爱、谦让、除怨、无争的心态以互相对待，就不会失去人心。尝试多怨、争利，相互对待不讲恭逊，则自身难保。恭逊敬爱的道理太伟大了！遇有吉事可依此主持祭礼，遇有凶事可依此主持丧事。从大的方面看可以治理天下而不会不够，从小的方面看可以完善一人而不会多余。实行于京都、中原、蛮夷之国以及禽兽昆虫的世界，都以它决定治乱。身上感染上它就有荣光，身上没有它就会受辱。认真地身体力行而不懈怠，即使是残戾凶暴的人也变化为相爱；确实抛弃了它，即使是兄弟父母也能变为相恶。所以，在身上使之或爱或恶，在名声上使之或荣或辱。其变化名物的作用，和天地一样大，所以先王称之为'道'。"

侈靡

　　侈靡，这里指奢侈的消费。此篇标榜的观点十分奇特，即提倡大力扩大奢侈品的生产和消费，认为奢侈消费能够极大地促进劳动就业和改善底层民众的生活。因而主张饮食、车马、游乐、丧葬等生活消费，都应提倡奢侈、发展奢侈。它甚至提出把蛋品彩绘了然后煮食，把木柴雕刻了然后焚烧。这是一种古代极为罕见的经济学说，深刻地看到消费对促进经济社会发展的作用。当然，它已经混淆了合理消费与奢侈消费的界限，这种做法必然会造成生产力的浪费。此外，此篇篇幅冗长而内容繁多，采用一问一答的形式，借管仲之口广泛讨论了经济、政治、军事、外交、国防、哲学等各个领域的问题，是一篇奇文。本书选取谈论奢侈消费理论的三个段落。

问曰："古之时与今之时同乎①？"曰："同。""其人同乎，不同乎？"曰："不同。可与政其诛②。喾、尧之时，混吾之美在下③。其道非独出人也，山不童而用赡④，泽不弊而养足；耕以自养，以其余应良天子⑤，故平。牛马之牧不相及，人民之俗不相知，不出百里而求足。故卿而不理⑥，静也。其狱一踦腓一踦屦而当死⑦。今周公断指满稽，断首满稽⑧，断足满稽，而死民不服。非人性也，敝也⑨。地重人载⑩，毁敝而养不足，事末作而民兴之⑪，是以下名而上实也⑫。圣人者，省诸本而游诸乐⑬，大昏也，博夜也⑭。"问曰："兴时化若何？""莫善于侈靡。贱有实，敬无用⑮，则人可刑也⑯。故贱粟米而敬珠玉，好礼乐而贱事业，本之始也。珠者，阴之阳也，故胜火；玉者，阳之阴也，故胜水⑰。其化如神。故天子臧珠玉，诸侯臧金石，大夫畜狗马，百姓臧布帛。不然，则强者能守之，智者能牧之，贱所贵而贵所贱⑱。不然，鳏寡独老不与得焉，均之始也！"

【注释】

①时：尹注"天地四时"，与下句"其人同乎"的"人"相对。

②可与政其诛："其"疑衍，当删。"可与政诛"是说可以表现在政、诛两方面。诛，刑罚的意思。

③混吾：即昆吾，山名，传说出产美玉。

④童：山无草木为童。

⑤应良：奉养的意思。良，当为"养"。

⑥卿而不理：尹注："虽立公卿，不理其事。"即天下太平的意思。

⑦一踦（qī）腓（féi）一踦屦：一脚穿草鞋，另一脚则穿常履。踦，跛行，走路身体不平衡。腓，指草鞋。

⑧稽：通"阶"，台阶。

⑨敝：指社会破败贫穷。

⑩地重人载：土地贵重，人口增多。一说"载"通"戴"，意为增多。

⑪末作：即末业，所谓工商等行业，本文专指奢侈消费品的生产。

⑫下名而上实：轻名重实，不重虚名而重实效的意思。下，轻视。上，重视。

⑬省诸本而游诸乐：省心省力于本业而游于欢乐之事。本，农业。乐，游乐之业。

⑭大昏也，博夜也：即整日整夜。日暮为昏。大昏，指日之极暮。博夜，指夜之极深。

⑮贱有实，敬无用：有实与无用二者相对。有实，指粮食之类的事物。无用，指珠玉、礼乐之类的东西。

⑯刑：通"型"，取法，模范。

⑰"珠者"六句：根据五行相克的道理，珠生于水从水，故能胜火，玉生于山从土，故能胜水。

⑱贱所贵而贵所贱：即操纵价格。

【译文】

问道："古今的天时一样么？"回答说："一样。""人事是否相同呢？"回答说："不同。表现在政与刑两个方面。帝喾、帝尧之时，昆吾山的宝物就埋藏在地下而无人开采。这并非用了什么独特的办法管理，而是因为山上的木材不用砍光就已够用，河中水产不用打捞完就已够吃；民众耕种以自给自足，并用剩余的奉养天子，所以天下太平。民众放牧牛马不用相遇，习俗也互不了解，不出百里就可以满足各种需要。因而有公卿而无需忙于政事，天下是平静的。那时的罪刑，使犯罪者一脚穿草鞋一脚穿常履就可以充当死刑。然而到了周公的时代，断指、断头和断足积满台阶，被处死的人们还是不畏惧。这并不是人性不怕死，而是极度贫困的缘故。土地贵重，人口增多，生活贫困而食养不足，发展工商末业，民众生活才能振兴起来，这是不重虚名而注重实际的措施。圣明的君主省心力于农耕之事而纵情于游乐事业，以至日夜忙碌。"问："如何根据时代变化而改变呢？"回答说："最好的办法是扩大侈靡消费。不看重实用之物，而看重'无用'之物，那么民众才能服从治理。所以不看重粮食而看重珠玉，重视礼乐而轻视生产，这就开始抓住了关键。珠是阴中之阳，所以胜过火；玉是阳中之阴，所以胜过水。它们变化如神。因此，天子应当储存珠玉，诸侯应当储存金石等乐器，大夫应当储存狗马等玩物，百姓应当储存布帛等物资。否则，强大有实力的人占有珠玉，聪明的人将操纵珠玉买卖，使贵的变贱、贱的变贵。否则，鳏寡独老之人也就不得赈济了，这正是均平的起点啊！"

"饮食者也，侈乐者也，民之所愿也。足其所欲，赡其所愿，则能用之耳。今使衣皮而冠角，食野草，饮野水，孰能用之？伤心者不可以致功。故尝至味而罢至乐①，而雕卵然后瀹之②，雕橑然后爨之③。丹沙之穴不塞，则商贾不处④。富者靡之，贫者为之，此百姓之怠生⑤，百振而食⑥。非独自为也，为之畜化⑦。"

【注释】

①罢：同"疲"。即听最好的音乐至于疲倦腻烦。

②雕卵然后瀹（yuè）之：把蛋品雕画以后再煮食。瀹，煮。

③雕橑然后爨（cuàn）之：把木材雕刻以后再当柴火烧。橑，木柴。

④不处：不停留，尹注"趋丹穴而求利"。

⑤怠生：读为"怡生"，有生计。

⑥百振：即振作起来。

⑦畜化：酝酿条件使之变化。畜，酝酿。化，变化。

【译文】

"改善饮食、奢侈逸乐是民众的欲望。满足他们的欲求和愿望，才能役使他们。假设只是让他们身披兽皮，头戴牛角，吃野草，喝野水，怎么能够役使他们呢？内心伤悲的人是无法获得功效的。所以要吃最好的饮食，听最好的音乐，把禽蛋雕绘了再煮食，把木柴雕刻了再焚烧。挖掘丹砂的洞口不要堵塞，商贾贩运就不会停止。富人奢侈地消费，穷人才有事谋生，这样百姓将有生业，从而振奋起来而有生计。这不是百姓自身能做到的，而是要替他们培养条件。"

"无事而总①，以待有事，而为之若何？""积者立余日而侈②，美车马而驰，多酒醴而靡，千岁毋出食③，此谓本事④。县入有主，入此治用，然而不治，积之市，一入积之下，一入积之上，此谓利无常。百姓无宝，以利为首。一上一下⑤，唯利所处。利然后能通，通然后成国。利静而不化，观其所出，从而移之。"

【注释】

①总：尹注"收积也"，指积累财富。

②立余日：此处指有余粮之时日。

③出食：出外乞食。

④本事：根本之事。

⑤一上一下：这里指百姓到处奔波。

【译文】

"无事的时候积累财富，以防备有事，应该怎么做呢？""积累财富的人应该拿出余粮奢侈地挥霍，装饰车马尽情驰乐，多备酒醴尽情享用，这样的话才能一千年都不用外出乞食，这样做最为根本。县的收入有人掌管，然后将收入用以满足需用，如果不用就将其投入市场，但有时收入愈积愈少，有时愈积愈多，这叫作得利无常。百姓没有什么宝物，把求利看得最重。上下奔波，唯利是图。有财利然后才能流通，有流通然后形成都市。如果财利堵塞而不流动，就要查明原因，转移门路。"

"众而约^①，实取而言让，行阴而言阳，利人之有祸，害人之无患，吾欲独有是，若何？""是古之时，陈财之道可以行。今也利散而民察，必放之身然后行^②。"公曰："谓何？""长丧以毁其时，重送葬以起其财，一亲往，一亲来，所以合亲也。此谓众约^③。"问："用之若何？""巨瘗培^④，所以使贫民也^⑤；美垄墓^⑥，所以使文明也^⑦；巨棺椁，所以起木工也；多衣衾，所以起女工也。犹不尽，故有次浮也^⑧，有差樊^⑨，有瘗藏^⑩。作此相食，然后民相利，守战之备合矣。"

【注释】

①众而约：众为多，约为少。此句意为拥有的多而让人看到的少。

②放：指放散财利。按，"必放之身"的"身"字疑衍。

③众约：言亲往亲来，如众家所约。

④瘗培（yìyìn）：指坟坑或墓室。瘗，埋葬。培，土室。

⑤使贫民：使贫民有事做。

⑥垄：坟墓。

⑦文明：指雕画的工匠。一说"明"为"萌"。

⑧次浮：尹注"谓棺椁垄墓之外游饰也"。

⑨差樊：指垄墓之外树立以表示尊卑的樊篱。

⑩瘗（yì）藏：指金玉器物等陪葬物。

【译文】

"所拥有的多而示人的少，实际上取于人而表面上表示推让，行为诡谲而言语堂皇，从别人的灾祸中获利而嘴上却希望别人没有忧患，我想独有这些，该怎么办呢？"回答说："这些生财之道，古时候还能推行。如今财利分散于天下，民众就能觉察，所以一定要放散资财才行。"桓公问："这是什么意思？"回答："延长丧期以消磨民众的时间，厚葬以消耗民众的钱财，使之亲切往来，以此增进和睦。这就是所谓的约定俗成。"桓公又问："具体该怎么做呢？"回答说："挖掘巨大的墓室，使穷人有工可做；装饰墓地，使雕、画工匠有工可做；制造巨大的棺椁，使木工发家；多用随葬的物品，使女工得利。这还不够，还有棺椁外饰、墓地樊篱以及各种殉葬物品。用这些办法使贫者维持生计，民众因而得到好处，于是国家的防守和攻战的储备就有了。"

心　术

　　心术，即心的功能。《心术》有上下篇，此为上篇。古人以心为思维器官，并认为它是人体的主宰，以心比君。本文的基本内容在于论述心的功能，但是，其内容又不仅限于此，而是往往以感官的功能为喻，进而讨论修养身心、为人处世以至于对自然、宇宙进行深刻的探讨。其中涉及的一些范畴如"心""道""智""虚""无为"等等都表现了道家的思维方式。本文前经后传，经与传各有六段文字，传文是对经文的说明和阐发。本书选取的是上篇经文。

心之在体，君之位也；九窍之有职①，官之分也。心处其道，九窍循理；嗜欲充益，目不见色，耳不闻声。故曰上离其道，下失其事。毋代马走，使尽其力；毋代鸟飞，使弊其羽翼②；毋先物动，以观其则。动则失位，静乃自得。

【注释】

①九窍：口、鼻、耳、目等人体器官的九个孔穴。

②弊：废弃。

【译文】

心脏在人体的作用，犹如一国之君的地位；各种器官的功能，犹如百官的不同职分。心脏运转正常，各器官就能合理运作；如果心中充满欲望，人的眼睛就分不清颜色，耳朵就听不清声音。所以说上面背离正道，下面就会丧失职事。不要代马行走，而要让其使用力气；不要替鸟飞翔，而要让它施展羽翼；不要先物而动，要观察其规律。躁动就会失掉本位，沉静才能得其规律。

道，不远而难极也，与人并处而难得也。虚其欲，神将入舍①；扫除不洁，神乃留处。人皆欲智而莫索其所以智乎②。智乎，智乎，投之海外无自夺③，求之者不得处之者④。夫圣人无求之也，故能虚无。

【注释】

①神：与"道"所指相同。

②乎：此"乎"字为衍文。

③投之海外无自夺：意思是有了智慧无论到了哪里，智慧都不会被夺取。

④求之者不得处之者：指追求智慧的人不知道如何拥有智慧。

【译文】

道在不远的地方却难以企及，与人共处却难以获得。荡涤欲望，神奇的道将会来临；扫除欲念，神奇的道将会停驻。人们都想获得智慧，却没有探究过怎么获得智慧。智慧啊，智慧啊，有了你走到天涯海角别人也夺不走你，追求你的人却不知道如何拥有你。圣人正是没有追求它，所以能够达到虚静。

虚无无形谓之道，化育万物谓之德，君臣父子人间之事谓之义①，登降揖让、贵贱有等、亲疏之体谓之礼，简物、小大一道，杀僇禁诛谓之法②。

【注释】

①义：尹注"人间各有宜也"。

②僇：通"戮"。

【译文】

虚无没有形状的称之为道，孕育万物的称之为德，君臣父子之间的关系称之为义，升降礼让、贵贱等差、亲疏远近的关系称之为礼，繁简、大小的统一标准以及禁令杀戮的章程称之为法。

大道可安而不可说。真人之言^①，不义不顾^②，不出于口，不见于色，四海之人，又孰知其则？

【注释】

①真人：道家理想中得道的高人。

②不义不顾：一说"义"当为"俄"，意为偏斜。"顾"当为"颇"，偏颇。

【译文】

大道只可安然处之而不可言说。合道之言既不固执也不偏颇，道说不出口，也不表现在形色上，四海之内有谁知道它的规律呢？

天曰虚，地曰静，乃不伐^①。洁其宫^②，开其门^③，去私毋言，神明若存。纷乎其若乱，静之而自治。强不能遍立，智不能尽谋。物固有形，形固有名，名当，谓之圣人。故必知不言^④，无为之事，然后知道之纪。殊形异埶^⑤，不与万物异理，故可以为天下始。

【注释】

①伐：当为"忒"，据文意改。

②宫：这里指心，尹注"宫者心之宅"。

③门：尹注"谓口也"。

④不言：一说当为"不言之言"。

⑤埶：同"势"，形态，姿势。

【译文】

天是虚空的，地是沉静的，它们不会有差错。洁净内心，开放感官，去除私欲，不用言说，神奇的领悟仿佛出现了。万事万物纷纭烦乱，只有虚静才能使其有条不紊。再强大也不能解决所有事情，再聪明也难以考虑尽善尽美。事物有其本来的形状，其形状自有本来的名称，能使名称得当的就是圣人。所以，一定要领会不可言说的话语，以及不用去做的事情，才能知道道的本质。万物虽然千差万别，但是道理却没有什么不同，明白这一点才能治理天下。

人之可杀，以其恶死也；其可不利^①，以其好利也。是以君子不怵乎好，不迫乎恶，恬愉无为，去智与故。其应也，非所设也^②；其动也，非所取也。过在自用，罪在变化。是故有道之君^③，其处也若无知，其应物也若偶之。静因之道也^④。

【注释】

①其可不利：疑有讹误。大意是人可以不求利。

②设：设想，谋求。

③有道之君：据后文当为"有道之君子"。

④静因之道：排除主观的嗜欲成见，完全依照客观事物自身的规律行事。静因，虚静与因依。

【译文】

有些人可以一时间不去求利，因为他们贪生怕死；有些人可以一时间不去求利，因为他们贪图私利。所以，君子不为喜好所诱惑，不为邪恶所威胁，恬淡无为，他荡涤了巧智与世故。他应对处事，不是为了有所谋求；他行动处事，并非为了有所获取。人的过失在于过于自负，人的罪过在于善变。所以有道的君子居处的时候无知无识，应对外物的时候好像在配合对方。这是虚静因循之道。

白　心

　　白心，即使内心纯洁。此篇与《心术上》篇所谓"洁其宫"、"虚其欲"涵义略同，都是指扫除欲念，抱虚守静，修养内心。然而，本文谈论的远远超出纯洁内心的内容，它阐述了以虚静为本，符合常规、顺应万物规律的处世方法，讨论了对国家和战争无为而治的看法，并且非常细致地描述了所谓"道"的形态、运行和涵义。所以，此篇实际上已经打通了政治理论和哲学主张的界限，表现了较强的黄老道家色彩，反映了战国时期道、法结合的趋势。

建常立有①，以靖为宗②，以时为宝，以政为仪③，和则能久。非吾仪，虽利不为；非吾当，虽利不行；非吾道，虽利不取。上之随天，其次随人。人不倡不和，天不始不随。故其言也不废，其事也不随④。

【注释】

①常：指常规、常法。有：一说为"首"，与"道"古同音而通用，"立首"即"立道"。

②靖：通"静"，虚静。

③政：通"正"，正确。

④随：当为"堕"，失败。

【译文】

　　建立常规之道，应当以虚静为本，以合于时宜为贵，以正确不偏为准，与此相合才能持久。不符合我的原则，虽有利可图也不做；不符合我的道义，虽有利可图也不实行；不符合我的常道，虽有利可图也不采用。首先是顺应天道，其次是合乎人心。人们不提倡的事不去应和，天不曾开创的事不去听从。因而其言论不会失效，其事业不会失败。

　　原始计实①，本其所生。知其象则索其形，缘其理则知其情，索其端则知其名。故苞物众者②，莫大于天地；化物多者，莫多于日月；民之所急，莫急于水火。然而，天不为一物枉其时，明君圣人亦不为一人枉其法。天行其所行而万物被其利③，圣人亦行其所行而百姓被其利。是故万物均、百姓平矣。是以圣人之治也，静身以待之，物至而名自治之④。正名自治之，奇身名废⑤。名正法备，则圣人无事。不可常居也，不可废舍也⑥。随变断事也，知时以为度。大者宽，小者局⑦，物有所余有所不足。

【注释】

①计：探讨。

②苞：通"包"。

③被：同"披"，得到，承受。

④名自治之：意即有了正确的名称和法度，万事就纳入相应法度照章行事而已。名，指名称，名分。

⑤奇身名废：言名不正就会被废弃。奇，通"畸"，指邪或不正之行。

⑥废舍：意即无所留止或不稳定。舍，停留。

⑦局：尹注"局则不足"。

【译文】

追索事物的来源，探讨事物的实质，追溯事物生成的根据。了解事物的现象就可以探索形体，根据肌理就可以了解实情，找到事物的始末，就知道怎么命名它了。广泛包罗万物的，莫大于天地；孕育众多物类的，莫甚于日月；民众最迫切需要的，莫过于水火。但是，天不会因为任何事物改变它的节令，明君圣人也不会因为某个人而屈枉了他的法度。天按照它自己的规律运行，万物因而都获得它的好处；圣人也按照他的法度行事，百姓也因而得到他的好处。因此，万物平衡发展，百姓也就安居乐业。所以，圣人治世，虚静无为地对待一切，一遇到事物就实至名归而自然地获得治理。名正自然治理得好，名不正自然会被淘汰。只要是名称正确法度完备，圣人是碌碌无为的。名称与法度不可永远不变，也不能没有延续性。要适应变化来裁断事物，把握时机以确定法度。范围偏大则过宽，偏小则局限，事物发展参差不齐。

　　道者，一人用之，不闻有余；天下行之，不闻不足，此谓道矣。小取焉则小得福，大取焉则大得福，尽行之而天下服，殊无取焉则民反①，其身不免于贼。左者，出者也；右者，入者也②。出者而不伤人，入者自伤也。不日不月③，而事以从；不卜不筮，而谨知吉凶。是谓宽乎形④，徒居而致名。出善之言，为善之事，事成而顾反无名。能者无名⑤，从事无事⑥。审量出入，而观物所载。

【注释】

①殊：完全。

②"左者"四句：尹注"左为阳，阳主生，故为出也"，"右为阴，阴主死，故为入也"。出，出生。入，死亡。

③不日不月：尹注"但循道而在，不计日月，事已从

而成也"。即不选择良辰吉日。

④宽乎形：尹注"守道者静默而已，故其身宽"，即身
心宽裕。

⑤无名：不追求出名。

⑥从事：尹注"从事安然闲暇，故无事"。

【译文】

所谓道，一个人使用也没有听说有余，天下人都来实
行也没有听说不足，这就是道。微微取法于道，就能稍得
其福；较多地取法于道，就能得到大福；完全按道行事，
就得到天下的信从；完全不取法于道，则民众逆反，自身
不免被害。左的方位是出生，右的方位是死亡。出生的方
位不伤人，死亡的方位自然会伤人。不必选择什么日期，
依道行事就可以得遂心愿；不用求问鬼神，依道行事就可
以了解吉凶。这叫作身心宽裕，闲居而可得名。说了好话，
做了好事，事成后返回到无名的状态。有才能的不求出名，
真干事的显得无事。审察和考量出入的情况，观测事物的
承载能力。

孰能法无法乎①？始无始乎？终无终乎？弱无
弱乎？故曰：美哉弟弟②。故曰不中有中，孰能得
夫中之衷乎③？故曰功成者隳，名成者亏。故曰，
孰能弃名与功而还与众人同？孰能弃功与名而还反
无成？无成有贵其成也，有成贵其无成也④。日极
则仄，月满则亏。极之徒仄，满之徒亏，巨之徒
灭。孰能亡己乎？效夫天地之纪。

【注释】

①法无法：一说当为"治无治"。

②芾芾（fú）：尹注："兴起貌。谓能为而不为，有契于道。如此则功美日兴。故曰：美哉芾芾。"

③中之衷：中正的关键。

④无成：这里指虚静无为的心态。

【译文】

谁能做到取法于虚静无为？起始于没有开始？在没有结束的地方终结？在没有行动的情况下削弱别人？能这样是多么美妙兴盛的事啊。所以说，不追求中正反而获得中正，谁能领会获得中正的关键呢？所以说，功成就会有所毁坏，名成就会有所亏缺。所以说，谁能放弃功业与名声而回到普通人中间呢？谁能做到放弃功业名声而回到一无所成的状态呢？没有成就者看重成就，有成就者看重无成的心态。太阳升到最高点之后，便会偏斜下来；月亮到了最满之后，便走向亏缺。最高的要偏斜，最满的要亏缺，最巨大也将消失。谁能忘掉自己呢？取法天地的运行法则吧。

道之大如天，其广如地，其重如石，其轻如羽。民之所以^①，知者寡。故曰，何道之近而莫之与能服也^②，弃近而就远何以费力也？故曰：欲爱吾身，先知吾情，周视六合，以考内身。以此知象，乃知行情^③。既知行情，乃知养生。左右前后，周而复所。执仪服象，敬迎来者。今夫来者，必道其道，无迁无衍④，命乃长久。和以反中⑤，形性相葆，一以无贰⑥，是谓知道。将欲服之，必一其端⑦，而固其所守。责其往来，莫知其时，索之于天，与之为期。不失其期，乃能得之。故曰：吾语若大明之极⑧，大明之明，非爱人不予也⑨。同则相从，反则相距也。吾察反相距，吾以故知古从之同也⑩。

【注释】

①以：同"与"。

②莫之与能服也："与"字衍，当删。服，实行。

③行情：可行之情。

④衍：同"延"。

⑤反中：反归中理。

⑥一以无贰：一以贯之，没有逆反。

⑦一其端：开端专一。

⑧大明：指日月。

⑨爱：通"薆（ài）"，隐藏。

⑩古从：据上文当为"同从"。

【译文】

道，跟天一样大，跟地一样广，跟石头一样重，跟羽毛一样轻。人们与它共处，但对它却了解很少。所以说，为什么道离人如此之近而人们却不实行呢，弃近而就远以求道，人们又何必浪费力气呢？所以说：要珍爱自身，先了解自身情况，普遍观察宇宙事物，来参验身体内部。以此了解象，才能了解是否可行。既知道可行之事，就懂得修养生命。要左右前后一遍遍寻找。然后就遵从礼节，穿上礼服，恭敬地迎接来者。这个来者，一定按它自己的规律行事，不改变也不拖延，所以生命能长久。和谐以返于正中，形体与精气相保，专一无二，这样才是懂得"道"。要行道，首先必须专一，然后坚定地贯彻下去。探求道的往来，虽然不知其时，却可以索之于天，与苍天约定时间。只要不失约期，就能得到它。所以说：我所说的就像日月最亮的时候一样，像日月之明那样没有隐藏，只是人们不愿意索取而已。与道相同的就跟从，与道相反的就拒绝。我领会到反则相距，因而明白了同则相从的"同"。

水　地

　　本篇提出了地与水为"万物本原"的观点。文章通篇论水，大致分水为万物之本原与水的性质两部分。第一部分从植物、动物、玉石、人类与水的关联来阐释水为万物之本原。第二部分对比论证水的各种性质，着力阐释了各地水性与人性的对应；后一方面的阐释并不是很恰当。总体而言，文章对水与各类事物的关系作了独到的分析，篇名定为《水地》，但观其论述，实以"水"为主。

地者，万物之本原，诸生之根菀也①；美恶、贤不肖、愚俊之所生也。水者，地之血气，如筋脉之通流者也。故曰水，具材也②。何以知其然也？曰：夫水淖弱以清③，而好洒人之恶，仁也。视之黑而白，精也④。量之不可使概⑤，至满而止，正也。唯无不流，至平而止，义也。人皆赴高，己独赴下，卑也。卑也者，道之室，王者之器也，而水以为都居⑥。

【注释】

①根菀：犹言"根系"。菀，或作"苑"。

②具材：具备各种材美。

③淖弱：犹言"绰约"，姿态柔美的样子。

④精：诚实。

⑤概：古代的一种衡准器。古人用斗斛出纳粮米时，用一个长形的器物贴着斗斛的口平抹一下，使粮米不留尖，不缺欠，达到均平。

⑥都：聚。居：停。

【译文】

地，是万物的本原，是一切生命的根源；美与丑、贤与不肖、愚蠢无知与才华出众都是由它产生的。水，是地的血气，就像人身的筋脉一样，在大地里流通着。所以说，水是具备一切材美的东西。何以知道水是这样的呢？回答说：水是柔美而清亮，善于洗涤人的秽恶，这是它的仁。看水的颜色，黑白分明，这是它的诚实。计量水不必使用概，满了就自动停止，这是它的正。不拘什么地方，它都可以流去，直到流布平衡而止，这是它的义。人皆攀高，水独向下流，这是它的谦卑。谦卑是道的所在，是帝王的气度，而水就是以卑下之地作为自己的聚积之处。

准也者，五量之宗也。素也者，五色之质也。淡也者，五味之中也。是以水者，万物之准也，诸生之淡也，违非得失之质也①。是以无不满，无不居也。集于天地而藏于万物。产于金石，集于诸生，故曰水神。集于草木，根得其度，华得其数，实得其量。鸟兽得之，形体肥大，羽毛丰茂，文理明著。万物莫不尽其几②，反其常者，水之内度适也。

【注释】

①违非：即"是非"。违，当作"韪"。

②几：精微。

【译文】

准是五种量器的根据。素是五种颜色的基础。淡是五种味道的中和。水则是万物的"根据"，一切生命的"中心"，一切是非得失的基础。所以，水，没有什么不可以被它充满，也没有什么可以让它停留。它可以聚集在天地，包藏在万物的内部。它产生于金石之中，又集合在一切生命的身上，所以说，水比于神。当水集合在草木上，根就能长到相当的深度，花朵就能开出相当的数目，果实就能收到合适的数量。鸟兽得到水，形体就能肥大，羽毛就能丰满，毛色花纹鲜明而显著。万物没有不充分发展他的精微，而能回到水的常态，是因为它们内部含藏的水分都有相当分量的缘故。

夫玉之所贵者，九德出焉。夫玉温润以泽，仁也。邻以理者^①，知也^②。坚而不蹙，义也。廉而不刿，行也。鲜而不垢，絜也。折而不挠，勇也。瑕适皆见，精也^③。茂华光泽^④，并通而不相陵，容也。叩之，其音清抟彻远^⑤，纯而不杀，辞也。是以人主贵之。藏以为宝，剖以为符瑞，九德出焉。

【注释】

①邻：字当作"粼"，清澈有波纹的样子。

②知：同"智"。

③精：即"情"，诚实。

④茂华：英华。

⑤抟：专一。

【译文】

玉之所以贵重，是因为它表现了九种品德。温润而有光泽，是它的仁。清澈而有纹理，是它的智。坚硬而不屈缩，是它的义。清正而不伤人，是它的品节。鲜明而不纳垢污，是它的纯洁。受挫折而不屈挠，是它的勇。缺点与优点都可以表现在外面，是它的诚实。华美与光泽相互渗透而不互相侵犯，是它的宽容。敲击起来，它的声音清扬远闻，纯而不乱，是它的有条理。所以君主总是把玉看得很贵重。收藏它作为宝贝，制造它成为符瑞，玉的九种品德就全表现出来了。

　　人，水也。男女精气合而水流形。三月而咀^①。咀者何？曰五味。五味者何？曰五藏。酸主脾，咸主肺，辛主肾，苦主肝，甘主心。五藏已具，而后生五内。脾生隔，肺生骨，肾生脑，肝生革，心生肉。五内已具，而后发为九窍。脾发为鼻，肝发为目，肾发为耳，肺发为窍。五月而成，十月而生。生而目视，耳听，心虑。目之所以视，非特山陵之见也，察于荒忽。耳之所听，非特雷鼓之闻也，察于淑湫^②。心之所虑，非特知于麤粗也^③，察于微眇。

【注释】

①咀：《说文》："咀，含味也。"指三月而精气成形，能含受五味之气，而生五藏。

②淑湫：细小的声音。

③麤（cū）：与"粗"意思大同而微有区别，指行为上的粗略，粗粗拉拉。"麤粗"一词，与下文"微眇"相对成文。

【译文】

　　人，也是水生成的。男女精气相合而由水流布成人的形体。胎儿满三个月就能够含味。什么是含味呢？含味就是含收五味。什么是五味呢？五味就是生成五脏的。酸主于脾脏，咸主于肺脏，辛主于肾脏，苦主于肝脏，甜主于心脏。五脏都已具备，然后才生出五种内部组织。脾生膈膜，肺生骨骼，肾生脑，肝生革，心则生肉。五种内部组织都已具备，然后发生成九窍。从脾发生鼻，从肝发生目，从肾发生耳，从肺发生其他的孔窍。满五个月，形体完成，满十个月，婴孩就降生了。孩子生下来后，目就能看，耳就能听，心就能思虑。目所能看到的，不仅是山岳丘陵，也能看到荒忽细小的东西。耳所能听到的，不仅是雷鸣鼓响，也能听到细小的声音。心所能想到的，也不仅是大的事物，还有各种细微的情况。

故修要之精[1]。是以水集于玉而九德出焉。凝蹇而为人[2]，而九窍五虑出焉。此乃其精、粗、浊、蹇能存而不能亡者也[3]。伏暗能存而能亡者，蓍龟与龙是也。龟生于水，发之于火，于是为万物先，为祸福正。龙生于水，被五色而游，故神。欲小则化如蚕蠋，欲大则藏于天下，欲上则凌于云气，欲下则入于深泉，变化无日，上下无时，谓之神。龟与龙，伏暗能存而能亡者也。

【注释】

① 此五字为衍文。

② 凝蹇：犹言凝结。

③ 原文作"此乃其精也。粗浊蹇能存而不能亡者也"，据王引之说改。蹇，滞涩。

【译文】

所以，水聚集在玉中就生出玉的九种品德。水凝聚留滞而变成人，就生出九窍和五虑。这就是水的精、粗、浊、滞，它们能存而不能亡。隐伏在幽暗中既能存而又能亡的，是老龟和龙。龟生在水里，占卜时用火烤灼龟甲，便成为万物的先知、祸福的证验。龙生在水里，身披五色而泛游，因此能成为神。它要变小，就变得像蚕和蠋，变大就包涵着天和地，它向上就可升入云气之中，向下就潜入深泉之中，变化起来没有固定的日期，上下没有规定的时限，便是神。龟和龙是隐伏在幽暗之处，能存而又能亡。

或世见，或世不见者，生蚋与庆忌[①]。故涸泽数百岁，谷之不徙，水之不绝者，生庆忌。庆忌者，其状若人，其长四寸，衣黄衣，冠黄冠，戴黄盖，乘小马，好疾驰，以其名呼之，可使千里外一日反报。此涸泽之精也。涸川之水生蚋[②]。蚋者，一头而两身，其形若蛇，其长八尺，以其名呼之，可以取鱼鳖。此涸川水之精也。

是以水之精粗浊蹇、能存而不能亡者，生人与玉。伏暗能存而能亡者，蓍龟与龙。或世见或不见者，蚋与庆忌。故人皆服之，而管子则之。人皆有之，而管子以之。

【注释】

①蚋（guǐ）：神话中的一种爬虫生物，一首两身，长

八尺，为干涸的河川精灵。

②原文作"涸川之精者，生于蚴"，据郭沫若《管子集校》改。

【译文】

有的在某个时代出现，有的在某个时代不出现，因而产生了蚴和庆忌。所以水泽干枯数百年，而山谷不移位，水源不断绝的地方，就可产生庆忌。庆忌的形状像人，他的身长只有四寸，穿着黄衣，戴着黄帽，打着黄色的华盖，骑着小马而喜欢奔驰，要是叫着它的名字，可以使它跑至千里之外而一日往返。这就是干枯水泽之中的精怪。至于干枯河川中的精怪，则是从蚴产生的。蚴一头两身，它的形状像蛇，身长八尺，要是叫着它的名字就可使它捉取鱼鳖。这是干枯河川里面的一种水精。

所以，无论水的精粗浊滞和能存不能亡的，就会产生人和玉。隐伏在幽暗中既能存又能亡的，是老龟和龙。有的在某个时代出现，有的在某个时代不出现的，就是蚴和庆忌。所以人人都习惯了水，可是只有管子能了解它的法则。人人都有水，只有管子能够掌握利用它。

是故具者何也？水是也。万物莫不以生，唯知其托者能为之正。具者，水是也。故曰：水者何也？万物之本原也，诸生之宗室也；美恶、贤不肖、愚俊之所产也。何以知其然也？夫齐之水道躁而复①，故其民贪粗而好勇。楚之水淖弱而清，故其民轻票而贼②。越之水浊重而洎③，故其民愚疾而

垢④。秦之水泔冣而稽⑤，淤滞而杂，故其民贪戾
罔而好事齐。晋之水枯旱而运⑥，淤滞而杂，故其
民谄谀葆诈，巧佞而好利。燕之水萃下而弱，沉滞
而杂，故其民愚戆而好贞，轻疾而易死。宋之水轻
劲而清，故其民间易而好正⑦。是以圣人之化世也，
其解在水。故水一则人心正，水清则民心易。一则
欲不污，民心易则行无邪。是以圣人之治于世也，
不人告也，不户说也，其枢在水。

【注释】

①道躁：据王引之说当作"道躁"，指急躁。复：回旋
　深厚。
②票：轻佻，躁动。
③洎（jì）：浸。
④愚疾：奸邪恶毒。垢：一说作"妒"。
⑤泔冣（zuì）而稽：淘米汁汇聚停留。泔，淘米水。
　冣，聚集。
⑥枯旱而运：苦涩而浑浊。
⑦间易：简易。

【译文】

因此，具备一切的是什么？水就是具备一切的。万物
没有不靠水生存的，只有了解万物的寄托才能知道其中的
法则。具备一切材美的，就是水。所以说：水是什么？水
是万物的本原，是一切生命的植根之处；美和丑、贤和不
肖、愚蠢无知和才华出众的人都是由水产生的。怎样知道

其中的原则呢？齐国的水湍急而往复，而齐国人就贪婪粗暴而好勇。楚国的水柔弱而清白，因此楚国人就轻捷果断而敢为。越国的水浊重而浸蚀土壤，因而越国人就愚蠢、妒忌而污秽。秦国的水浓聚而迟滞、淤浊而混杂，因此秦国人就贪婪、残暴、狡猾而好生事。晋国的水苦涩而浑浊，因而晋国人就谄谀而包藏伪诈，巧佞而贪好财利。燕国的水深聚而柔弱，沉滞而混杂，所以燕国人就愚憨而坚贞，轻怠而不怕死。宋国的水轻劲而清澈，因而宋国人就纯朴平易而喜欢公正。因此，圣人改造世俗的根本在于知悉水的情理。水若纯洁则人心端正，若清明则人心平易。人心端正就没有污秽的欲望，人心平易就没有邪恶的行为。因此，圣人治世而不告诫每个人，不去劝说每一户，做事的关键，在于掌握着水的性质。

四　时

　　本篇结合阴阳五行阐述春夏秋冬四时的特质、品格，明确指出每一时节应当实施的具体政治措施，强调了遵循四时规律对于治理国家的重要意义和违背此规律的危害。文章体现了"天人合一"的思想。

管子曰：令有时。无时则必视顺天之所以来①。五漫漫、六惛惛②，孰知之哉？唯圣人知四时。不知四时，乃失国之基。不知五谷之故，国家乃路③。故天曰信明，地曰信圣④，四时曰正。其王信明圣，其臣乃正。何以知其王之信明信圣也？曰：慎使能而善听信之。使能之谓明，听信之谓圣，信明圣者，皆受天赏。使不能为惛，惛而忘也者⑤，皆受天祸。是故上见成事而贵功，则民事接劳而不谋⑥。上见功而贱，则为人下者直⑦，为人上者骄。是故阴阳者天地之大理也，四时者阴阳之大径也，刑德者四时之合也。刑德合于时则生福，诡则生祸⑧。

时的由来。对日、星、岁、辰、月茫然无知，对阴、阳、春、夏、秋、冬糊里糊涂，怎能了解客观世界？只有圣人才能了解四时。不了解四时，就将失掉立国的根本。不知道五谷的生长规律，国家就会败坏。天叫作明，地叫作圣，一年四季叫作正。当君王的认识到天地生明圣，臣下才会守正。怎样知道一个君王真正英明圣智呢？答案是：慎重使用能臣而又善于听取真诚的意见。能任用贤能叫做英明，善于听取实情叫做圣智，真正英明圣智的人，都能得到上天的赏赐。使用无能的臣下就是昏庸，昏庸而虚妄的人，都会受到上天的惩罚。因此，人君看到臣民有成就就赏赐他，那么臣民虽然辛劳不断而无他谋。人君轻视臣下的功劳，臣下就会怠惰，人君也会随之而骄肆。因此，阴阳学说是天地的根本道理，四时的观点是阴阳学说的基本规则，刑政和德政与四时配套。刑德适应四时就降生福祉，否则就会产生祸害。

然则春夏秋冬将何行？东方曰星，其时曰春；其气曰风，风生木与骨。其德喜嬴①，而发出节时。其事：号令修除神位，谨祷弊梗②，宗正阳，治堤防，耕芸树艺，正津梁，修沟渎，甃屋行水③，解怨赦罪，通四方。然则柔风甘雨乃至，百姓乃寿，百虫乃蕃，此谓星德。星掌发，发为风。是故春行冬政则雕④，行秋政则霜，行夏政则欲⑤。是故春三月以甲乙之日发五政。一政曰：论幼孤，舍有罪。二政曰：赋爵列，授禄位。三政曰：冻解修沟渎，复亡人。四政曰：端险阻，修封疆，正千伯⑥。五政曰：无杀麑夭⑦，毋蹇华绝萼⑧。五政苟时，春雨乃来。

【译文】

那么，春夏秋冬四时应做些什么呢？东方是星，它的时令是春；它的气是风，风产生木和骨。它的德性是喜欢生长盈满，而万物按时节出生。春日之事是：发布命令修理、清扫神位，用币祈祷神灵。以正阳为宗，修治堤防，耕田植树，修筑桥梁渡口，疏通渠道，整修屋顶以便行水，解仇怨，赦罪人，修睦四方邻国。这样和风甘雨就会到来，人民长寿，动物繁殖，这叫做星德。星，掌管发生，发生属于风。春天如果实行冬天当行的政令，就将草木凋零；实行秋天当行的政令，就将出现霜杀；实行夏天当行的政令，就会出现溽热。因此，春季三月中，选择甲乙之日来发布五项政令。第一项政令为：照顾幼孤，赦免罪人。

第二项政令为：赋予官爵，授予禄位。第三项政令为：冰雪消化，修治沟渠，扫墓修坟。第四项政令为：平整险道，修整田地，清除阡陌田埂。第五项政令为：禁杀幼鹿，不准折花断萼。五项政令如能按时实行，春雨就会降下。

　　南方曰日，其时曰夏，其气曰阳，阳生火与气。其德施舍修乐。其事：号令赏赐赋爵，受禄顺乡^①，谨修神祀，量功赏贤，以助阳气。九暑乃至^②，时雨乃降，五谷百果乃登，此谓日德。中央曰土，土德实辅四时入出，以风雨节土益力。土生皮肌肤。其德和平用均，中正无私，实辅四时：春嬴育，夏养长，秋聚收，冬闭藏。大寒乃极，国家乃昌，四方乃服，此谓岁德。日掌赏，赏为暑。岁掌和，和为雨。夏行春政则风，行秋政则水，行冬政则落。是故夏三月以丙丁之日发五政。一政曰：求有功发劳力者而举之^③。二政曰：开久坟^④，发故屋，辟故窌以假贷^⑤。三政曰：令禁扇去笠^⑥，毋扱免^⑦，除急漏田庐^⑧。四政曰：求有德赐布施于民者而赏之。五政曰：令禁罝设禽兽^⑨，毋杀飞鸟。五政苟时，夏雨乃至也。

【注释】

①受：即"授"。顺：通"巡"，巡视。

②九暑：同"大暑"。

③发：通"伐"，功劳。

④坽：疑当作"积"。

⑤窌（jiào）：窖。

⑥禁扇去笠：禁止不闭门户。

⑦扱（chā）免："扱袵免冠"的简语，把衣襟掖在衣
　　袋里为扱，摘下帽子为免。古人视为不敬的表现。

⑧急漏：积水处。

⑨罝（jū）：捕兽网。设：取。

【译文】

　　南方为日，它的时令为夏，它的气是阳，阳生火和气。
它的德性是施惠与修乐。这个季节的事情是：命令进行赏
赐、授爵、授禄，巡视各乡劝农，做好祭神之事，量功赏
贤，以帮助阳气发展。于是大暑就将到来，时雨就将下降，
五谷百果也将丰收，这就叫作日德。中央是土，土的德性
是辅佐四时运行，以使风雨适时，地力增长。土生长皮肤
肌肉。它的德性表现为和平而均匀，中正而无私，实实在
在辅助着四时：春天生育，夏天长养，秋天聚集收成，冬
天积储闭藏。最后大寒来到，国家昌盛，四方顺从，这叫
作"岁德"。日掌管赏赐，赏赐就是"暑"。岁掌管阴阳调
和，阴阳调和就是雨。如果夏天实行春天当行的政令，则
起大风；实行秋天当行的政令，则多水；实行冬天当行的
政令，则草木凋落。所以，夏季三个月用丙丁的日子来发
布五项政令。第一项政令为：调查有功和为国出力的人们，
把他们提拔起来。第二项政令为：开用长期储备，打开老
仓、老窖，把粮食贷给人民。第三项政令为：禁止敞门不
关，不准掖起衣襟、不戴帽子，清除地沟与田舍。第四项

政令为：访求曾经布德施惠于民者，对他们进行奖赏。第五项政令为：下令禁止设网捕捉禽兽，不准杀害飞鸟。这五项政令如果按时节颁行，夏雨就会到来。

西方曰辰，其时曰秋，其气曰阴，阴生金与甲。其德忧哀、静正、严顺，居不敢淫佚。其事：号令毋使民淫暴，顺旅聚收①，量民资以畜聚。赏彼群干，聚彼群材，百物乃收，使民毋怠。所恶其察，所欲必得，我信则克②，此谓辰德。辰掌收，收为阴。秋行春政则荣，行夏政则水，行冬政则耗。是故秋三月以庚辛之日发五政。一政曰：禁博塞③，圉小辩，斗译詻④。二政曰：毋见五兵之刃。三政曰：慎旅农，趣聚收。四政曰：补缺塞坼。五政曰：修墙垣，周门闾⑤。五政苟时，五谷皆入。

【注释】

①顺：通"慎"，谨慎。

②我：通"义"。

③博塞：博戏赌赛。

④斗译詻（jì）：因言语犯忌讳而争斗。詻，同"忌"。

⑤周：字又作"谨"，加固。

【译文】

西方是辰，它的时节称为秋，它的气是阴，阴产生金和甲。它的德性是忧虑哀伤、平静公正而严肃谨慎，居住而不许做淫佚之事。这个季节的事情是：命令人民不准有淫暴行为，谨慎督促旅居田野的农民进行秋收，计量民财以进行征集。砍伐树木，收聚木材，百物皆收，使人民不敢怠惰。所厌恶的事情应当考察，要求的事情必须做到，保持义信则诸事可成，这就叫作辰德。辰主管收敛，收敛就是阴。秋天如实行春天当行的政令则草木反而发荣；如实行夏天当行的政令，则将多水；如实行冬天当行的政令，那么国家就有损伤。所以，秋季三个月用庚辛的日子发布五项政令。第一项政令为：禁赌博，防止小事之争，禁止因言语忌讳而生的争斗。第二项政令为：不得出师征伐。第三项政令为：重视安排旅居在野的农民，督促秋收。第四项政令为：修补仓房的缺漏。第五项政令为：修理墙垣，还要加固门户。五项政令若能按时进行，五谷就会丰收。

北方曰月，其时曰冬，其气曰寒，寒生水与血。其德淳越、温怒、周密①。其事：号令修禁徙民，令静止，地乃不泄。断刑致罚，无赦有罪，以符阴气。大寒乃至，甲兵乃强，五谷乃熟，国家乃昌，四方乃备②，此谓月德。月掌罚，罚为寒。冬行春政则泄，行夏政则雷，行秋政则旱。是故春凋，秋荣，冬雷，夏有霜雪，此皆气之贼也。刑德易节失次，则贼气遬至③；贼气遬至，则国多灾殃。是故圣王务时而寄政焉，作教而寄武焉，作祀而寄德焉。此三者圣王所以合于天地之行也。日掌阳，月掌阴，星掌和。阳为德，阴为刑，和为事。是故日食，则失德之国恶之；月食，则失刑之国恶之；

彗星见，则失和之国恶之；风与日争明，则失生之国恶之。是故，圣王日食则修德，月食则修刑，彗星见则修和，风与日争明则修生。此四者，圣王所以免于天地之诛也。信能行之，五谷蕃息，六畜殖而甲兵强。治积则昌，暴虐积则亡。是故冬三月以壬癸之日发五政。一政曰：论孤独，恤长老。二政曰：善顺阴，修神祀，赋爵禄，授备位。三政曰：效会计④，毋发山川之藏。四政曰：摄奸遁⑤，得盗贼者有赏。五政曰：禁迁徙，止流民，圉分异⑥。五政苟时，冬事不过，所求必得，所恶必伏。

【注释】

①温怒：以温和节制怒气。

②备：通"服"。

③邀：同"速"。

④效：考。

⑤摄：执。

⑥圉：禁止。分异：分居。

【译文】

北方是月，它的时令称为冬，它的气是寒，寒产生水和血。它的德性是淳厚而清扬、宽恕而周密。这个时节要办的事情是：命令禁止迁居，尽量让人们安静稳定，地气才不会流泄。判刑定罚，不要宽赦罪人，以适应阴气的要求。于是大寒来到，甲兵强劲，五谷成熟，国家昌盛，四方臣服，这叫作月德。月掌管刑罚，刑罚就是寒。冬天如实行春天当行的政令，则地气流泄；如实行夏天当行的政令，则天空有雷；如实行秋天当行的政令，则发生干旱。所以，春日草木凋零，秋日草木发荣，冬日有雷，夏日有霜有雪，这都是天气的贼害。刑罚和德政变易了常规，失去了次序，"贼气"就迅速来到；"贼气"迅速来到，国家就多灾多祸。所以，圣王总是按照时节来推行政令，制作教令来推行武事，设置祭祀来显示德行。这三项都是圣王为着配合天地的运行而采取的。日主阳，月主阴，星主和调。阳是德惠，阴是刑罚，和调是政事。所以，遇到日食，德惠失修的国家就厌恶它；遇到月食，刑罚失当的国家就厌恶它；遇到彗星出现，失和的国家就厌恶它；风与日争明，百姓无生计的国家就厌恶它。所以，圣明君主遇到日食，就注意施德；遇到月食，就改进刑罚；彗星出现，就注重和调；遇到风与日争明的现象，就整顿民生。这四者，都是圣明君主为着避免天地的诛罚而采取的。真正能够实行这些，五谷就将繁茂，六畜就将繁殖，而军备也能增强。治绩积累多了，国家就能昌盛；正如暴虐积累多了，国家就会灭亡一样。所以，冬季三个月用壬癸的日子来发布五项政令。第一项政令为：评定孤寡，抚恤老人。第二项政令为：小心适应阴气，做好祭神之事，颁赐爵禄，授予并配备官位。第三项政令为：考核会计收支，不要开发山川的宝藏。第四项政令为：拘捕逃犯，得盗贼者有赏。第五项政令为：禁止迁移，防止流民，限制分居。五项政令若能按时而行，冬天应做的事情就没有失误，那么，所要求的一定可以得到，所厌恶的一定可以制伏。

　　道生天地，德出贤人。道生德，德生正①，正生事。是以圣王治天下，穷则反，终则始。德始于春，长于夏；刑始于秋，流于冬②。刑德不失，四时如一。刑德离乡，时乃逆行，作事不成，必有大殃。月有三政，王事必理，以为必长。不中者死，失理者亡。国有四时，固执王事，四守有所，三政执辅。

【注释】

①正：通"政"。下同。

②流：移动。

【译文】

　　"道"产生天地，"德"出自贤人。道产生德，德产生政令，政令产生事功。所以，圣明的君主治天下，事情到了极端就反过头来，走到终了就重新开始。施德开始在春天，增长在夏天；刑罚开始在秋天，发展在冬天。只要刑罚没有失误，四时就能如一地发展。若是刑与德偏离正确的方向，四时便要逆行，行事不成，就一定会遭遇大祸。国家每月都有三种政事，国家的事情一定要治理，国家必须遵照它来治理，这才可以久长。不适应的话就会遭到死灭，不治理的话就会遭到败亡。国家有四时的不同政令，坚决执行着圣王的政事，那么，春夏秋冬四时应做的事情就要安排得各得其所，还要同时以上述三政作为必要的辅助。

五　行

　　本篇总结天地因五行变化而变化的规律，详细论述了人们在金木水火土每一行主宰下所应执行的政策，认为惟有如此，才可以合乎天道，取得成功，避免灾祸。文中所提到的一些措施，如保护植被、不违时狩猎等，至今仍有意义。

　　一者本也，二者器也，三者充也，治者四也，教者五也，守者六也，立者七也，前者八也①，终者九也，十者然后具五官于六府也②，五声于六律也③。六月日至④，是故人有六多⑤，六多所以街天地也。天道以九制，地理以八制，人道以六制。以天为父，以地为母，以开乎万物，以总一统。通乎九制、六府、三充，而为明天子。修概水上以待乎天菫⑥，反五藏以视不亲⑦。治祀之下以观地位，货曋神庐⑧，合于精气。已合而有常，有常而有经。审合其声，修十二钟，以律人情。人情已得，万物有极，然后有德。故通乎阳气，所以事天也，经纬日月，用之于民；通乎阴气，所以事地也，经纬星历，以视其离。通若道然后有行，然则神筮不灵，神龟衍不卜，黄帝泽参⑨，治之至也。

【注释】

①前：通"剪"，齐。

②五官：指东、南、西、北、中。六府：指子午、丑未、寅申、卯酉、辰戌、巳亥。

③五声：指宫、商、角、徵、羽，古代的五个声调。六律：古代节制声调的单位名称，指太簇、姑洗、蕤宾、夷则、无射、黄钟。

④六月日至：夏至和冬至，相距六个月。

⑤六多：意思是人禀纯阴纯阳而生。阴阳发展到极致，都需要六个月，所以称"六多"。

⑥董：通"懂"，饥馑。

⑦五藏：五谷仓廪。

⑧赀：珍宝。曋（shěn）：陈列东西的位置。神庐：
庙祠。

⑨泽参：择而参之。泽，通"择"。

【译文】

第一是农事，第二是器用，第三是人力与生产相称，治理是第四件事，教化是第五件事，守护是第六件事，建立事业为第七，修剪整齐为第八，终止结束为第九，到十者为具备五官于六府之中，就像配五声于六律之中一样。每年经六个月为冬、夏至，因此，人禀有纯阳纯阴之最多，这是可以通乎天地的。天道以九数为制，地道以八数为制，人道以六数为制。以天为父，以地为母，借此以开发万物，总于一统。能通晓九功、六府、三充的人，就可以成为明哲的天子。要修平水道，以防备凶年饥馑；发放粮食，以救济没有亲戚关系的民众。祭祀土地，来观察土地财利；陈列珍宝于祠庙，来合于精气要求。合精气要求，又能保持恒常的原则，有了恒常的原则，也就有了规范。要审合音声，研究十二钟的音律，使之反映人情。如果人情已经明白通晓，那么万物即可尽知，然后就可以称为有德之君了。所以，通晓阳气，是为服事天，即掌握日月运行的规律，以用于人民；通晓阴气，是为了服事地，即掌握星历节气，以明确其运行次序。通晓这些学问然后付诸实践，那么，神筮就不必显灵，神龟不必卜卦，黄帝择取于此，治理就能到达很好的水平。

　　昔者黄帝得蚩尤而明于天道，得大常而察于地利，得奢龙而辩于东方①，得祝融而辩于南方，得大封而辩于西方，得后土而辩于北方。黄帝得六相而天地治，神明至。蚩尤明乎天道，故使为当时；大常察乎地利，故使为廪者；奢龙辩乎东方，故使为土师；祝融辩乎南方，故使为司徒；大封辩于西方，故使为司马；后土辩乎北方，故使为李。是故春者土师也，夏者司徒也，秋者司马也，冬者李也。昔黄帝以其缓急作立五声②，以政五钟③。令其五钟，一曰青钟大音，二曰赤钟重心，三曰黄钟洒光，四曰景钟昧其明，五曰黑钟隐其常。五声既调，然后作立五行以正天时，五官以正人位。人与天调，然后天地之美生。

【注释】

①奢龙：一本作"苍龙"。

②作立五声：原文作"作五声"，据王念孙说补。作立，始立。

③政：即"正"。

【译文】

　　从前，黄帝有蚩尤的帮助而明察天道，得大常的帮助而明察地利，得苍龙的帮助而明察东方，得祝融的帮助而明察南方，得大封的帮助而明察西方，得后土的帮助而明察北方。黄帝得六相而天地得治，可以说神明到极点了。蚩尤通晓天道，所以黄帝任命他作"当时"；大常通晓地利，所以黄帝任命他作"廪者"；苍龙明察东方，所以黄帝任命他作"土师"；祝融明察南方，所以黄帝任命他作"司徒"；大封明察西方，所以黄帝任命他作"司马"；后土明察北方，所以黄帝任命他作"李"。因此，春是土师，夏是司徒，秋是司马，冬天的性质则相当于理狱的官职。从前，黄帝根据缓急差别制定五声，用五声来规正五钟的音调。命名这五钟音调的名称，第一叫作青钟大音，第二叫作赤钟重心，第三叫作黄钟洒光，第四叫作景钟昧其明，第五叫作黑钟隐其常。当五声调整好了，就开始确定五行来规正天时季节，确定五官来规正人们的地位。人事与天道相协调，则天地的美好事物就产生了。

日至睹甲子木行御①，天子出令，命左右士师内御②。总别列爵，论贤不肖士吏，赋秘赐③。赏于四境之内，发故粟以田数。出国衡④，顺山林⑤，禁民斩木，所以爱草木也。然则冰解而冻释，草木区萌。赎蛰虫，卵菱春辟勿时⑥，苗足本⑦。不疠雏㲉⑧，不夭麑麇⑨，毋傅速⑩，亡伤襁葆。时则不凋。七十二日而毕。

【注释】

①木行御：五行中的"木"德主宰一切。御，宰制。

②内御：在王宫内值班任事。

③秘：国家的秘藏之物。

④国衡：国家管理林木山泽的官员。

⑤顺：通"巡"。

⑥茆（mǎo）：春天生的菜。辟：开垦种植。勿时：不要等待。

⑦苗足本：以土拥春苗根。足，拥。

⑧彀（kòu）：幼鸟。

⑨麛麇（níyǎo）：年幼的麋鹿。麇，幼麕。

⑩傅：迫近。速：鹿的足迹。

【译文】

冬至后从遇到甲子日开始，要按照木的德性应时治事，天子发出命令，命左右士师宫内听差。汇合分别各级官爵，评定贤与不肖的官吏，赐百官秘藏之物。赏全国各地，按农家种田之数，把国家的陈粮发放给他们。初冬管理山泽的官员，巡视山林，禁止百姓砍伐树木，这是为了爱护草木。如此一来，冰冻化开，草木就能顺利萌生。此时购买一些有用的蛰虫，春天生长的菜蔬春天要多种植，不可拖延时间，春苗的根部要培土充足。不残害雏鸟，不使麋鹿夭折，也不伤害在襁褓的婴儿。按这样做则草木繁茂而不凋零。这些措施要持续七十二日才能结束。

睹丙子火行御，天子出令，命行人内御，令掘沟浍，津旧涂，发臧①，任君赐赏。君子修游驰以发地气。出皮币，命行人修春秋之礼于天下，诸侯通，天下遇者兼和。然则天无疾风，草木发奋，郁气息，民不疾而荣华蕃。七十二日而毕。

①臧：同"藏"。
【译文】

从遇到丙子之日开始，要按照火的德性应时治事，天子发出命令，命行人内侍，令其挖掘田间排水的沟渠，在旧道上修筑津梁，发放国家积藏，作为国君赏赐之用。君子游乐驰马，以发泄地气。还要拿出皮币，命使臣在天下诸侯那里奉行春秋之礼，通好各国，使各个国家都和睦。这样，天无暴风，草木生长奋发，郁蒸之气生长出来，百姓就没有疾病而富贵多子。这些措施要持续七十二日才能结束。

睹戊子土行御，天子出令，命左右司徒内御。不诛不贞，农事为敬。大扬惠言，宽刑死，缓罪人。出国，司徒令命顺民之功力，以养五谷。君子之静居，而农夫修其功力极。然则天为粤宛①，草木养长，五谷蕃实秀大，六畜牺牲具，民足财，国富，上下亲，诸侯和。七十二日而毕。

【注释】
①粤：通"越"，发散。宛：通"苑""菀"，郁结。
【译文】

从遇到戊子之日开始，要按照土的德性应时治事，天子发出命令，命左右司徒内侍。这时不要诛杀不正的人，要敬慎对待农事。要弘扬仁惠的言论，宽于死刑，缓处罪人。走出城外，司徒要下令巡视农民种田用工、出力的情况，来蓄育五谷。君子宜安静而居，而农民则需极力讲求农业的用工与出力。这样，天发散其所郁结之气，草木发育生长，五谷蕃实秀大，用于祭祀的六畜牺牲也都齐备，百姓财用多，国家富有，君臣上下相亲，各国诸侯也都和睦。这些措施要持续七十二日才能结束。

睹庚子金行御，天子出令，命祝宗选禽兽之禁^①，五谷之先熟者，而荐之祖庙与五祀，鬼神飨其气焉，君子食其味焉。然则凉风至，白露下，天子出令，命左右司马衍^②，组甲厉兵，合什为伍，以修于四境之内，谍然告民有事^③，所以待天地之杀敛也。然则昼炙阳，夕下露，地竞环^④，五谷邻熟，草木茂实，岁农丰，年大茂。七十二日而毕。

【注释】

①祝宗：负责宗教事务的官员。禁：牢，养牲畜之所。

②衍：据文例当为"内御"。

③谍然：警惕的样子。

④环：井田沟渠环绕。

【译文】

从遇到庚子之日开始，要按照金的德性应时治事，天子发出命令，要求司祝之官选择圈养中合用的禽兽，以及秋日里先熟的五谷，到祖庙及五祀之神那里祭祀，使鬼神享用它的气，让君子宴食它的味。这时，凉风已至，白露已下，天子还要下达命令，让左右司马筹措铠甲兵器，组织军人队伍，在全国各地加强备战，告诫百姓有作战之事，并准备天地秋时所行的杀戮。这时，白天太阳甚热，夜间凉露已降，井田环绕，五谷逐次成熟，草木丰实，不仅农业增产，各业都同庆丰年。这些措施要持续七十二日才能结束。

睹壬子水行御，天子出令，命左右使人内御，其气足则发而止，其气不足则发捆渎盗贼①。数剡竹箭②，伐檀柘，令民出猎，禽兽不释巨少而杀之，所以贵天地之所闭藏也。然则羽卵者不毈③，毛胎者不赎④，膲妇不销弃⑤，草木根本美。七十二日而毕。

【注释】

①气：指天的寒气。古人称之为闭藏之气。发捆渎："发"字为衍文。捆渎，在沟中窥伺他人。捆，通"阚（qiān）"，窥伺。渎，沟。

②剡：同"剗"。

③毈（duàn）：卵不成鸟。

④赎：同"殰（dú）"，胎死腹中。

⑤膲：古"孕"字。

【译文】

从遇到壬子之日开始，要按照水的德性应时治事，天子发出命令，命左右派人到内宫侍奉，此时冬寒之气若足，则发奸捕盗之事可以停止，若是冬寒之气不足，则窥伺抓捕盗贼。还要多多砍削竹类以制造箭支，伐取檀柘之木以制弓，命令百姓出猎野生禽兽，不论任何大小一律捕杀，以适应天地闭藏的要求。这样，卵生的鸟类没有孵化不成的，胎生的兽类没有中途流产的，怀孕的妇女没有胎儿夭死的，草木的根本也都是闭藏完好的。这样的措施持续七十二日才能结束。

睹甲子木行御，天子不赋不赐赏，而大斩伐伤，君危，不杀①，太子危，家人夫人死，不然则长子死。七十二日而毕。睹丙子火行御，天子敬行急政，旱札、苗死、民厉②。七十二日而毕。睹戊子土行御，天子修宫室，筑台榭，君危；外筑城郭臣死。七十二日而毕。睹庚子金行御，天子攻山击石，有兵作战而败，士死，丧执政。七十二日而毕。睹壬子水行御，天子决塞，动大水，王后夫人薨，不然则羽卵者段③，毛胎者腖，膢妇娜销弃，草木根本不美。七十二日而毕也。

【注释】

①杀（shài）：衰减。

②札：夭死。

②段：通"鷻"，卵不成鸟。

【译文】

从遇到甲子之日开始，须按照木的德性应时治事，如果天子不收赋，就不能行赏赐，而进行大斩伐伤，这样国君就会危险，不然，则是太子危险，或者是家人、夫人死亡，不然，则长子死亡。这种灾祸将有七十二日才结束。从遇到丙子之日开始，须按照火的德性应时行事，如果天子屡行急政，则有"旱札"之灾，禾苗枯死，人遭瘟疫。这种灾祸将延续七十二日才结束。从遇到戊子之日开始，须按照土的德性应时治事，如果天子修筑宫室台榭，那么国君就危险；如在外修筑城郭，那么大臣就会死亡。这种灾祸将延续七十二日才能结束。从遇到庚子之日开始，须按照金的德性应时治事，不然天子如果开山动石，那么战争失败，战士死，而执政者丧亡。这种灾祸将延续七十二日才能结束。从遇到壬子之日开始，须按照水的德性应时治事，如果天子决开或堵塞大河，动了大的治水工程，那么王后夫人就会死亡，不然，则国中卵生的鸟类孵化不成，胎生的兽类中途流产，怀孕的妇女胎儿夭死，草木的根本也不完好。这种灾祸也将延续七十二日才能结束。

任　法

　　本文集中体现法治思想。指出前人治理之功，都是因为善明法治，而仁义礼乐无不生于法，故此当"任法而不任智"。文章还批评了当时因不善守法而导致的民劳、君苦、国危的状况，并比较了任法之君与乱法之君的不同，探讨了君与法、臣与法、民与法的关系，详尽指出求得"法治"的途径。文章从理论与实用两方面，阐释了依法治国的道理。

圣君任法而不任智，任数而不任说①，任公而不任私，任大道而不任小物，然后身佚而天下治。失君则不然，舍法而任智，故民舍事而好誉；舍数而任说，故民舍实而好言；舍公而好私，故民离法而妄行；舍大道而任小物，故上劳烦，百姓迷惑而国家不治。圣君则不然，守道要，处佚乐，驰骋弋猎，钟鼓竽瑟，宫中之乐，无禁圉也。不思不虑，不忧不图，利身体，便形躯，养寿命，垂拱而天下治。是故人主有能用其道者，不事心，不劳意，不动力而土地自辟，囷仓自实②，蓄积自多，甲兵自强，群臣无诈伪，百官无奸邪，奇术技艺之人莫敢高言孟行以过其情以遇其主矣③。

【注释】

①数：法度，政策。说：议论，说道。

②囷（qūn）：圆形仓库。

③孟行：孟浪地表现自己的行为。

【译文】

圣明的君主是依靠法度而不依靠智谋，依靠政策而不依靠议论，依靠公而不依靠私，依靠大道而不依靠小事，这样就会自身安闲而又天下太平。失国的国君就不是这样，不靠法度而靠智谋，因此百姓也就丢开生产而追逐虚名；不靠政策而靠议论，因此百姓也就丢开实际而好说空话；弃公而依靠私，因此百姓就背离法度而胡作妄为；弃大道而依靠小事，所以君主劳烦忙乱，人民迷惑不清，而国家不得安定。而圣明的君主就不这样，他只掌握国家的主要原则，过着安闲快乐的生活，跑马打猎，鸣钟击鼓，吹竽奏瑟，宫中的娱乐没有什么拘束。他不思不虑，不忧不谋，利其身体，适其形躯，保养其寿命，垂衣拱手安坐而天下太平。所以，君主能够运用这个原则的，就不操心，不劳神，不费力，而土地自会开辟了，仓廪自能充实了，积蓄自就丰富了，兵力也因此强大，群臣不诈伪，百官无奸邪，有特殊技艺的人也都不用浮夸的语言、表现自己的行为来夸大个人，对待君主。

　　昔者尧之治天下也，犹埴已埏也①，唯陶之所以为，犹金之在炉，恣冶之所以铸。其民引之而来，推之而往，使之而成，禁之而止。故尧之治也，善明法禁之令而已矣。黄帝之治天下也，其民不引而来，不推而往，不使而成，不禁而止。故黄帝之治也，置法而不变，使民安其法者也。所谓仁义礼乐者，皆出于法。此先圣之所以一民者也。《周书》曰："国法，法不一，则有国者不祥；民不道法，则不祥；国更立法以典民，则祥。群臣不用礼义教训，则不祥；百官服事者离法而治，则不祥。"故曰：法者不可恒也，存亡治乱之所从出，圣君所以为天下大仪也。君臣上下贵贱皆发焉②，故曰法古之法也，世无请谒任举之人，无间识博学辩说之士③，无伟服，无奇行，皆囊于法以事其主。

①埴（zhí）：烧制陶器的粘土。埏（shān）：和。

②发：实行，遵守。

③间：通"娴"。

【译文】

从前尧治理天下，像是粘土已经和好一样，任凭陶工去随意制作，就像金属在炼炉里一样，任凭冶工去随意铸造。因此人民真是招之就来，推之即去，使役他们就能够完成任务，禁戒他们就能够及时制止。尧的治理方法，不过是善于明确地发布该怎么办和不要怎么办的法令罢了。黄帝治理天下，人民不用招引就来，不用推动就去，不用役使就能够自成其事，不用禁戒就能够自行停止。黄帝的治理方法，那就是定了法就不改变，让人民习惯于依法行事。所谓仁义礼乐，都是从法里产生的。这法是先圣用来统一人民行动的。《周书》上说："国家必须有法律，如果法不统一，那么国君就会不吉祥；人民不守法，也是不吉祥；国家改革法度来管理人民，就是吉祥。大臣们不用礼节和法制来教育百姓，就是不祥；大小百官管理国事的人脱离法度办事，就是不祥。"所以说：法律虽然难以长久恒定，但它是存亡治乱的根源，是圣明君主用来作为天下最高标准的。无论君主或群臣、上层或下层、尊贵者或卑贱者，都必须一律遵守，所以要师法古时的法治，使社会上没有私自请托保举的人，也没有那种多识、博学和善辩的人，没有特异的服饰，没有奇怪的行动，所有的人都被规范限定到法的范围里为君主服务。

故明王之所恒者二：一曰明法而固守之，二曰禁民私而收使之。此二者主之所恒也。夫法者，上之所以一民使下也；私者，下之所以侵法乱主也。故圣君置仪设法而固守之，然故堪材习士闻识博学之人不可乱也①，众强富贵私勇者不能侵也，信近亲爱者不能离也，珍怪奇物不能惑也，万物百事非在法之中者不能动也。故法者，天下之至道也，圣君之实用也。

【注释】

①堪材：指材力强盛能任事的人。下同。

【译文】

所以圣明君主必须永远坚持的有两条：一是明确宣布法度而坚定地执行它，二是禁止人民行私而管束役使他们。这两条是君主应当永远坚持的。法，是君主用来统一人民行动使用属下的；私，是属下用来侵犯法度扰乱君主的。所以，圣明君主立下法度而坚定地执行它，这样，所谓能干的人、懂法的人、多识博学的人们，就不可能扰乱法度了；人多势强、富贵而有私勇的人们，就不可能侵犯法度了；君主的亲信、近臣、亲属和宠爱的人们，就不可能违背法度了；珍奇宝物就不可能惑乱君主执法之心了；对任何事物的处理，不在法度之中，也都不可能行得通了。所以，法是天下的最高准则，是圣明君主的法宝。

今天下则不然，皆有善法而不能守也。然故堪材习士闻识博学之士能以其智乱法惑上，众强富贵私勇者能以其威犯法侵陵，邻国诸侯能以其权置子立相，大臣能以其私附百姓，剪公财以禄私士。凡如是而求法之行，国之治，不可得也。圣君则不然，卿相不得剪其私，群臣不得辟其所亲爱，圣君亦明其法而固守之。群臣修通辐凑以事其主，百姓辑睦①，听令道法以从其事。故曰：有生法，有守法，有法于法。夫生法者，君也，守法者，臣也，法于法者，民也。君臣上下贵贱皆从法，此谓为大治。

【注释】

① 辑睦：和睦。

【译文】

现在天下的情况就不是如此，本来有良好的法度却不能坚持。因此，所谓能干的、懂法律的和多识博学的人们就运用他们的智谋来扰乱法度，迷惑君主；人多势强、富贵而有私勇的人们，就运用他们的威势来破坏法度，侵害君主；邻国诸侯能够运用他们的权力来废置太子，任用辅相；国内大臣能够运用他们的行私来拉拢百姓，并克扣公财豢养私党。在这种情况下，希求法度通行，国家太平，那是不可能的。圣明君主就不是这样，不允许国家卿相克扣公财豢养私党，群臣不能任用自己亲昵的人为官，君主自身也明确宣布制度而坚定地执行它。这样，群臣协力同心，围绕着君主来为他服务；百姓也团结和睦，听令守法，做他们应做的事情。所以说：有创制法度的，有执行法度的，有遵照法度行事的。创制法度的是君主，执行法度的是大臣官吏，遵照法度行事的是人民。君臣、上下、贵贱都遵从法律，这就叫作大治。

故主有三术：夫爱人不私赏也，恶人不私罚也，置仪设法以度量断者，上主也。爱人而私赏之，恶人而私罚之，倍大臣，离左右，专以其心断者，中主也。臣有所爱而为私赏之，有所恶而为私罚之，倍其公法^①，损其正心，专听其大臣者，危主也。故为人主者，不重爱人，不重恶人。重爱曰失德，重恶曰失威。威德皆失，则主危也。

【注释】

①倍：通"背"，背离。

【译文】

所以，君主有三种不同的做法：喜爱某人却不进行私赏，厌恶某人却不进行私罚，确立仪法制度，以法律断事的，是上等的君主。喜爱某人就进行私赏，厌恶某人就进行私罚，既不听大臣忠言，又脱离左右属下，专凭个人之心断事的，是中等的君主。大臣喜爱某人，就替他进行私赏；大臣憎恶某人，就替他进行私罚；违背公法，丧失正心，一味听大臣摆布的，是危险的君主。所以作君主的，不可注重私爱于人，也不可注重私恶于人。注重私爱，叫作错用恩德，注重私恶，叫作错用刑威。刑威和恩德都用错，君主就危险了。

故明王之所操者六：生之、杀之、富之、贫之、贵之、贱之。此六柄者，主之所操也。主之所处者四：一曰文，二曰武，三曰威，四曰德。此四位者，主之所处也。藉人以其所操，命曰夺柄。藉人以其所处，命曰失位。夺柄失位，而求令之行，不可得也。法不平，令不全，是亦夺柄失位之道也。故有为枉法，有为毁令，此圣君之所以自禁也。故贵不能威，富不能禄①，贱不能事，近不能亲，美不能淫也。植固而不动，奇邪乃恐，奇革而邪化，令往而民移。

【注释】
①禄：施以财富。

【译文】
因此，英明君主所要掌握的有六项：使人活，使人死，使人富，使人贫，使人贵，使人贱。这六种权柄，是君主所要掌握的。君主所要占据的也有四方面：一是文治，二是武事，三是刑威，四是施德。这四个领域，是君主所要占据的。把自己掌握的权力交给别人，叫作"失权"。把自己占据的领域交给别人，叫作"失位"。处在失权失位的状态，还希望法令能够推行，是办不到的。法度不公平，政令不完备，也是导致"失权""失位"的原因。所以，有时歪曲法度，有时毁弃政令的事情，从来是圣明君主自己禁止自己去做的。因此，贵臣不能威胁他，富人不能施以财货，贱者不能讨好他，近臣不能亲昵他，美色不能迷惑他。执法之心坚定而不动摇，乖异邪僻的人就自然恐惧，乖异邪僻的人们都有了改变，法令一颁布下去，民众就跟着行动了。

故圣君矢度量①，置仪法，如天地之坚，如列星之固，如日月之明，如四时之信，然故令往而民从之。而失君则不然，法立而还废之，令出而后反之，枉法而从私，毁令而不全。是贵能威之，富能禄之，贱能事之，近能亲之，美能淫之也。此五者不禁于身，是以群臣百姓人挟其私而幸其主。彼幸而得之，则主日侵；彼幸而不得，则怨日产。夫日侵而产怨，此失君之所慎也②。

【注释】

①矢：布陈。

②慎：同"循"，遵循。

【译文】

所以，圣明君主设立制度仪法，像天地那样坚定，像列星那样稳固，像日月那样光明，像四时运行那样准确，这样，那么法令一出人民就会听从。失国之君就不是这样，法度立下以后又废除了，命令发出以后又收回了，歪曲公法而使之迁就私意，毁坏政令而使之残缺不全。于是权贵就能威胁他了，富人就能贿赂他了，贱者就能讨好他了，近臣就能亲昵他了，美色也就能迷惑他了。这五方面，君主不能自己禁止自己，那么群臣百姓就人人怀着私意来讨好君主。他们讨好达到了目的，君主的权力就天天受到侵害；他们讨好达不到目的，就天天产生着怨恨。天天被侵害，又产生着怨恨，这就是失国之君所走的道路。

　　凡为主而不得用其法，不能其意①，顾臣而行，离法而听贵臣，此所谓贵而威之也。富人用金玉事主而来焉，主因离法而听之，此所谓富而禄之也。贱人以服约卑敬悲色告愬其主，主因离法而听之，此所谓贱而事之也。近者以偪近亲爱有求其主，主因离法而听之，此所谓近而亲之也。美者以巧言令色请其主，主因离法而听之，此所谓美而淫之也。

【注释】

①能：任。

【译文】

　　凡是身为君主而不能运用自己的法度，也不能任由自己的意愿，只是看着贵臣的颜色，离开法度而听从贵臣摆布，这种状况，就称作贵臣能够威胁他。富人用金珠宝玉事奉君主而提出要求，君主就背离法度而听从这些要求，这种状况，就称作富人能够贿赂他。贱者作出一副驯顺屈服、卑敬、可怜的样子哀告了君主，君主就背离法度听从了他们的哀告，这种状况，就称作贱者能够讨好他。近臣利用他和君主的亲密关系恳求君主，君主就背离法度听从了他们的恳求，这种状况，就称作近臣能够亲昵他。美人用花言巧语和谄媚之态请托于君主，君主就背离法度听从了她的请托，这种状况，就称作美色能够迷惑他。

治世则不然，不知亲疏远近、贵贱、美恶，以度量断之。其杀戮人者不怨也，其赏赐人不德也。以法制行之，如天地之无私也。是以官无私论，士无私议，民无私说，皆虚其匈以听其上①。上以公正论，以法制断，故任天下而不重也。今乱君则不然，有私视也，故有不见也；有私听也，故有不闻也；有私虑也，故有不知也。夫私者，壅蔽失位之道也。上舍公法而听私说，故群臣百姓皆设私立方以教于国，群党比周以立其私，请谒任举以乱公法，人用其心以幸于上。上无度量以禁之，是以私说日益而公法日损，国之不治，从此产矣。

【注释】

①匈：同"胸"，心胸。

【译文】

治世的情况就不是这样，不分亲疏、远近、贵贱和美丑，一切都用法度来判断。定罪杀人而人不怨恨，按功行赏而人也不必感激。全凭法制办事，就如同天地对万物那样没有私心。所以官吏没有私人的政见，士人没有私人的议论，民间没有私人的主张，大家都虚心听从君主。君主凭公正原则来考论政事，凭法制来裁断是非，所以担负治理天下的大任而不感到沉重。但现在的昏君就不是如此，用私心来看事物，所以就有看不见的地方；用私心来听事情，所以就有听不见的地方；用私心来考虑问题，所以就有认识不到的地方。这私心正是遭受蒙蔽、造成失位的原因。君主离开了公法而去听信私说，那么，群臣和百姓都将创立自己的一套学说和主张，在国内到处宣扬；还将勾结徒党，来建立私人势力；还将请托保举，来扰乱国家公法；还将用尽心机，来骗取君主的宠信。君主若没有法度来禁止这些现象，于是私说一天比一天增多，公法一天比一天削弱，国家的不安定，就将从此产生了。

　　夫君臣者，天地之位也；民者，众物之象也。各立其所职以待君令，群臣百姓安得各用其心而立私乎？故遵主令而行之，虽有伤败，无罚；非主令而行之，虽有功利，罪死。然故下之事上也，如响之应声也；臣之事主也，如影之从形也。故上令而下应，主行而臣从，此治之道也。夫非主令而行，有功利，因赏之，是教妄举也；主令而行之，有伤败，而罚之，是使民虑利害而离法也。群臣百姓人虑利害，而以其私心举措①，则法制毁而令不行矣。

【注释】
①举措：行事。

【译文】

君和臣好比天和地的位置，老百姓好比万物并列的样子。各自按其职务听候君主的命令，群臣百姓怎么可以各自用心谋取私利呢？所以，遵从君主的命令去办事，虽遭到挫折失败，也不应处罚；不遵从君主的命令办事，虽然取得功利，也要处死罪。这样，那么下对上，就像回响反应声音一样；臣事君，就像影子跟着形体一样。所以上面发令，下面就贯彻；君主行事，臣民就遵从，这是天下太平的道路。如果不按君主命令行事，取得了功利便进行赏赐，这等于教导人妄自行事；按照君主命令行事，遭到了挫折失败，就加以处罚，这等于使人们考虑利害背离法度。群臣百姓若是人人都考虑利害而按其私意行事，法制也就归于毁灭，命令也就不能推行了。

正　世

　　本文阐释君主当如何依据民风而调整政策。指出必先了解百姓疾苦，而后可以立法行政。在不同情况下，君主都必须有统治威权，从而根据时俗变化制定政策。最可贵者，文章明确提出"不慕古，不留今"的通变思想。

古之欲正世调天下者，必先观国政，料事务，察民俗，本治乱之所生，知得失之所在，然后从事。故法可立而治可行。夫万民不和，国家不安，失非在上，则过在下。今使人君行逆不修道，诛杀不以理，重赋敛，得民财，急使令，罢民力，财竭则不能毋侵夺，力罢则不能毋堕倪①。民已侵夺堕倪，因以法随而诛之，则是诛罚重而乱愈起。夫民劳苦困不足，则简禁而轻罪，如此，则失在上。失在上而上不变，则万民无所托其命。今人主轻刑政，宽百姓，薄赋敛，缓使令，然民淫躁行私而不从制，饰智任诈，负力而争，则是过在下。过在下，人君不廉而变②，则暴人不胜，邪乱不止。暴人不胜，邪乱不止，则君人者势伤而威日衰矣。

【注释】

①罢：同"疲"，疲惫。倪：怠慢。

②廉：察。

【译文】

古代想要匡正世务、调理天下的人，一定会先了解国政，审核国务，观察民俗，探究治乱的根源，明确得失之所在，然后才着手工作。因此法度建立，政令才能施行。民众不和谐，国家不安定，过失不在君主，就在下面。假使君主倒行逆施而不循正道，诛杀百姓却不依法理，加重赋税，搜刮民财，急于发出政令，疲困民力，这样一来，民财枯竭就不免发生侵夺，民力疲困就不免怠惰轻慢。民众已经到了互相侵夺、怠惰轻慢的地步，再用刑法来惩戒，那么刑法越重而祸乱越起。人民陷于劳苦穷困，就会无视禁令轻视罪行，那么这种情况是过错在君主。过在君主而君主又不悔改，万民就不能指望安身立命。假如君主本来就轻刑简政，宽待百姓，薄赋轻徭，缓于使令，而人民却放纵行私，不听节制，巧取豪夺，暴力相争，那么过失就在下面了。过在下面而君主不能明察纠正，那就会暴力不断，邪乱不止。暴力不断，邪乱不止，那么统治民众的君主，其权势就将受到伤害，其权威也就一天天下降了。

故为人君者，莫贵于胜。所谓胜者，法立令行之谓胜。法立令行，故群臣奉法守职，百官有常。法不繁匿，万民敦悫①，反本而俭力。故赏必足以使，威必足以胜，然后下从。故古之所谓明君者，非一君也。其设赏有薄有厚，其立禁有轻有重，迹行不必同，非故相反也，皆随时而变，因俗而动。夫民躁而行僻，则赏不可以不厚，禁不可以不重。故圣人设厚赏，非侈也；立重禁，非戾也。赏薄则民不利，禁轻则邪人不畏。设人之所不利，欲以使，则民不尽力；立人之所不畏。欲以禁，则邪人不止。是故陈法出令而民不从。故赏不足劝，则士民不为用；刑罚不足畏，则暴人轻犯禁。民者，服于威杀然后从，见利然后用，被治然后正，得所安然后静者也。

【注释】

①敦悫（què）：敦厚纯朴。悫，质朴。

【译文】

因此作为君主，最宝贵的莫过于胜。所谓胜，就是法度屹立，政令通行，这就能统御一切。法度屹立，政令通行，群臣就守法尽职，百官就有规则秩序。法度不许奸邪滋长，万民就会敦厚朴实，安心农事而俭朴勤劳。所以行赏一定要起到激励的作用，立威一定要起到制服的作用，然后下面才会服从统治。古代的所谓明君，并非只有一人。他们设下赏赐的时候，有薄有厚，立定禁令的时候，也有轻有重，事情都不尽相同，但也不是故意相反，这些都是根据当时的实际而有所变化，依据当时的习俗而更易的。民众躁动，行为险僻，那么行赏不可以不厚，立禁不可以不重。所以圣人设重赏，并非奢侈；立下重禁，也并非残暴。赏薄则人们都不以为利，禁轻则奸邪的人无所畏惧。设立人们不以为利的奖赏，而想要人们出力，那么人们自然不会尽力；规定人们不以为惧的刑罚，而要禁止奸人作恶，那么奸邪自然不会停止。这样颁布法令，人们不会听从。所以，行赏不足以激励人，士民就不会为君主出力；刑罚不足以使人畏惧，坏人就会轻易地违法犯罪。人们总是畏于威杀然后才服从，得到实惠然后才听用，被统治然后才趋于规范，安居乐业然后才平静无事。

夫盗贼不胜^①，邪乱不止，强劫弱，众暴寡，此天下之所忧、万民之所患也。忧患不除，则民不安其居。民不安其居，则民望绝于上矣。夫利莫大于治，害莫大于乱。夫五帝三王所以成功立名，显于后世者，以为天下致利除害也。事行不必同，所务一也。夫民贪行躁，而诛罚轻，罪过不发，则是长淫乱而便邪僻也。有爱人之心，而实合于伤民。此二者不可不察也。夫盗贼不胜则良民危，法禁不立则奸邪繁。故事莫急于当务，治莫贵于得齐。制民急则民迫，民迫则窘，窘则民失其所葆。缓则纵，纵则淫，淫则行私，行私则离公，离公则难用。故治之所以不立者，齐不得也。齐不得则治难行。故治民之齐，不可不察也。圣人者，明于治乱之道，习于人事之终始者也。其治人民也，期于利民而止。故其位齐也②，不慕古，不留今③，与时变，与俗化。夫君人之道，莫贵于胜④。胜故君道立，君道立，然后下从；下从，故教可立而化可成也。夫民不心服体从，则不可以礼义之文教也。君人者不可以不察也。

【注释】

① 盗贼不胜：犹言不胜盗贼。

② 位齐：立法令。位，通"立"。齐，同"剂"，法令，约定。

③ 留：滞留，拘泥。

④ 胜：服从。

【译文】

盗贼得不到镇压，邪乱就不会停止，强梁欺负弱小，仗势压迫孤寡，这就是社会所忧虑、百姓所担心的事情。忧患不除，民众就不能安居。民众不能安居，他们对君主就绝望了。国家最大的利益莫过于安定，最大的祸害莫过于动乱。五帝三王之所以成功扬名，成为后世的榜样，就在于他们能为天下兴利除害。他们设赏立禁的做法不一定相同，但治国安民的目标是一致的。民众贪婪而行为险躁，而刑罚又太轻，罪过不被举报，就会助长淫乱而鼓励邪僻。即使有爱人之心，实际上却正好伤害了老百姓。因此这两方面不可不仔细察思。盗贼不被镇压，良民就不安，法禁不能确立，奸邪就盛行。所以做事最要紧的是解决当前急务，治国最可贵的是掌握轻重缓急。管制过急，民众就会觉得紧迫；民众紧迫，就会出现困窘；民众困窘，生活就失去保障。管制过缓，民众就会放纵；放纵则会产生淫僻，淫僻则会行私，行私则背公，背公就难以为用。所以政策不能确立，关键在于管理的力度是否适中。如果管理不适中，那么政策就难以推行。所以说，统治天下，政策适中，是不可不认真体察的。所谓圣人，就是懂得治乱规律、熟悉人事终始的人。他治理人民，只求有利于人民。所以他设立的法令，不盲从古人，也不拘泥于今人，而是随着时代的变化而变化，随着习俗的更移而更移。治理民众的原则，没有比令人服从更重要的。令人服从，君道才能确立；君道确立，然后下面才会跟从；下面跟从，教化才能进行而又取得成效。如果人民不是思想和

行动上都服从，就不可能用礼义来教化他们。统治者对这
些东西不可不体察。

治　国

　　本文明确提出"粟者，王之本事"，体现重农思想。文章总结前代富民而国治的经验，详尽剖析农业为国家根本的道理，指出伤农必生大弊，从而证明利民利国，必自农业始。

凡治国之道，必先富民。民富则易治也，民贫则难治也。奚以知其然也？民富则安乡重家，安乡重家则敬上畏罪，敬上畏罪则易治也。民贫则危乡轻家，危乡轻家则敢陵上犯禁①，陵上犯禁则难治也。故治国常富，而乱国必贫。是以善为国者，必先富民，然后治之。

【注释】
①陵：侵凌。
【译文】
　　大凡治国之道，一定要先使百姓富裕起来。百姓富裕了，就容易治理，百姓穷困了，就难以治理。怎么知道是这样的呢？百姓富裕就安于乡里，不愿意离开家园，安乡重家，那么就恭敬君主而畏惧刑罪，敬上畏罪也就容易治理了。百姓贫困就不安于乡居而轻视家园，不安于乡居而轻家，就敢于铤而走险、抗上犯禁了，抗上犯禁就难以治理了。所以治国往往是富裕的，乱国往往是贫穷的。所以善于国政的君主，一定要先使百姓富起来，然后再加以治理。

　　昔者，七十九代之君①，法制不一，号令不同，然俱王天下者，何也？必国富而粟多也。夫富国多粟生于农，故先王贵之。凡为国之急者，必先禁末作文巧。末作文巧禁则民无所游食，民无所游食则必农。民事农则田垦，田垦则粟多，粟多则国富。

国富者兵强，兵强者战胜，战胜者地广。是以先王知众民、强兵、广地、富国之必生于粟也，故禁末作，止奇巧，而利农事。

【注释】

①七十九代：泛指前朝。

【译文】

从前，七十九代的君主，法制不一，号令不同，然而都能一统天下，这是为什么呢？一定是国富而粮多的原因。国富粮多来源于农业，所以历代圣王都重视农业。凡是以治国为急务的人，都一定要先禁止工商性质的奢侈品的制作。如果禁止了工商性质的奢侈品制作，那么人民就无法游居求食，人民无法游居求食，就必然从事农业。人民从事农业，土地就得到开垦；土地得到开垦，粮食就增收；粮食增收，国家就富裕。国家富裕，兵力就强盛；兵力强盛，战斗就可以取胜；战斗取胜，土地就广阔。所以，先王懂得增加人口、加强兵力、扩大土地、富裕国家，必须依赖粮食。因此，禁止了工商发展，不准生产奢侈品，那么就有利于发展农业。

今为末作奇巧者①，一日作而五日食；农夫终岁之作，不足以自食也。然则民舍本事而事末作，舍本事而事末作，则田荒而国贫矣。凡农者，月不足而岁有余者也。而上征暴急无时，则民倍贷以给上之征矣。耕耨者有时，而泽不必足，则民倍贷以

取庸矣②。秋籴以五，春粜以束，是又倍贷也。故
以上之征而倍取于民者四，关市之租，府库之征，
粟十一，厮舆之事，此四时亦当一倍贷矣。夫以一
民养四主，故逃徙者刑而上不能止者，粟少而民无
积也。

【注释】

①末作奇巧：古代把生活必需的事物视为本，其他无
　用的事业视为末，具体指的就是工商业。奇巧，指
　无用的技巧和装饰。

②倍贷：借一还二。

【译文】

　　今天，从事工商、制作奢侈品的，干一天可以吃五天；
农民终年劳作，却不足以维持自己的生活。这样，人们就
会放弃农业而从事工商奢侈品；放弃农业而经营工商，土
地就荒芜了，国家就贫穷了。要是从事农业的人，按月计
算则收入不足，按年计算才会有余。而上面征税紧急，又
不根据时节，农民只好用加倍的高利贷来满足国家税收。
但耕田除草都有季节性，而雨水不一定充足，农民又只好
借加倍的高利贷来雇人浇地。秋天从农民手中买粮的价钱
是"五"，春天卖粮给农民的价钱却是"十"，这又是一种
加倍的高利贷。因此，把上面的征税算起来，成倍索取农
民的款项就有四项，关市的租税、府库的征收、十分之一
的征粮、各种劳役，一年四季加起来，又等于一项加倍的
高利贷了。一个农民要养四个债主，那么即使对外流者处

刑，国君也不能制止农民的外流，这都是因为粮食少而农民没有积蓄造成的。

　　常山之东①，河、汝之间②，蚤生而晚杀③，五谷之所蓄熟也。四种而五获。中年亩二石，一夫为粟二百石。今也仓廪虚而民无积，农夫以粥子者④，上无术以均之也。故先王使农、士、商、工四民交能易作，终岁之利无道相过也。是以民作一而得均。民作一则田垦，奸巧不生。田垦则粟多，粟多则国富。奸巧不生则民治。富而治，此王之道也。不生粟之国亡，粟生而死者霸，粟生而不死者王。粟也者，民之所归也；粟也者，财之所归也；粟也者，地之所归也。粟多，则天下之物尽至矣。故舜一徙成邑，贰徙成都，参徙成国。舜非严刑罚重禁令，而民归之矣。去者必害，从者必利也。

【注释】

①常山：地名，在今河北中部正定一带。

②汝：水名，发源于河南伏牛山，东南流经安徽西北部入淮。

③蚤：通"早"。

④粥：同"鬻"，卖。

【译文】

　　常山东麓，黄河、汝水之间，作物生长得早而凋落得晚，是粮食生长成熟的好地方。一年四季都可以种植而五谷都可丰收。中等年成，亩产两石粮食，一个劳力可生产粮食两百石。如今粮仓空虚，百姓没有积存，农民卖儿卖女，原因在于君主没有办法均衡他们的收入。所以先圣总是让农、士、商、工轮换其工作，这样一年的收入，谁也无法超越。因此交能易作，收入均衡。交能易作，田地就会得到开垦，奸巧之事就不会发生。田地开垦粮食就多，粮食多国家就富。奸巧之事杜绝了，人民就会安定。富裕而又安定，这正是成就王业的道路。农业荒废不产粮食的国家将会灭亡，粮食生产仅够消费的国家只能靠武力维持，粮食生产充足，并且有积存的国家才能成就王业。粮食，是民生之本；粮食，是财用之本；粮食，是疆土之本。粮食多，天下的物产就都来了。因此舜第一次率民迁徙的时候，发展农耕而建成小邑，第二次迁徙的时候，就建成大都，到第三次迁徙的时候，就建成国家。舜没有采用严厉的刑罚、严酷的禁令，而民众都归向他。这是因为离开他必定受害，跟着他必然得利。

先王者，善为民除害兴利，故天下之民归之。所谓兴利者，利农事也；所谓除害者，禁害农事也。农事胜则入粟多，入粟多则国富，国富则安乡重家，安乡重家则虽变俗易习、欧众移民①，至于杀之，而民不恶也。此务粟之功也。上不利农则粟少，粟少则人贫，人贫则轻家，轻家则易去，易去则上令不能必行，上令不能必行则禁不能必止，禁不能必止则战不必胜、守不必固矣。夫令不必行，禁不必止，战不必胜，守不必固，命之曰寄生之君。此由不利农、少粟之害也。粟者，王之本事也，人主之大务，有人之途，治国之道也。

【注释】

①欧：通"驱"，驱赶。

【译文】

先王往往善于为民除害兴利，因此天下百姓都归从他。所谓兴利，就是有利于农业；所谓禁害，就是禁害农业。农业发展，粮食收入就多；粮食收入多，国家就富有；国家富有，人民就安居家乡爱惜家园；人民安乡重家，对于移风易俗，驱使调遣，甚至有所杀戮，都不会反感。这都是务农产粮的功效。君主不兴农业，粮食就少；粮食少，人民就贫穷；人民贫穷，就轻视家园；轻视家园，就容易外流；人民轻易外流，君主的政令就不能坚决执行；君主的政令不能坚决执行，禁律也不能坚决落实；禁令不能坚决落实，打仗就不能必胜，防守也不能坚固了。法令不能必行，禁律不能落实，战争不能必胜，防守不能坚固，这就叫寄生之君。这便是不行利兴农缺少粮食的危害。粮食生产，是君主的根本大事，是国君的首要任务，是拥有民众的途径，是治国的道路。

内　业

　　本文属黄老道家的文献，认为精气为生之本原；如何保证"气"的充盈于肾，是修身养性的关键。文章还把帝王的修身与国家之乱联系在一起，并明确提出了养生的"食之道"。其中关于悲喜与养生关系的论述，至今仍有借鉴意义。

凡物之精，此则为生。下生五谷，上为列星，流于天地之间，谓之鬼神，藏于胸中，谓之圣人。是故民气，杲乎如登于天①，杳乎如入于渊，淖乎如在于海②，卒乎如在于己。是故此气也，不可止以力，而可安以德；不可呼以声，而可迎以意。敬守勿失，是谓成德。德成而智出，万物毕得。凡心之刑③，自充自盈，自生自成。其所以失之，必以忧乐喜怒欲利。能去忧乐喜怒欲利，心乃反济。彼心之情，利安以宁。勿烦勿乱，和乃自成。折折乎如在于侧④，忽忽乎如将不得，渺渺乎如穷无极。此稽不远，日用其德。

【注释】

①杲（gǎo）：高明的样子。

②淖（nào）：湿润的样子。

③刑：通"型"，规则。

④折折：明晰的样子。

【译文】

凡物，都是得禀天地的精气而生。在下产生五谷，在上成为群星，流动在天地之间，叫做鬼神；藏在人的心里，就叫做圣人。因此，人含此气，其高明如登于青天，其幽婉如入于深渊，其润泽如在大海，其聚集如在自身。这种气，不可用强力留住它，却可以用德性来安顿它；不可用声音呼唤它，却可以用心志接纳它。恭敬地守住它，不让它失掉，这就叫做"成德"。德有成就生出智慧，施之于万物都能得其所宜。心的规则，在于它能自我充盈，自我生长。它之所以失去常态，必定是由于忧、乐、喜、怒、欲、利的作用。能排除忧、乐、喜、怒、欲、利的侵扰，心又会返回其本来的安定状态。心的特性，需要安宁。不烦不乱，和谐本性就自然形成。心安体舒的道理，本来清清白白像在身边，有时却恍恍惚惚欲寻不得，有时更渺渺茫茫如穷无极。实际上，这一认识并不遥远，因为人们天天都在享用它的德惠。

夫道者，所以充形也，而人不能固。其往不复，其来不舍。谋乎莫闻其音①，卒乎乃在于心②；冥冥乎不见其形，淫淫乎与我俱生③。不见其形，不闻其声，而序其成，谓之道。凡道无所，善心安爱④；心静气理，道乃可止。彼道不远，民得以产；彼道不离，民因以知。是故卒乎其如可与索，眇眇乎其如穷无所。彼道之情，恶音与声，修心静音，道乃可得。道也者，口之所不能言也，目之所不能视也，耳之所不能听也，所以修心而正形也。人之所失以死，所得以生也；事之所失以败，所得以成也。

【注释】
①谋乎：静默状。
②卒：通"萃"，萃聚。
③淫淫：逐渐增进的样子。
④爱（ài）：隐。

【译文】

道，是用来充实身躯的，但人们往往不能固守。它走开就不再来，来了又不肯停留。寂寂然听不到声音，萃聚在人的心中；冥冥中看不到它的形状，却又潜滋暗长，与我身同在。人们不见其形，不闻其声，它却有步骤地生成，这就是道。道，没有固定的场所，心地良善，则潜隐其中；心静气顺，就停留下来。道并不遥远，人们都靠它而生；道不可离，人们都因它而产生认识。所以道萃聚在心中，好像人人可以求索；道又幽幽渺渺，好像追寻不到它究竟何在。道的本性，厌恶有意的说道，只有修心静意，才能得道。道，口不可言表，目不能察看，耳不能听闻，它是用来修养内心端正形体的。人们失掉它就会死，得到它就能生；失掉它就将败，得到它就能成。

凡道无根无茎，无叶无荣，万物以生，万物以成，命之曰道。天主正，地主平，人主安静。春秋冬夏，天之时也；山陵川谷，地之枝也①；喜怒取予，人之谋也。是故圣人与时变而不化，从物而不移。能正能静，然后能定。定心在中，耳目聪明，四枝坚固，可以为精舍。精也者，气之精者也。气，道乃生，生乃思，思乃知，知乃止矣。凡心之形，过知失生。一物能化谓之神②，一事能变谓之智。化不易气，变不易智，唯执一之君子能为此乎！执一不失，能君万物。君子使物，不为物使，得一之理。治心在于中，治言出于口，治事加于人，然则天下治矣。"一言得而天下服，一言定而天下听"，公之谓也。

【注释】

①枝：通"肢"。下文"枝"字同。

②一：抓住万物最基本、最简便的法则。就是下文所说的"执一"。一，在此作动词。

【译文】

道，无根无茎，无叶无花，万物因它而生，万物因它而成，所以称为道。天贵公正，地贵公平，人贵在安静。春夏秋冬，是天的时节；山陵川谷，是大地的肢体；喜、怒、取、予，是人心的谋虑。圣人总是随时变通而不为时所化，顺应事物变迁而不为物所移。惟其能正，所以能静，能静则心有定见。定见在心，所以耳目聪明，四肢坚固，身体就可以是精气的住所。所谓精气，就是气中最精纯的东西。气，通达充盈就有生命，有生命就有思想，有思想就有知觉，有知觉就知道准则所在了。大凡心的规则，过度地使用知觉，就妨碍生机了。找到驾驭事物的最高、最简便的准则，能顺应万物之化，这就叫做神；找到万物最高、最简便的准则，能顺万物之变，这就叫做智。与物变迁而不动气的常态，与物变化而不改静定之智，这只有掌握了最高、最简易的"一"的君子才能做到！掌握了简易之"一"而不失去它，就能统率万物。君子役使万物，而不受外物支配，就因为掌握了"一"的道理。体内的心调治好了，能调理事务的言语就从口里说出来了，能调治事务的事就落实到人民身上了，这样的话，天下就会大治。"一言得而天下服，一言定而天下听"，就说的是内心平静、公平的效力。

　　形不正，德不来；中不静，心不治。正形摄德，天仁地义，则淫然而自至。神明之极，照乎知万物。中义守不忒①，不以物乱官，不以官乱心，是谓中得。有神自在身，一往一来，莫之能思。失之必乱，得之必治。敬除其舍，精将自来。精想思之，宁念治之，严容畏敬，精将至定。得之而勿舍，耳目不淫。心无他图，正心在中，万物得度。道满天下，普在民所，民不能知也。一言之解，上察于天，下极于地，蟠满九州②。何谓解之？在于心安。我心治，官乃治；我心安，官乃安。治之者心也，安之者心也。心以藏心，心之中又有心焉。彼心之心，音以先言。音然后形③，形然后言。言然后使，使然后治。不治必乱，乱乃死。

【注释】

①义：适宜。在此指守住心的正、静状态，就是"义"。

②蟠：本为盘踞，此处为"分布"的意思。

③音：本节中皆读为"意"。

【译文】

　　身不正，德不会来；体内不静，心不得治。正身持德，就如天之仁、地之义，精气就渐渐来到。达到神明的最高境界，就能明澈地察知万物。内心谨守虚静而不生差错，五官不为外物所乱，内心不为五官所乱，这叫做内心有所得。有神明存在于身，它的往来，本不可测思。失去了它，内心就纷乱；得到了它，内心就安定。惟有恭敬地扫除其内心的宅舍，精气才会自己到来。聚精会神去想着保养它，宁息杂念来调理它，端正仪容敬畏它，精气就会达至安定。得之而不舍弃，则耳目都聪明不做过分之事。心中别无他图，平正的心常在，不偏不倚，应对万物，万物就全得其宜。道布满天下，普遍存在于人世之中，一般人却不能知觉到。对道这一个字有了解，就能上通于天，下至于地，满布于九州的事情都可以察知。怎样才能了解呢？在于心安。我的心能调理，五官就能调理；我的心能安静，五官就能安静。需要调理的是心，需要安静的是心。心可以藏心（精气），心里面又有心（精气）。那心里面的心（精气），先产生心意，心意再用语言表达。有了心意，然后有形态，心意有了形态，然后成为言论。言出然后布之为令，令出然后治世。心不治就必定会乱，乱就一定死亡。

精存自生，其外安荣。内藏以为泉原，浩然和平，以为气渊。渊之不涸，四体乃固；泉之不竭，九窍遂通。乃能穷天地，被四海。中无惑意，外无邪灾。心全于中，形全于外，不逢天灾，不遇人害，谓之圣人。人能正静，皮肤裕宽，耳目聪明，筋信而骨强①，乃能戴大圆而履大方②，鉴于大清，视于大明。敬慎无忒，日新其德，遍知天下，穷于四极。敬发其充，是谓内得。然而不反，此生之忒。

【注释】

①信：通"伸"。

②大圆：指苍天。大方：指大地。

【译文】

精气存身，自然生长，发于体外，就是安适和光彩。藏在内部的精气是生命的泉源，它浩大而和平，深默如渊。渊源不枯竭，四肢才强健；泉源不干涸，九窍才通畅。充满精气的生命能与天地为一，涵盖四海。心中没有迷惑，体外没有邪灾。内心维持中平，外在身形就能保持健全，不逢天灾，不遇人害，这就是圣人。人能做到形正心静，就能皮肤丰满，耳目聪明，筋骨舒展而强健，就能头顶上天，脚踏实地，鉴别力如清天，观察力如日月。恭敬谨慎没有差错，德行与日俱新，遍知天下事物，远达四方穷尽之处。恭敬地生发内在的精气，这叫做内有所得。不能回归这种境界，是养生上的错失造成的。

凡道，必周必密，必宽必舒，必坚必固。守善勿舍，逐淫泽薄①，既知其极，反于道德。全心在中，不可蔽匿，和于形容，见于肤色。善气迎人，亲于弟兄；恶气迎人，害于戎兵。不言之声，疾于雷鼓。心气之形，明于日月，察于父母。赏不足以劝善，刑不足以惩过，气意得而天下服，心意定而天下听。抟气如神②，万物备存。能抟乎？能一乎？能无卜筮而知吉凶乎？能止乎？能已乎？能勿求诸人而之己乎？思之思之，又重思之。思之而不通，鬼神将通之，非鬼神之力也，精气之极也。四体既正，血气既静，一意抟心，耳目不淫，虽远若近。思索生知，慢易生忧，暴傲生怨，忧郁生疾，疾困乃死。思之而不舍，内困外薄，不蚤为图③，生将巽舍④。食莫若无饱，思莫若勿致。节适之齐，彼将自至。

【注释】

①淫：过度。泽薄：泽，通"释"。薄，不足。

②抟：专一。

③蚤：通"早"。

④巽：通"逊"，离去。

【译文】

道，必定是周密的，必定是宽舒的，必定是坚固的。能守善而不弃，驱逐过分的，避免不足的，充分认识道的最高准则，就会返归道德。健全的心在内部，是不能掩蔽的，它会在形体容貌上反映，在肌肤颜色上表现。以善气迎人，相亲胜于弟兄；以恶气迎人，相害胜于刀兵。无言的声音，比打雷击鼓还响。心和气的形体，比太阳和月亮还明，比父母了解子女更加明察。奖赏不足以劝人向善，刑罚不足以惩治过错。得到精气生的意，天下都会顺服；心意安定，天下都会听从。专心于气，就会像神明一样，把万物都收藏在心中。能专心么？能一意么？能不需占卜就预知凶吉么？能要止就止么？能要完就完么？能不求于人而只靠自己么？思考，思考，反复思考吧。思考不通，鬼神将帮你想通，其实这不是鬼神的力量，而是精气的极大作用。四体已正，血气已静，一意专心，耳目不受外物的迷惑，这样即使是遥远的事情，也会像附近的事情一样。思索产生智慧，懈怠疏忽产生忧患，暴虐骄傲产生怨恨，忧郁产生疾病，疾病困迫就会致死。忧思过度而过于执著，身心就内有困苦外有压迫，如不早想办法，生命之气将会离开躯体。吃饭最好不要过饱，想事最好不要绞尽脑汁。调节得当，生气自然旺盛。

凡人之生也，天出其精，地出其形，合此以为人。和乃生，不和不生。察和之道，其精不见，其征不丑①。平正擅匈②，论治在心，此以长寿。忿怒之失度，乃为之图。节其五欲③，去其二凶④，不喜不怒，平正擅匈。凡人之生也，必以平正。所以失之，必以喜怒忧患。是故止怒莫若诗，去忧莫若乐，节乐莫若礼，守礼莫若敬，守敬莫若静。内静外敬，能反其性，性将大定。凡食之道：大充，伤而形不藏；大摄，骨枯而血沍⑤。充摄之间⑥，此谓和成，精之所舍，而知之所生。饥饱之失度，乃为之图。饱则疾动，饥则广思⑦，老则长虑。饱不疾动，气不通于四末；饥不广思，饱而不废⑧，老不长虑，困乃遬竭⑨。大心而敢，宽气而广，其形安而不移，能守一而弃万苛⑩。见利不诱，见害不惧，宽舒而仁，独乐其身，是谓云气，意行似天。凡人之生也，必以其欢。忧则失纪，怒则失端。忧悲喜怒，道乃无处。爱欲静之，遇乱正之。勿引勿推，福将自归。彼道自来，可藉与谋。静则得之，躁则失之。灵气在心，一来一逝，其细无内，其大无外。所以失之，以躁为害。心能执静，道将自定。得道之人，理丞而屯泄，匈中无败。节欲之道，万物不害。

【注释】

①丑：应，征兆。

②擅匈：胸中有准的意思。匈，同"胸"。下同。

③五欲：无关的欲望。

④二凶：喜、怒两种情绪失当导致的不幸。

⑤沍（hù）：干涸凝固。

⑥间：中和，中间，不偏不倚的状态。

⑦广：通"旷"，舒缓。

⑧废：通"发"。指前文"饱则疾动"的"疾动"。

⑨遬：同"速"。

⑩苛：因苛求导致的烦恼。

【译文】

人的生命，天给他精气，地给他形体，两者结合才成为人。两者调和就有生命，不和则无。考察"和"的规律，很难见到它的精微，很难见到它相应的征兆。平和中正独擅于胸中，安心定神，便能长寿。忿、怒失了节制，就加以调节。节制五官的欲求，除去喜、怒两种凶事，不喜不怒，符合中正就可以控制好自己的胸怀。人的生命，一定要依赖平和中正。生命之所以有失，一定是由于喜、怒、忧患的失当。因此，制止忿怒莫过于诗歌，消除忧闷莫过于音乐，节制享乐莫过于守礼，遵守礼仪莫过于保持敬慎，保持敬慎莫过于内心虚静。内心虚静而外表敬慎，就能回归生命本性，这样生性就会充足稳定。关于饮食的道理：吃得太多，就伤胃而体形不佳；吃得太少，就骨枯而血液停滞。多少适中，就是实现了中和之道，于是精气有所寄托，神智得以滋长。如果饥饱失度，就要设法解决。太饱就赶快活动，太饿就放宽心思，人老了要勤用脑。吃饱而不赶快活动，血气不能通四肢；饥饿却不放宽心思，饱了却不赶快行动，老了而不勤用脑，都会导致困顿加速生命枯竭。放宽心思，故能勇敢，舒展意气，故能广博，形体安然而德性不移，心性专一而万种烦忧俱绝。见利不被引诱，见害不生畏惧，心宽而气和，自能独得其乐，这样气行如云，意气飞扬，有行空之感。人的生命活力，必是源于情绪的欢乐。忧愁会使生命失常，恼怒会使生命无序。心里充满忧悲喜怒，"道"就无处可容。有了爱欲，应该平息它；遇到混乱的念头，应该纠正它。不让杂念引来推去，幸福自将降临。道自然到来时，人们可借助它思考。虚静就能得道，急躁就会失道。灵气在人的心中，来来去去，既小得无比，又大得无限。人们之所以失掉它，是因急躁作怪。内心能够平静，道自会安定下来。得道之人，邪气能从腠理毛孔中蒸发排泄出去，使胸中没有污物。实行节欲之道，就不受万事万物的危害了。

小 问

　　本文由一系列对话和小故事组成，内容涉及统治经验、方法，如怎样使国家富裕，怎样招徕天下的良工，怎样对待民众等。还涉及君臣关系和对贤人的察识、任用贤能。其中管仲与婢女对话和管仲与齐桓公密谋伐莒而泄密两段，尤有趣味。

桓公问管子曰："治而不乱，明而不蔽，若何？"管子对曰："明分任职，则治而不乱，明而不蔽矣。"

公曰："请问富国奈何？"管子对曰："力地而动于时，则国必富矣。"

公又问曰："吾欲行广仁大义，以利天下，奚为而可？"管子对曰："诛暴禁非，存亡继绝，而赦无罪，则仁广而义大矣。"

公曰："吾闻之也，夫诛暴禁非，而赦无罪者，必有战胜之器，攻取之数，而后能诛暴禁非，而赦无罪，请问战胜之器？"管子对曰："选天下之豪杰，致天下之精材，来天下之良工，则有战胜之器矣。"

公曰："攻取之数何如？"管于对曰："毁其备，散其积，夺之食，则无固城矣。"

公曰："然则取之若何？"管子对曰："假而礼之①，厚而勿欺，则天下之士至矣。"

公曰："致天下之精材若何？"管子对曰："五而六之，九而十之，不可为数。"

公曰："来工若何？"管子对曰："三倍，不远千里。"

桓公曰："吾已知战胜之器、攻取之数矣。请问行军袭邑，举错而知先后②，不失地利若何？"管子对曰："用货，察图。"

公曰："野战必胜若何？"管子对曰："以奇。"

公曰："吾欲遍知天下若何？"管子对曰："小以吾不识，则天下不足识也。"

【注释】

①假：同"嘉"，嘉奖。

②举错：举措。错，通"措"。

【译文】

桓公问管仲说："要做到治而不乱，明察而不受蒙蔽，该怎么办？"管仲回答说："要明确责任，安排官职，就可以做到治而不乱，明察而不受蒙蔽了。"

桓公说："请问怎样才能使国家富裕？"管子回答："努力耕种而顺应农时，国家就定会富裕。"

桓公又问："我要行大仁大义，以利于天下，怎么办才好？"管子回答："诛讨暴行而禁止罪恶，使亡国复存，绝嗣得续，并且赦免无辜，那就是大仁大义了。"

桓公说："我听说，诛讨暴行，禁止罪恶，赦免无辜，一定要有战胜敌人的武器，攻取敌人的策略，然后才能做到诛暴禁恶，赦免无罪，请问如何解决胜敌的武器问题？"管仲回答："选取天下的豪杰，广集天下的精材，招请天下的良工巧匠，就有胜敌的武器了。"

桓公说："攻取敌人的策略是怎样的呢？"管仲答道："捣毁对方的装备，消散对方的积蓄，夺取对方的粮食，就没有什么坚固的防守了。"

桓公问："那么如何选取人才呢？"管仲回答："嘉奖他而以礼招待他，用仁德而不用欺骗，那么天下的豪杰之士就来了。”

桓公说：“怎样收集天下的精材呢？”管仲回答：“价值五的就给六，价值九的就给十，天下的精材就会不可数计了。”

桓公问：“怎样招请良工巧匠呢？”管仲回答：“出三倍的工价，他们就不远千里而来了。”

桓公说：“我已知胜敌的武器和攻敌的策略了，那么请问出兵袭击城邑，如何才能预知敌人先后举措，不失地利？”管仲回答：“用钱收买情报，了解敌方意图。”

桓公说：“怎样才能做到野战必胜呢？”管仲答：“运用奇兵。”

桓公说：“我想遍知天下的情报，该怎么办呢？”管仲回答：“小处若不了解，天下的情况更不能了解。”

公曰：“守战远见有患，夫民不必死，则不可与出乎守战之难；不必信，则不可恃而外知。夫恃不死之民而求以守战，恃不信之人而求以外知，此兵之三暗也①。使民必死必信若何？”

管子对曰：“明三本。”

公曰：“何谓三本？”管子对曰：“三本者，一曰固，二曰尊，三曰质。”

公曰：“何谓也？”管子对曰：“故国父母坟墓之所在，固也；田宅爵禄，尊也；妻子，质也。三者备，然后大其威，厉其意，则民必死而不我欺也。”

桓公问治民于管子。管子对曰：“凡牧民者，必知其疾，而忧之以德，勿惧以罪，勿止以力。慎此四者，足以治民也。"

桓公曰："寡人睹其善也，何为其寡也？"管仲对曰："夫寡，非有国者之患也。昔者天子中立，地方千里，四言者该焉②，何为其寡也？夫牧民不知其疾则民疾，不忧以德则民多怨，惧之以罪则民多诈，止之以力则往者不反，来者鸷距③。故圣王之牧民也，不在其多也。"

桓公曰："善，勿已，如是又何以行之？"管仲对曰："质信极忠，严以有礼，慎此四者，所以行之也。"

桓公曰："请闻其说。"管仲对曰："信也者，民信之；忠也者，民怀之；严也者，民畏之；礼也者，民美之。语曰：泽命不渝④，信也；非其所欲，勿施于人，仁也；坚中外正，严也；质信以让，礼也。"

【注释】

①暗：愚昧。

②该：通"赅"，赅括。

③鸷距：裹足不前。鸷，通"絷"，鸷绊。距，跳跃而行，此处当"脚步"解。

④泽：通"释"，发布。

【译文】

桓公说："防守、出击、侦察，都有值得担忧的地方，民众若不肯坚决殉死，就不能同他们共赴守战的危难；民众若不坚决守信，就不能依靠他们对外侦察。依靠不肯殉死的民众而求他们能守能攻，依靠不能守信的民众而求其向外侦察，这是用兵上三种昏暗愚蠢的表现。要使民众具备效忠守信的品质，该怎么办呢？"

管仲回答："要明晓三个根本。"

桓公说："什么是三个根本？"管子答道："所谓三个根本，一是固，二是尊，三是质。"

桓公说："这怎么解释？"管仲回答："故国、父母、祖坟之所在，是固定的根本；田地、房产、爵禄，是尊荣的根本；妻子、儿女，是百姓的根本。这三个根本具备，然后增加个人的威信，激励百姓的意志，民众就能慷慨献身而不会有所欺骗了。"

桓公就治民的问题请教管仲。管仲回答："凡治理百姓的人，一定要了解百姓的疾苦，用仁德之心关怀他们，而不要靠刑罚恐吓他们，用强力禁制他们。只要注意这四点，就可以治理好百姓了。"

桓公说："我知道这四条很好，但光靠这四条是不是太少呢？"管仲回答："治国的忧患不在措施少。以前天子立于中央，地方千里，就凭这四条统治，怎么觉得不够呢？治理百姓，不知其疾苦，民众就多灾多难；不用仁德之心关怀他们，民众就多怨多恨；只靠刑罚恐吓他们，民众就多行欺诈；单凭暴力强制他们，就会使去者不再回，来者裹足不前。所以圣王治理百姓，不在乎政策多少。"

桓公说："好。不过，既然如此，又该怎样具体实施呢？"管仲回答："诚信而极仁，严肃而有礼，认真注意这四点，就可以实行。"

桓公说："请说得更详尽一点。"管仲答道："守信用，民众就信任国君；行忠信，民众就怀念德行；为人严肃，民众就敬畏；注重礼仪，民众就会赞美。常言道，发布的命令不轻易改变，不食言，这就是信；非其所欲，勿施于人，这就是仁；内心坚定，行为刚正，这就是严；讲究诚信，温和谦让，这就是礼。"

桓公曰："善哉！牧民何先？"管仲对曰："有时先事，有时先政，有时先德，有时先恕。飘风暴雨不为人害，涸旱不为民患，百川道①，年谷熟，籴贷贱，禽兽与人聚食民食，民不疾疫。当此时也，民富且骄。牧民者厚收善岁以充仓廪，禁薮泽，此谓先之以事。随之以刑，敬之以礼乐以振其淫②，此谓先之以政。飘风暴雨为民害，涸旱为民患，年谷不熟，岁饥籴贷贵，民疾疫。当此时也，民贫且罢，牧民者发仓廪、山林、薮泽以共其财，后之以事，先之以恕，以振其罢③，此谓先之以德。其收之也，不夺民财；其施之也，不失有德。富上而足下，此圣王之至事也。"

桓公曰："善。"

桓公问管仲曰："寡人欲霸，以二三子之功，既得霸矣。今吾有欲王，其可乎？"管仲对曰："公当召易牙而问焉。"鲍叔至，公又问焉。鲍叔对曰：

"公当召宾胥无而问焉。"宾胥无趋而进，公又问焉。宾胥无对曰："古之王者，其君丰，其臣教④。今君之臣丰。"公遵遁⑤，缪然远⑥，二三子遂徐行而进。

公曰："昔者大王贤，王季贤，文王贤，武王贤。武王伐殷克之，七年而崩，周公旦辅成王而治天下，仅能制于四海之内矣。今寡人之子不若寡人，寡人不若二三子。以此观之，则吾不王必矣。"

【注释】

①道：同"導（导）"，疏导，通畅。

②振：消除。

③罢：同"疲"。

④教：当作"杀"，缩减的意思，与"丰"相对。

⑤遵遁：同"逡巡"，退却的样子。

⑥缪：通"穆"，肃穆。

【译文】

桓公说："好啊！那么治理百姓，首先要干什么？"管仲答道："有时要先办实事，有时要先行政令，有时要先施德惠，有时要先讲宽恕。在狂风暴雨未曾为害、干旱灾祸不曾出现的时候，百川通畅，年谷丰熟，粮价低贱，禽兽与人同吃粮食，人们没有疾病瘟疫。这时候，民众富有而骄傲。那么统治者应该大量收购丰年粮食，充实国家仓库，禁止在山林水边采伐捕获，这就是先办实事。用刑法约束人们，用礼乐劝诫人们，整治和消除淫邪，这就是先行政令。遇上狂风暴雨为害，干旱灾祸之时，年谷不熟，年荒粮价高涨，民众多疾病瘟疫。这时人民穷困而疲惫，统治者应开放粮仓、山林和薮泽，供给人民财物，后谈政事，先讲宽厚，以消除民众的疲困，这就是先施行德惠。在收粮的时候不掠夺百姓的财产；在施予的时候不失仁德。既富裕了国家又满足了人民，这是圣王最大的政治。"

桓公说："好。"

桓公问管仲说："我想成就霸业，靠大臣们的努力，已经成功了。现在我又想成就王业，还可以吗？"管仲答道："您可召鲍叔牙来问一问。"鲍叔牙到了，桓公又问这个问题。鲍叔牙回答："您可找宾胥无来问一问。"宾胥无快步走进来，桓公又问这个问题。宾胥无回答说："古代成就王业的，都是君主德高望重，大臣相对较低。而今天的情况是您的大臣反而德望高些。"桓公退了下去，慢慢思考，大臣们就慢慢上前。

桓公说："从前，周的大王贤明，王季贤明，文王贤明，武王贤明。武王伐殷商获胜，七年后死了，周公旦辅佐成王治理天下，这样也只是控制了四海之内。现在我的儿子不如我，我又不如诸位。由此看来，我不能成就王业是必定的了。"

桓公曰："我欲胜民，为之奈何？"管仲对曰："此非人君之言也。胜民为易。夫胜民之为道，非天下之大道也。君欲胜民，则使有司疏狱而谒有罪者偿^①，数省而严诛，若此，则民胜矣。虽然，胜民之为道，非天下之大道也。使民畏公而不见亲，祸亟及于身。虽能不久，则人持莫之弑也，危哉！君之国岌乎。"

桓公观于厩，问厩吏曰："厩何事最难？"厩吏未对。管仲对曰："夷吾尝为圉人矣，傅马栈最难[2]。先傅曲木，曲木又求曲木，曲木已傅，直木毋所施矣。先傅直木，直木又求直木，直木已傅，曲木亦无所施矣。"

桓公谓管仲曰："吾欲伐大国之不服者，奈何？"管仲对曰："先爱四封之内，然后可以恶竟外之不善者。先定卿大夫之家，然后可以危邻之敌国。是故先王必有置也，然后有废也；必有利也，然后有害也。"

桓公践位，令衅社塞祷[3]。祝凫已疵献胙[4]，祝曰："除君苛疾，与若之多虚而少实。"桓公不说，瞋目而视祝凫已疵。祝凫已疵授酒而祭之曰："又与君之若贤。"桓公怒，将诛之而未也。以复管仲。管仲于是知桓公之可以霸也。

【注释】

①疏狱：按条写好有关刑狱的规定。谒：告发。偿：通"赏"。

②傅马栈：安装拦马的栏杆。傅，附，栽植，安装。

③衅（xìn）社：用血来祭土地神。塞祷：祈祷。塞，祭祀名。

④彘已疵：人名，其职为祭礼中的巫祝。

【译文】

桓公说："我想制服人民，该怎么办？"管仲答道："这不是人君该说的话。制服人民是容易的。但制服人民的办法，不是统治天下的正道。您想要制服人民，只要派官吏逐条写好刑律，再确定揭发有罪的人有赏，不断审查而严于诛杀，这样人民就制服了。尽管如此，制服人民这个办法，终非统治天下的正道。它使人民怕您但不亲近您，灾祸很快就会涉及自身。虽能制服人民，却不能久安，即使有人扶持，没人敢伤害您，但您的江山也岌岌可危了。"

桓公去视察马厩，他问负责养马的人："马厩里什么最难？"养马的官吏没有回答。管仲回答说："我也曾养过马，围筑马栈最难。如果先立弯曲的木材，曲木又要与曲木才能相配，因为既然用了曲木，直木就没有用处了。如果先用直木，那么直木又要与直木才能相配，因为既然用了直木，曲木也就没有用处了。"

桓公对管仲说："我要征伐不服从命令的大国，该怎么办？"管仲回答："先要施仁爱于国内，然后才可以讨伐国外的不善者。先要安定卿大夫的邑地，然后才可以加害相邻的敌国。因此先王一定要有所建树，然后才有所废弃；一定要有利于人，然后才能有害于敌。"

桓公登上君位，命令血祭社神进行祈祷。祝史献上祭肉，祈祷说："请除掉国君苛烦的毛病和他那多虚少实的作风。"桓公不高兴，怒目而视祝史彘已疵。彘已疵又再斟酒祭祀说："还请除掉君主似贤非贤的毛病。"桓公发怒，要杀祝史，但终于忍住而没杀他。他将这件事告诉管仲，管仲因此看到桓公可以成就霸业。

桓公乘马，虎望见之而伏。桓公问管仲曰："今者寡人乘马，虎望见寡人而不敢行，其故何也？"管仲对曰："意者，君乘骏马而洀桓^①，迎日而驰乎？"公曰："然。"管仲对曰："此駮象也。駮食虎豹，故虎疑焉。"

楚伐莒，莒君使人求救于齐。桓公将救之。管仲曰："君勿救也。"公曰："其故何也？"管仲对曰："臣与其使者言，三辱其君，颜色不变。臣使官无满其礼三，强其使者，争之以死。莒君，小人也，君勿救。"桓公果不救而莒亡。

桓公放春^②，三月观于野。桓公曰："何物可比于君子之德乎？"隰朋对曰："夫粟^③，内甲以处，中有卷城^④，外有兵刃，未敢自恃，自命曰粟。此其可比于君子之德乎？"管仲曰："苗，始其少也，眴眴乎何其孺子也^⑤！至其壮也，庄庄乎何其士也！至其成也，由由乎兹府^⑥，何其君子也！天下得之则安，不得则危，故命之曰禾^⑦。此其可比于君子之德矣。"桓公曰："善。"

【注释】

①洀桓：通"盘桓"，徘徊。

②放春：即春游。

③粟：小米。后面"自命为粟"的"粟"，取其谐音
　"肃"，谨慎的意思。

④卷（juàn）城：用围墙围起来的城。

⑤眴眴（shùn）：柔顺的样子。

⑥由由：油油的样子。兹：益，越发。按，此句指益
　加俯首向根，比喻君子不忘根本。

⑦禾：谐"和"的音。

【译文】

　　桓公骑马，虎看见而躲藏起来。桓公问管仲："今天我
骑马，虎看见我了却不敢上前，这是什么原因？"管仲答
道："我猜想您是骑着杂毛色的马在盘旋，并且迎着太阳奔
跑吧？"桓公说："是的。"管仲答道："这是骏的形象，骏
是吃虎豹的，所以虎就迟疑不前了。"

　　楚国伐莒国，莒国国君派人向齐桓公求救。桓公要去
救他。管仲说："不要救。"桓公说："为什么？"管仲答道：
"我同莒国的使臣谈话，三次侮辱他的国君，他都不变色。
我叫官员不要对他尽礼，故意三亏其礼，而他则拼死力争。
用这种人的莒国国君，看来也是小人，请您不要去救他。"
桓公果然没有出救，而莒国灭亡。

　　桓公春游，三月而在野外观赏。桓公说："什么东西
可以与君子之德相比呢？"隰朋答道："粟粒，它身在甲胄
（谷皮）之内，中间有卷城（外壳）维护，外面有尖锐的兵
刃（谷芒），但仍不敢自恃强大，谦虚地自称为粟（谨慎）。
这大概可以与君子之德相比吧？"管仲说："禾苗，开始
时柔柔顺顺，多像个孺子！到它壮大时，庄庄重重，多么

像个武士！等到成熟时，油油然谦和地垂首向根，多么像个君子！天下有了它就安定，没有它就危险，所以叫作禾（和）。这可以同君子之德相比了。"桓公说："好！"

桓公北伐孤竹①，未至卑耳之溪十里，阖然止②，瞠然视，援弓将射，引而未敢发也。谓左右曰："见是前人乎？"左右对曰："不见也。"公曰："事其不济乎？寡人大惑。今者寡人见人长尺而人物具焉③：冠，右袪衣④，走马前疾。事其不济乎？寡人大惑，岂有人若此者乎？"管仲对曰："臣闻登山之神有俞儿者，长尺而人物具焉。霸王之君兴而登山神见。且走马前疾，道也；袪衣，示前有水也；右袪衣，示从右方涉也。"至卑耳之溪，有赞水者曰："从左方涉，其深及冠，从右方涉，其深至膝。若右涉，其大济。"桓公立拜管仲于马前，曰："仲父之圣至若此，寡人之抵罪也久矣。"管仲对曰："夷吾闻之，圣人先知无形。今已有形，而后知之，臣非圣也，善承教也。"

【注释】

①孤竹：古国名，在今河北青龙、卢龙一带。

②阖（xī）然：突然停立的样子。

③人物：人的模样。

④袪（qū）：撩起。

【译文】

桓公北伐孤竹国，在离卑耳溪十里的地方，突然停止前进，惊视前方，挽弓将射，但引而未发。他对左右随从的人说："见到前面的人吗？"左右答道："没有见到。"桓公说："事情大概不会成功吧？我真大惑不解了。刚才我看到一个人，身长一尺而模样齐全：戴着帽子，右手撩衣，跑在马前，很快而过。事情大概不会成功吧？我很疑惑，怎会有这样的人呢？"管仲回答说："我听说登山之神有叫俞儿的，身长一尺而人的面目齐全。当霸王之君将兴时，这种登山之神就出现。他跑在马前很快而过，表示前方有道路；撩衣，表示前面有水；右手撩衣，表示一定要从右边渡过。"到了卑耳溪，有引导渡水的人说："从左边渡水，其深没顶，从右边渡水，其深至膝。若从右过，完全可以成功。"桓公立刻拜管仲于马前说："不知道仲父的圣明到了这种程度，我实在是久当有罪了。"管仲答道："我听说，圣人预知事物于无形。我现在是事情已经有形，然后才知道的，因此我还不算圣明，不过是善于接受圣人的教导罢了。"

桓公使管仲求宁戚。宁戚应之曰："浩浩乎。"管仲不知，至中食而虑之。婢子曰："公何虑？"管仲曰："非婢子之所知也。"婢子曰："公其毋少少①，毋贱贱②。昔者吴、干战③，未龀不得入军门④。国子摘其齿⑤，遂入，为干国多。百里奚，秦国之饭牛者也，穆公举而相之，遂霸诸侯。由是观之，贱岂可贱？少岂可少哉？"管仲曰："然，公使我求宁戚，宁戚应我曰：'浩浩乎。'吾不识。"婢子曰："《诗》有之：'浩浩者水，育育者鱼，未有室家，而安召我居？'宁子其欲室乎？"

【注释】

①少少：不要瞧不起少者。前一个"少"为动词，后一个为名词。

②贱贱：瞧不起卑贱者。语法与"少少"同。

③干：古国名，亦作"邘"。

④龀（chèn）：儿童换齿，即脱去乳齿，长出恒齿。旧说男八岁、女七岁换齿。

⑤摛（tī）：打掉，拔掉。

【译文】

桓公派管仲征求宁戚。宁戚回他说："浩浩乎。"管仲不理解，到吃午饭时还在思考。一个婢女说："您有什么心事？"管仲说："不是你要管的事。"婢女说："您不要轻视少年人，也不要鄙视卑贱者。从前吴国与邘国打仗，邘国规定未脱乳齿的少年不得参军。有一位国子就拔掉他的乳齿，参了军，为邘国立了许多功。百里奚，本是秦国喂牛的，秦穆公提拔他为宰相，于是称霸诸侯。由此看来，贱者岂可鄙视？少年岂可小看？"管仲说："你说的也对。桓公派我去征招宁戚，宁戚答复说：'浩浩乎。'我不知什么意思。"婢女说："《诗》里有这样的句子：'浩浩荡荡的水中，游着活泼自如的鱼，没有室家，怎么招我安居？'宁戚大概是想要娶妻成家吧？"

　　桓公与管仲阖门而谋伐莒①，未发也，而已闻于国矣。桓公怒，谓管仲："寡人与仲父阖门而谋伐莒，未发也而已闻于国，其何故也？"管仲曰："国必有圣人。"桓公曰："然，夫之役者②，有执席食以视上者，必彼是邪？"于是乃令之复役，毋复相代。少焉，东郭邮至。桓公令傧者延而上，与之分级而上。问焉，曰："子言伐莒者乎？"东郭邮曰："然，臣也。"桓公曰："寡人不言伐莒而子言伐莒，其故何也？"东郭邮对曰："臣闻之，君子善谋而小人善意，臣意之也。"桓公曰："子奚以意之？"东郭邮曰："夫欣然喜乐者，钟鼓之色也；夫渊然清静者，缞绖之色也③；澷然丰满④，而手足拇动者⑤，兵甲之色也。日者，臣视二君之在台上也，口开而不阖，是言莒也；举手而指，势当莒也。且臣观小国诸侯之不服者，唯莒。于是臣故曰伐莒。"桓公曰："善哉，以微射明⑥，此之谓乎？子其坐，寡人与子同之。"

【注释】

①阖：合，闭。

②夫之役者：那些办事人员。夫，彼。役，古代贵族活动中料理杂事的人。

③缞（cuī）：古代用粗麻布制作的丧服。绖（dié）：

丧服的麻制带子。

④漻（liáo）：深清的样子。

⑤手足拇动：翘大拇指。

⑥射：猜测。

【译文】

桓公与管仲关着门密谋伐莒，还没行动，就已经满城风雨了。桓公生气地对管仲说："我同仲父关着门密谋伐莒，还没行动，外面的人就知道了，这是为什么？"管仲说："国中必有圣人。"桓公说："是的，值勤人员中有一个执管宴席而向上看的人，一定是他吧？"于是命他继续值勤，不要轮换。不久，那个东郭邮来了。桓公要礼宾官员请他上来，与他分级而立。问他说："你是说出要伐莒的人吧？"东郭邮说："是，是我。"桓公说："我未曾说出伐莒而你说伐莒，是什么原因？"东郭邮答道："我听说，君子善于谋划，小人善于猜测，这是我猜测出来的。"桓公说："你是怎样猜测的？"东郭邮："欣然喜乐，是钟鼓娱乐时的颜色；深沉清静，是居丧戴孝时的颜色；形貌清澈丰满而手足拇指都有动作，是战争将发的颜色。那天我看您两位在台上，口开而不合，是在说'莒'；举手指划，方向对着莒国。而且我观察小国诸侯不肯服从的，只有莒国。所以我说将会伐莒。"桓公说："好啊，从细微动作知大略，说的就是您这种情况吧。您请坐，我与您一起谋事。"

客或欲见于齐桓公，请仕上官，授禄千钟。公以告管仲。曰："君予之。"客闻之，曰："臣不仕矣。”公曰："何故？"对曰："臣闻取人以人者，其去人也亦用人，吾不仕矣。"

【译文】

有一个人要见齐桓公，请求给他大官，授千钟禄。桓公将这件事告诉管仲。管仲说："您可以给他。"这个人听说这件事后说："我不做官了。"桓公问："为什么？"回答道："我听说根据他人的意见来用人的，也会听信他人而弃置人。我不做这个官了。"

禁　藏

本文论述了君主修养问题、执法赏罚、富民务本等问题，强调君主行为的影响力。文章认为君主只有严格执行诛罚条令，不以人情挠法，可最终达到无诛无罚的地步。文章最精彩的地方，在其对民性求利的揭示，认为充分利用这种民性就可以达到称霸的目的。篇名"禁藏"，不过是取开头二字而已。本书有删节。

禁藏于胸胁之内①，而祸避于万里之外。能以此制彼者，唯能以己知人者也。夫冬日之不滥②，非爱冰也③；夏日之不炀④，非爱火也，为不适于身便于体也。夫明王不美宫室，非喜小也；不听钟鼓，非恶乐也。为其伤于本事，而妨于教也。故先慎于己而后彼，官亦慎内而后外，民亦务本而去末。

【注释】

①禁：禁止。此处是指国家不允许的事情。

②滥：字当作"鉴"，装水的大盆，古人为取凉，往鉴中放置冰块。

③爱：吝惜。

④炀（yáng）：烤火。

【译文】

把禁止的谋划深藏在腹心之内，可以避祸于万里之外。能站在自己一边制伏他人的，只有那些以己察彼的人。冬天不往大盆里放冰，并不是爱惜冰；夏天不烤火，并不是吝惜火，而是因为这些对身体不适宜。明君不修筑华丽的宫室，并不是他喜欢狭小的房屋；不听钟鼓之音，并不是他讨厌音乐。而是因为这些会伤害农业，妨碍教化。所以君主首先谨身慎行，然后再要求别人；官吏也应先严格要求自己，然后再治理他人；百姓也要努力从事农业而放弃术业。

居民于其所乐①，事之于其所利，赏之于其所善，罚之于其所恶，信之于其所余财，功之于其所无诛。于下无诛者，必诛者也；有诛者，不必诛者也。以有刑至无刑者，其法易而民全，以无刑至有刑者，其刑烦而奸多。夫先易者后难，先难而后易，万物尽然。明王知其然，故必诛而不赦，必赏而不迁者，非喜予而乐其杀也，所以为人致利除害也。于以养老长弱，完活万民，莫明焉。

【注释】

①居：安处。

【译文】

要将百姓安置在他们乐于居住的地方，使他们从事有利于自身的工作，奖励他们认为好的事情，惩罚他们厌恶的行为，保证他们的余财不受侵犯，引导他们不受刑罚。做到百姓不受刑罚，必须做到有罪必罚；百姓有受刑的，正是罪不必罚造成的。从有刑罚到不需刑罚，使法律变得简易，人民得到保全；从不施刑罚到大施刑罚，将导致刑法繁琐，罪恶增多。所以先易者后难，先难者后易，万事都是如此。明王懂得这个道理，所以行刑坚决而绝不赦免，行赏坚决而绝不拖延，并不是因为喜欢赏赐和乐于杀人，而是以此为百姓兴利除害。对于养老育弱，保全万民来说，没有比这更重要的了。

夫不法法则治①。法者，天下之仪也，所以决疑而明是非也，百姓所县命也②。故明王慎之，不为亲戚故贵易其法，吏不敢以长官威严危其命，民不以珠玉重宝犯其禁。故主上视法严于亲戚，吏之举令敬于师长，民之承教重于神宝③。故法立而不用，刑设而不行也。夫施功而不钧④，位虽高，为用者少；赦罪而不一，德虽厚，不誉者多；举事而不时，力虽尽，其功不成；刑赏不当，断斩虽多，其暴不禁。夫公之所加，罪虽重，下无怨气；私之所加，赏虽多，士不为欢。行法不道，众民不能顺；举错不当⑤，众民不能成。不攻不备，当今为愚人。

【注释】

①法：此句前"法"读"废"，废弃。

②县（xuán）：系。

③神宝：即神保，古时祭祖用来代表祖先受祭的活人，称神保，此处借指祖先。

④钧：通"均"。

⑤错：通"措"。

【译文】

严格执法就可以达致安定。法，是天下的准则，是用来解决人间疑难、判明是非的，是与百姓生命攸关的。所以明王对法非常慎重，不为亲戚故旧和显贵而更改法律，官吏不敢利用权威破坏法令，百姓不敢用珠宝贿赂触犯禁令。君主把法令看得比亲戚更重要，官吏把法令看得比师长更崇高，百姓把接受政教看得比祭祖更神圣。这样。法虽然制定出来，实际上并不需要动用；刑罚虽然设立，实际上并不需要执行。施恩而不公正，哪怕赏的官位再高，肯效力的人也很少；赦罪而不一致，哪怕恩德再大，不赞成的人也很多；办事而不合时宜，哪怕用尽力量，效果也不好；断案不合法度，哪怕杀人再多，暴乱也很难制止。秉公行事，刑罚即使很重，下面也没有怨气；按私心行事，赏赐即使很多，而战士也不会欢欣。执法不公道，民众不会顺从；措施不得当，民众不会赞成。不研习不完善法律，如今叫做愚人。

故圣人之制事也，能节宫室、适车舆以实藏①，则国必富、位必尊；能适衣服、去玩好以奉本，而用必赡、身必安矣。能移无益之事、无补之费，通币行礼，而党必多、交必亲矣②。夫众人者，多营于物，而苦其力、劳其心，故困而不赡，大者以失其国，小者以危其身。凡人之情，得所欲则乐，逢所恶则忧，此贵贱之所同有也。近之不能勿欲，远之不能勿忘，人情皆然。而好恶不同，各行所欲，而安危异焉，然后贤不肖之形见也。夫物有多寡，而情不能等；事有成败，而意不能同；行有进退，而力不能两也。故立身于中，养有节：宫室足以避燥湿，食饮足以和血气，衣服足以适寒温，礼仪足以别贵贱，游虞足以发欢欣③，棺椁足以朽骨，衣衾足以朽肉，坟墓足以道记。不作无补之功，不为无益之事，故意定而不营气情。气情不营则耳目毂④，衣食足；耳目毂、衣食足则侵争不生，怨怒无有；上下相亲，兵刃不用矣。故适身行义，俭约恭敬，其唯无福，祸亦不来矣；骄傲侈泰，离度绝理，其唯无祸，福亦不至矣。是故君子上观绝理者以自恐也，下观不及者以自隐也。故曰：誉不虚出，而患不独生，福不择家，祸不索人，此之谓也。能以所闻瞻察，则事必明矣。

【注释】

①适：适度，节制。

②党：同党，同类。

③虞：通"娱"。

④耳目毂：耳聪目明。毂，善。

【译文】

因此，圣明的君主行事，能简化宫室、节省车驾，以此充实国家藏用，这样，国家必富，威望必高；能俭省衣服、抛弃游玩，来发展农业，这样，他的财用必足，身心一定能安宁。能去掉无益的事情、无效的支出，而从事通币行礼的外交活动，那么盟国必多，邦交必定亲睦。至于一般的君主，多追求物质享受，为此费力劳心，国家会为此弄得困顿不堪，财用不足，严重的可致亡国，较轻的也危害自身。人的常情是，满足了要求就高兴，遇上所厌恶的事就忧愁，这一点，不论贵贱都同样如此。对接近的东西不能不追求，对远离的东西不能不遗忘，人情都是如此。

然而每个人的好恶不同，各行所欲，结局的安危则不一样，于是贤与不肖也就区别出来了。物有多寡，人的欲望不能与之吻合；事有成败，人的意愿不能同它一致；行有进退，人的力量不能跟它匹配。所以为人处世要适中，生活享受要有节制：宫室足以避燥湿，饮食足以和血气，衣服足以适寒温，礼仪足以别贵贱，游乐足以发欢情，棺椁足以安朽骨，葬服足以裹朽肉，坟墓足以作标记就行了。不作无补之功，不做无益之事，这样就心意安定而不为气情所惑。气情不惑则耳目聪明，衣食丰足；耳目聪明，衣食丰足，就不会彼此争夺，不会相互怨怒；上下相亲，就不会动用武力了。所以，克制自身，遵行礼义，节俭恭敬，即使无福，灾祸也不会降临；骄傲奢侈，背离法度，违反常理，即使无祸，幸福也不会来临。因此，君子一方面要从违背常理的人身上汲取教训，警戒自己，另一方面又要从努力不足的人身上取得借鉴，反省自身。以前说：荣誉不会凭空出现，忧患不会无故发生，幸福不主动选择人家，灾祸也不主动找寻人家，讲的就是这个意思。能用自己的见闻探察反思，事理定会明了。

　　故凡治乱之情，皆道上始①。故善者围之以害②，牵之以利。能利害者，财多而过寡矣。夫凡人之情，见利莫能勿就，见害莫能勿避。其商人通贾，倍道兼行，夜以续日，千里而不远者，利在前也。渔人之入海，海深万仞，就波逆流，乘危百里，宿夜不出者③，利在水也。故利之所在，虽千仞之山，无所不上；深源之下，无所不入焉。故善者势利之在④，而民自美安，不推而往，不引而来，不烦不扰，而民自富。如鸟之覆卵，无形无声，而唯见其成。夫为国之本，得天之时而为经，得人之心而为纪。法令为维纲，吏为网罟，什伍以为行列，赏诛为文武⑤。缮农具当器械，耕农当攻战，推引铫耨以当剑戟⑥，被蓑以当铠襦⑦，菹笠以当盾橹⑧。故耕器具则战器备，农事习则功战巧矣⑨。

【注释】

①道：从。

②圉：防范。

③宿夜：指昼夜。宿，通"夙"。

④势：同"执"。

⑤文武：指军队的鼓和金。文，指鼓，击鼓则前进。武，指金，鸣金则收军。

⑥铫（yáo）：古代一种大锄。耨（nòu）：除草的农具。

⑦被：通"披"。襦：上衣，此处指铠甲。

⑧菹：疑是"组"的借字。"组笠"与"披蓑"相对为文。

⑨功：通"攻"。

【译文】

大凡治乱的情由，都是从上面开始的。所以善于治国者都用"害"来约束人们，用"利"来引导人们。正确把握利害关系，就能增加财富，减少过失。常人的情感，见到利益没有不想追求的，见到危害没有不想躲避的。商人做买卖，一天赶两天的路，夜以继日，不以千里为远，就因为利在前面。渔夫下海，海深万仞，逆流而进，冒险航行百里，昼夜都不上岸，就因为利在水中。因此，利之所在，即便是千仞高山，人们无所不上；即使在深渊之下，人们无所不入。善于治国者掌握利的源泉所在，那么人民就自然顺服，不推动也会前往，不引导也会跟随，那样，不必烦人扰人，而人民自会富裕。就像鸟儿孵卵一样，无形无声，只见小鸟破巢而生。治国的根本，以掌握天时为经，深得人心为纪。法令好比网罟的大纲，官吏好比网和罟，居民组织好比队列，赏罚好比一文一武。整治农具当作武器，耕作农事当作攻战，大锄小锄当作剑戟，披蓑当作铠甲，斗笠当作盾牌。这样，农具完备则如武器完备，农事熟习就同攻战巧妙了。

当春三月，萩室熯造①，钻燧易火②，抒井易水③，所以去兹毒也④。举春祭，塞久祷⑤，以鱼为牲，以蘗为酒相召⑥，所以属亲戚也。毋杀畜生，毋拊卵⑦，毋伐木，毋夭英⑧，毋拊竿⑨，所以息百长也⑩。赐鳏寡⑪，振孤独⑫，贷无种，与无赋，所以劝弱民。发五正⑬，赦薄罪，出拘民，解仇雠，所以建时功施生谷也。夏赏五德，满爵禄，迁官位，礼孝弟，复贤力⑭，所以劝功也。秋行五刑，诛大罪，所以禁淫邪，止盗贼。冬收五藏，最万物，所以内作民也。四时事备，而民功百倍矣。故春仁、夏忠、秋急、冬闭，顺天之时，约地之宜，忠人之和，故风雨时，五谷实，草木美多，六畜蕃息，国富兵强，民材而令行，内无烦扰之政，外无强敌之患也。

【注释】

①萩（qiū）：萧，香蒿，燃烧产生的烟用来消除毒气。熯（hàn）：烧烤。造：通"灶"。

②钻燧易火：古时钻燧取火，因四季不同而改用不同的木材，即所谓"钻燧易火"。

③抒井：淘井。

④兹：通"滋"，污垢。

⑤塞：旧时祭祀酬神之称。久祷：求长久的祈祷。

⑥蘖（niè）：指造酒的酵母。

⑦拊：击打。卵：指孵卵的鸟。

⑧英：刚出生的草苗。

⑨竿：刚出生的笋。

⑩息：生养。百长：各种生长之物。

⑪鳏（guān）寡：老而无妻为鳏，老而无夫为寡。

⑫振：同"赈"。

⑬五正：五政，五种政令。

⑭复：免除赋税或徭役。

【译文】

正当春季三月，点燃香蒿熏烤房间灶台，更换火木，淘井换水，这是用来消除黑浊毒气的。举行春祭，祈祷长久，以鱼为供品，用蘖制酒，互相宴请，这是用来密切亲情的。不屠杀幼畜，不袭击孵卵的禽鸟，不砍伐树木，不伤害幼苗，不损伤嫩笋，这是用来保养万物的。帮助鳏夫寡妇，赈济孤儿独子，贷放种子给无种的农户，救济无力纳税的人家，这是用来劝勉贫弱之民的。发布五项政令，赦免轻微罪行，释放关押的人，调解纠纷，这是用来按时完成农事、促进粮食生产的。夏天奖赏具备五常之德的人，增其爵禄，加其官职，礼敬孝顺友爱之人，免除贤者的力役，这是用来鼓励善行的。秋天行使五刑，处决罪大恶极之人，这是用来禁止淫邪，根除盗贼的。冬天收藏五谷，聚积万物，从而收纳民税。一年四季的工作齐备，人民的生产效益就能百倍于前。这样，春天仁慈，夏天忠孝，秋天严肃，冬天收藏，顺从天时，符合地利，合乎人和，因而风调雨顺，五谷充足，草木繁茂，六畜兴旺，国富民强，人民富有，法令畅通，对内没有烦民扰民的政治，对外没有强敌入侵的祸患。

　　夫动静顺然后和也，不失其时然后富，不失其法然后治。故国不虚富，民不虚治。不治而昌，不乱而亡者，自古至今未尝有也。故国多私勇者其兵弱，吏多私智者其法乱，民多私利者其国贫。故德莫若博厚，使民死之；赏罚莫若成必①，使民信之。夫善牧民者，非以城郭也，辅之以什，司之以伍。伍无非其人，人无非其里，里无非其家。故奔亡者无所匿，迁徙者无所容。不求而约，不召而来，故民无流亡之意，吏无备追之忧。故主政可往于民，民心可系于主。夫法之制民也，犹陶之于埴^②，冶之于金也。故审利害之所在，民之去就，如火之于燥湿，水之于高下。

【注释】

①成必：通"诚必"，信实坚定。原文为"必成"。

②埴（zhí）：制作陶器时和泥的容器。

【译文】

动静得宜才能协调，不违农时才能丰收，不失法度才能安定。因此国家没有无缘无故富起来的，人民没有无缘无故治理好的。不安定而国家昌盛，无动乱而国家灭亡，那是从古至今不曾有的。所以说，国家中多发自私愤的勇气，国防就弱；官吏中多奸诈私巧，法度就乱；民众中多营私取利，国家就穷。因此施德必须广博厚重，人民才会以死报效；赏罚必须坚决诚笃，人民才会信服跟从。善于治理人民的君主，不是依靠城郭，而是依靠什、伍的组织管理。伍中没有非本伍的人，人没有不住在本里的，里中没有非本里的人家。这样逃亡者就无处藏身，迁徙者也无处容身了。不用强求人们就接受约束，不用召唤人们就自动来到，这样人们就没有逃亡的念头，官吏无戒备、追捕的麻烦。这样君主的命令可以贯彻于民间，民心也可由君主掌握。用法制来管理人民，就像粘土进入陶盆，冶炼治理金属一样。把握了利害的所在，人民的选择，就像火避湿就干，水避高就低一样简单。

夫民之所生，衣与食也；食之所生，水与土也。所以富民有要，食民有率，率三十亩而足于卒岁。岁兼美恶，亩取一石，则人有三十石，果蓏素食当十石①，糠秕六畜当十石，则人有五十石。布帛麻丝，旁入奇利②，未在其中也。故国有余藏，民有余食。夫叙钧者③，所以定多寡也；权衡者，所以视重轻也；户籍、田结者④，所以知贫富之不訾也⑤。故善者必先知其田，乃知其人，田备然后民可足也。

【注释】

①果蓏（luǒ）：瓜果。

②奇：余出来的数量。

③叙钧：丈量土地。

④结：契约文书。

⑤訾：齐。

【译文】

　　百姓赖以生活的，是衣和食；食物赖以生产的，是水和土。所以富民是有诀窍的，养民是有标准的，大约一个人有三十亩地就可以保证全年生活。年成有好有坏，平均亩产一石，则每人有三十石。瓜果蔬菜相当于十石粮食，糠皮瘪谷和畜产相当于十石粮食，那么每人共五十石。而布帛麻丝，其他非正常的多出收入，尚未计算在内。于是，国家有积蓄，人民有余粮。叙钧，是用来算多少的；权衡，是用来定轻重的；户籍田册，是用来了解贫富差别的。所以善于治国的人，一定要先了解田地的情况，才能了解人的生活状况，田地充足，人民才能富足。

入　国

　　本文的主题是所谓"九惠之教"，是一篇专论社会救济的文章。据记载，管子相齐桓公曾实施"九惠之教"。此篇所述应与此有关，起码可从中看到古人的一些社会政治理想。

入国四旬五行九惠之教①。一曰老老，二曰慈幼，三曰恤孤，四曰养疾，五曰合独，六曰问疾，七曰通穷，八曰振困，九曰接绝。

【注释】

①四旬五行：交错普遍地实行。旬，遍。五，伍。"四""五"在这里，犹如"三令五申"的三、五。

【译文】

主持国政，就得交错普遍地实行九种惠民的政教。一是敬老，二是爱幼，三是恤孤，四是养疾，五是合独，六是问病，七是访穷，八是赈困，九是接绝。

所谓老老者，凡国都皆有掌老①。年七十以上，一子无征，三月有馈肉；八十以上，二子无征，月有馈肉；九十以上，尽家无征，日有酒肉。死，上共棺椁②。劝子弟：精膳食，问所欲，求所嗜。此之谓老老。

【注释】

①掌老：负责养老事务的官员。

②共：通"供"，供给。

【译文】

所谓敬老，就是在城邑、国都皆要设置"掌老"的官员。对年龄七十以上的老人，一个儿子免除征役，三个月送给一次肉食；八十以上的老人，两个儿子免除征役，每月送给肉食；九十以上的老人，全家免除征役，每天供给酒肉。这些人死了，君主供给棺椁。平时劝诫子弟：为老人精制膳食，询问老人的要求，了解老人的嗜好。这叫做敬老。

所谓慈幼者，凡国都皆有掌幼。士民有子，子有幼弱不胜养为累者，有三幼者无妇征，四幼者尽家无征，五幼又予之葆^①，受二人之食，能事而后止。此之谓慈幼。

【注释】
①葆：保姆。
【译文】
所谓爱幼，就是在城邑、国都皆要设置“掌幼”的官员。凡士民子女中有幼弱不能供养成为拖累的，要加以照顾，对养育三个幼儿的，免除向妇女征收布帛；对养育四个幼儿的，全家免征；对养育五个幼儿的还配给保姆，领取国家发给的两份口粮，直到幼儿能生活自理为止。这叫做爱幼。

所谓恤孤者，凡国都皆有掌孤。士人死^①，子孤幼，无父母所养，不能自生者，属之其乡党、知识、故人^②。养一孤者一子无征，养二孤者二子无征，养三孤者尽家无征。掌孤数行问之，必知其食饮饥寒身之膌胜而哀怜之^③。此之谓恤孤。

【注释】

①士：有资格参军打仗的人为士，此处应泛指百姓。

②知识：指熟悉的人。

③瘠胜：瘦胖。

【译文】

所谓恤孤，就是在城邑、国都皆要设置"掌孤"的官员。士民死后，子女孤幼，无父母抚养，不能独立生活的，就归同乡、熟人或故旧抚养。抚养一个孤儿的，一个儿子免除征役；抚养两个孤儿的，两个儿子免除征役；抚养三个，全家免除征役。掌孤的官员要经常询问下情，必须了解孤儿的饮食饥寒和身体瘦弱的情况，并加以怜恤。这叫做恤幼。

所谓养疾者，凡国都皆有掌养疾。聋、盲、喑、哑、跛躄、偏枯、握递①，不耐自生者，上收而养之疾官而衣食之②，殊身而后止③。此之谓养疾。

【注释】

①跛躄（bì）：瘸腿。握递：手握不能合拢。

②疾官：即"疾馆"。官，通"馆"。

③殊：死亡。

【译文】

所谓养疾，就是城邑、国都皆要设置负责"养疾"的官员。聋盲、哑巴、瘸腿、半身不遂、手足拘挛，生活不能自理的，国家将他们收养在"疾馆"，供给衣食，直到身死而后止。这叫做养疾。

　　所谓合独者，凡国都皆有掌媒。丈夫无妻曰鳏，妇人无夫曰寡，取鳏寡而合和之，予田宅而家室之，三年然后事之①。此之谓合独。

　　【注释】
　　①事之：役使他们。
　　【译文】
　　所谓合独，凡城邑、国都皆要设置"掌媒"的官员。丈夫无妻叫做鳏，妇人无夫叫做寡，取鳏寡而加以配合，给予田产，让他们安家，三年后才为国提供职役。这叫做合独。

　　所谓问疾者，凡国都皆有掌病。士民有病者，掌病以上令问之，九十以上日一问；八十以上二日一问；七十以上三日一问；众庶五日一问。疾甚者，以告上，身问之①。掌病行于国中，以问病为事。此之谓问病。

　　【注释】
　　①身：亲自。
　　【译文】
　　所谓问疾，就是在城邑、国都皆要设置"掌病"的官员。对士民中患病者，掌病要秉从君主的指示加以慰问，九十岁以上的，每天问候一次；八十岁以上的，两天问候一次；七十岁以上的，三天问候一次；一般病人，五天问候一次。对病重者，要上报，君主亲自慰问。掌病的官员要巡行国中，以慰问病人为专职。这叫做问病。

所谓通穷者，凡国都皆有通穷。若有穷夫妇无居处，穷宾客绝粮食，居其乡党以闻者有赏，不以闻者有罚。此之谓通穷。

【译文】

所谓通穷，就是在城邑、国都皆要设置"通穷"的官员。贫穷夫妇无居处，贫穷宾客无粮食，其所在的乡里将情况报告的，给予奖赏；不报告的，给予惩罚。这叫做通穷。

所谓振困者，岁凶，庸人訾厉[1]，多死丧；弛刑罚，赦有罪，散仓粟以食之。此之谓振困。

【注释】

[1]訾厉：疾病。

【译文】

所谓赈困，凶年之时，为人雇佣者往往多病，多死丧；对他们要宽缓刑罚，赦免罪行，发放仓库粮食，供养他们。这叫做赈困。

所谓接绝者，士民死上事、死战事，使其知识、故人受资于上而祠之。此之谓接绝也。

【译文】

所谓接绝，士民中有死于国事、死于战争的，要让其熟人、故旧，从国家领取一笔钱，来祭祀他们。这叫做接绝。

度　地

　　度地，即考察、选择适宜建邦的自然环境。本文所论又不仅限于此，还论述了古代史上遭遇的五种自然灾害以及国家采取何种措施防灾、减灾的问题。水灾及其治理是本文的重点，提出了比较完备的规划与一系列措施。

昔者，桓公问管仲曰："寡人请问度地形而为国者，其何如而可？"

管仲对曰："夷吾之所闻，能为霸王者，盖天子圣人也。故圣人之处国者，必于不倾之地，而择地形之肥饶者。乡山①，左右经水若泽②。内为落渠之写③，因大川而注焉。乃以其天材、地之所生，利养其人，以育六畜。天下之人皆归其德而惠其义。乃别制断之，不满州者谓之术，不满术者谓之里④。故百家为里，里十为术，术十为州，州十为都，都十为霸国。不如霸国者，国也，以奉天子。天子有万诸侯也，其中有公侯伯子男焉。天子中而处，此谓因天之固，归地之利。内为之城，城外为之郭，郭外为之土阆。地高则沟之，下则堤之，命之曰金城。树以荆棘，上相穑著者⑤，所以为固也。岁修增而毋已，时修增而毋已，福及孙子，此谓人命万世无穷之利，人君之葆守也⑥。臣服之以尽忠于君，君体有之以临天下，故能为天下之民先也。此宰之任，则臣之义也。故善为国者，必先除其五害，人乃终身无患害而孝慈焉。"

【注释】

①乡：同"向"，此处"乡山"为北面依山。

②若：或者。

③落渠：沟渠网。落，通"络"。写：同"泻"，排水。

④原文无"不满"，据文义补。

⑤稽著：犹言"合著"，结合在一起。

⑥葆：通"保"。

【译文】

从前，桓公问管仲道："我想请问勘察地形而建立国都的问题，如何选择才好？"

管仲回答道："就我所知能成就霸王之业的，都因为天子是圣人。圣人所处的国都，一定选在稳固的地方，同时又是土地肥饶之处。或在山左，或依山右，靠近河流或湖泊。内修沟渠排水，随大河而流泻。这样，可以利用天然资源和农业产品，供养百姓，繁育六畜。天下的人都归向他的德政而接受他的恩惠。用不同于周朝的体制来规划，不够州的叫做术，不够术的叫做里。这样，百家为里，十里为术，十术为州，十州为都，十都为霸国。不到霸国规模的，是一般诸侯国，应奉养天子。天子有上万个诸侯国，其中有公、侯、伯、子、男五等。天子是居于中央的，这可以利用天然资源，集中全国的土地财利。都城要内修城，外修郭，郭外修护城壕。地势高则挖沟，地势低则筑堤，这才称作固若金汤的城。城墙上要种植荆棘，使之交错纵横，用来加固城防。每年要增修不断，每季也要增修不断，从而造福子孙，这关系到百姓生命万世无穷的利益，也是人君的保障。大臣工作在都城而效忠于国君，国君凭借都城君临天下，这可以成为天下百姓的根本。这种管理工作，是大臣的义务。善于治国的，还必须先除五害，人们才得以终身免除灾患，而在此父慈子孝地生活。

桓公曰："愿闻五害之说。"

管仲对曰："水，一害也；旱，一害也；风雾雹霜，一害也；厉，一害也；虫，一害也。此谓五害。五害之属，水最为大。五害已除，人乃可治。"

桓公曰："愿闻水害。"

管仲对曰："水有大小，又有远近。水之出于山，而流入于海者，命曰经水；水别于他水，入于大水及海者，命曰枝水；山之沟，一有水一毋水者，命曰谷水；水之出于地，流于大水及海者，命曰川水；出地而不流者，命曰渊水。此五水者，因其利而往之可也，因而扼之可也，而不久常有危殆矣。"

桓公曰："水可扼而使东西南北及高乎？"

管仲对曰："可。夫水之性，以高走下则疾，至于漂石^①；而下向高，即留而不行。故高其上，领瓴之，尺有十分之三，里满四十九者，水可走也，乃迁其道而远之，以势行之。水之性，行至曲必留退，满则后推前。地下则平行，地高即控^②，杜曲则捣毁^③，杜曲激则跃，跃则倚，倚则环，环则中，中则涵^④，涵则塞，塞则移，移则控，控则水妄行，水妄行则伤人，伤人则困，困则轻法，轻法则难治，难治则不孝，不孝则不臣矣。故五害之属，伤杀之类，祸福同矣。知备此五者，人君天地矣^⑤。"

【注释】

①瀌（piāo）：同"漂"，漂浮。

②控：激荡。

③杜曲：地势屈曲。

④涵：沉浸，此处指泥沙沉淀。

⑤君：统治，主宰。

【译文】

桓公说："想听听五害之说。"

管仲答道："水是一害，旱是一害，风雾雹霜是一害，瘟疫是一害，虫是一害。这叫做五害。五害之中，以水害最大。五害消除，民就可治理了。"

桓公说："想听听水害。"

管仲回答："水有大小，又有远近。从山里发源而流入大海的，叫经水；从其他河流中分出，流入大河或大海的，叫枝水；在山的沟谷中时有时无的溪流，叫谷水；从地下发源，流入大河或大海的，叫川水；由地下涌出而不外流的，叫渊水。这五种水，既可以顺其流向来引导，也可以对它拦截，但不久常有危险。"

桓公说："水可以拦截控制而使它流向东南西北以及流向高处吗？"

管仲回答："可以。水的性质，从高往下流就快，以致将石头漂走；而从下往上就留而不动了。所以，把上游的水位提高，用瓦器引导下来，每尺有十分之三的倾斜，满四十九里，水就可流行，于是迂回其道流向远处，靠水的落差推动。以水的性质，走到曲折处必然停而后退，满了则后水推着前水，迤逦而进。遇地低则行，遇地高则挫，遇地曲则冲毁土地，地势过于曲折则水流跳跃，跳跃则溢流，溢流则打旋，打旋则集中，集中则泥沙沉淀，泥沙沉淀则淤塞，淤塞则改道，改道则激荡，激荡则河水妄行，河水妄行则伤人，人伤则贫困，贫困则轻慢法度，轻慢法度则难于治理，难于治理则不顺，不顺就不忠了。所以五害的性质，与杀人伤人同类，祸福相连。懂得防备这五害，人就可以主宰天地了。"

桓公曰："请问备五害之道？"

管子对曰："请除五害之说，以水为始。请为置水官，令习水者为吏：大夫、大夫佐各一人，率部校长、官佐各财足。乃取水官左右各一人，使为都匠水工。令之行水道、城郭、堤川、沟池，官府、寺舍及州中，当缮治者，给卒财足。令曰：常以秋，岁末之时，阅其民，案家人比地①，定什伍口数，别男女大小。其不为用者辄免之，有锢病不可作者疾之，可省作者半事之。并行以定甲士②，当被兵之数，上其都。都以临下，视有余不足之处，辄下水官。水官亦以甲士当被兵之数，与三老、里有司、伍长行里，因父母案行。阅具备水之器，以冬无事之时，笼、臿、板、筑，各什六，土车什一，雨輂什二③。食器两具，人有之。锢藏里中，以给丧器。后常令水官吏与都匠，因三老、里有司、伍长案行之。常以朔日始，出具阅之，取完坚，补弊久，去苦恶。常以冬少事之时，令甲士以更次益薪，积之水旁。州大夫将之，唯毋后时。其积薪也，以事之已；其作土也，以事未起。天地和调，日有长久，以此观之，其利百倍。故常以毋事具器，有事用之，水常可制，而使毋败。此谓素有备而豫具者也④。"

【注释】

①案：检查。

②并行：犹言普遍视察。

③雨辇（jú）：防雨车篷。

④豫：预先。

【译文】

桓公说："请问防备五害的办法？"

管仲说："消除五害之论，从治水开始。请设置治水官吏，委派熟悉治水的人为官：任命大夫、大夫佐各一人，统率校长、官佐和各类徒隶。再挑选水官左右部下各一人，用为水工头领。派他们巡视水道、城郭、堤川、沟地、官府、寺舍及州中，凡应该修缮的地方，就拨给士卒徒隶。并发布命令：每当秋后，普查民间，检查户口和土地，核实人口数量，区别男女老幼。不能从事劳动的免役，有痼疾不能工作的按病人处理，只能出半工的按半劳力处理。行视其强壮者定为甲士，作为兵役的总人数，上报都官。都官依此下去视察，看到有余或人数不足，就通知下属的水官。水官也把选定的甲士作为征兵的人数，会同三老、里有司、伍长等行视里中，到其家与其父母协定。并察看治水的工具，在冬闲时，每十家准备土筐、锹、夹板、木夯等六件、土车一部、防雨车篷两件。食器、雨具人各一套。以上器物收藏在里内，以防损坏遗失。以后要经常命令治水官吏与工匠头领，依靠三老、里有司、伍长等按规定检查。一般于每月初一开始，去一一察看，留取完好坚实的，修补残破陈旧的，淘汰质量粗劣的。一般在冬闲时，派甲士轮流采集薪柴，堆放在水旁。州大夫负责此事，切勿耽误。积累薪柴，在农事了结以后；修筑土功，在农事开始之前。这时天气晴和，白天较长，以这些因素看，好处百倍。所以常在没有水害时备好器材，在有事时使用，水可以常被控制，使之不能造成破坏。这叫做未雨绸缪。"

桓公曰："当何时作之？"

管子曰："春三月，天地干燥，水纠列之时也①。山川涸落，天气下，地气上，万物交通。故事已，新事未起，草木荑生可食②。寒暑调，日夜分。分之后，夜日益短，昼日益长。利以作土功之事，土乃益刚。令甲士作堤大水之旁，大其下，小其上，随水而行。地有不生草者，必为之囊，大者为之堤，小者为之防。夹水四道，禾稼不伤。岁埤增之③，树以荆棘，以固其地，杂之以柏杨，以备决水。民得其饶，是谓流膏。令下贫守之，往往而为界，可以毋败。

"当夏三月，天地气壮，大暑至，万物荣华，利以疾耨杀草秽，使令不欲扰，命曰不长。不利作土功之事，放农焉④，利皆耗十分之五，土功不成。

"当秋三月，山川百泉踊⑤，降雨下⑥，山水出，海路距，雨露属，天地凑泊⑦。利以疾作，收敛毋留。一日把，百日铺，民毋男女皆行于野。不利作土功之事，濡湿日生，土弱难成。利耗十分之六，土工之事亦不立。

"当冬三月，天地闭藏，暑雨止，大寒起，万物实熟。利以填塞空隙，缮边城，涂郭术，平度量，正权衡，虚牢狱，实廥仓⑧，君修乐，与神明相望。凡一年之事毕矣，举有功，赏贤，罚有罪，迁有司之吏而第之。不利作土功之事，利耗什分之七，土刚不立。昼日益短而夜日益长，利以作室，不利以作堂。四时以得，四害皆服。"

【注释】

①纠列：细如纠绳，分如裂帛，形容水少流细。纠，指绳索。列，通"裂"，意为裂帛。

②荑（tí）：草木初生的样子。

③埤（pí）：增高。

④放：通"妨"。

⑤踊：通"涌"。

⑥降：通"洚"，洪水。

⑦凑泊：原文为"凑汐"，凝合，聚结。

⑧廥（kuài）：仓，多指粮仓。

【译文】

桓公说:"应当在什么时候动工呢?"

管仲回答:"春季三个月,是天气干燥,水少流细的时期。这时山河干涸,天气与地气相接,万物开始交通。旧年农事已完,新年农事尚未开始,草木的幼芽已经可以食用。寒热趋于调和,昼夜开始均分。均分后,黑夜一天天变短,白天一天天变长。有利于土功之事,因为堤土日益坚实。派甲士在大河边筑堤,堤基要宽,上面要窄,使堤沿河而行。选择不生草的地方,挖土筑塘,大的要修堤,小的要加以围防。围绕在水塘四周,这样禾稼不伤。堤坝要年年增修,种上荆棘以加固堤土,还要间种柏杨,以防决水。民众大得便利,堪称流动的油膏。派贫户守堤,依次划好地段,可以此保持河堤不坏。

"至于夏季三个月,天地之气强烈,大暑来到,万物茂盛,利在抓紧锄田除草,政令不要干扰农事,征命劳役也不可过长。这时不利于土功之事,它妨碍农作,事倍功半,土功无所成就。

"秋季三个月,山川百泉发水,大雨降,山洪出,入海路远,秋水足,天地凝合。此时利在抓紧农事,颗粒归仓。一天收割,百天食粮,民不分男女,皆要到田间工作。此时不利作土功之事,因为潮湿之气日生,土质松散难成。浪费十分之六的支出,土功之事也难成就。

"冬季三个月,天地收闭,暴雨停止,大寒来到,万物果实已熟。此时利在修理房屋,修缮边城,整修道路城郭,调整度量,校正衡器,处理牢狱之人,充实粮仓,君主举行娱乐活动，祭神活动。一年之事完成之时，还要表举功臣，奖赏贤士，惩罚罪人，升迁官吏授予职位。此时不利做土功之事，会浪费十分之七的支出，而土冻难成。此时昼越来越短，夜越来越长，只利于室内工作，不利于外堂劳动。把一年四季的事情处理得当，其他四害也可制服。"

桓公曰："寡人悖①，不知四害之服，奈何？"
管仲对曰："冬作土功，发地藏，则夏多暴雨，秋霖不止。春不收枯骨朽脊，伐枯木而去之，则夏旱至矣。夏有大露原烟，噎下百草，人采食之伤人。人多疾病而不止，民乃恐殆。君令五官之吏，与三老、里有司、伍长行里顺之②。令之家起火为温，其田及宫中皆盖井，毋令毒下及食器，将饮伤人。有下虫伤禾稼。凡天灾害之下也，君子谨避之，故不八九死也。大寒、大暑、大风、大雨，其至不时者，此谓四刑。或遇以死，或遇以生，君子避之，是亦伤人。故吏者所以教顺也，三老、里有司、伍长者，所以为率也。五者已具，民无愿者，愿其毕也。故常以冬日顺三老、里有司、伍长，以冬赏罚，使各应其赏而服其罚。五者不可害，则君之法不犯矣。此示民而易见，故民不比也。"

【注释】
①悖：昏聩，不通情理。
②顺：通"巡"。

【译文】

桓公说："我糊涂，还不明白制服其他四害，该怎么办？"

管仲回答："冬天如果作土功之事，散发地藏，就会导致夏多暴雨，秋雨不绝。春天如果不把枯骨朽尸掩埋好，不把枯木去掉，夏旱就会来临。夏天有大露和瘴气凝结在植物上，人采食了就会中毒。民多疾病而蔓延，就会惊恐不安。国君要派出官吏，会同三老、里有司、伍长巡视乡里，解决问题。令百姓生火消毒，地里、院里都要盖井。不让毒气玷污食器，防止饮用中毒。还要防止害虫伤庄稼。大凡天灾降临，君子要认真防避，十之八九不会死人。至于大寒、大暑、大风、大雨不合时令发生，这叫四刑。有的遇上就死，有的则幸存，君子认真防避，仍不免伤人。所以官吏要做好教化训导工作，三老、里有司、伍长等要做好表率。做好了防治五害的工作，民众就没有更多要求了，因为要求都已经满足了。所以要经常利用冬闲训练三老、里有司、伍长，终年之际进行赏罚，使有功者得其赏，有过者受其罚。五害不能为祸，国君的法令无犯了。这项政绩百姓显而易见，百姓就不会违背法令了。"

桓公曰："凡一年之中十二月，作土功，有时则为之，非其时而败，将何以待之？"管仲对曰："常令水官之吏，冬时行堤防，可治者章而上之都。都以春少事作之。已作之后，常案行。堤有毁作，大雨，各葆其所，可治者趣治，以徒隶给。大雨，堤防可衣者衣之。冲水，可据者据之。终岁以毋败为效。此谓备之常时，祸何从来？所以然者，浊水蒙壤，自塞而行者，江河之谓也。岁高其堤，所以不没也。春冬取土于中，秋夏取土于外，浊水入之不能为败。"

桓公曰："善。仲父之语寡人毕矣，然则寡人何事乎哉？亟为寡人教侧臣。"

【译文】

桓公说："一年之中十二个月，而土功之事，只能在一定的时间内才可以做，不合时节就会失败，其他时节如何处理才好呢？"管仲答道："要经常命令治水的官吏，冬天就巡查堤防，发现需要治理的地方，具文报告上级。上级安排在春事较少的时候修堤。筑好以后，要经常检查巡视。堤有损坏，在大雨之时，要分段保护，需修治的赶快修治，拨给徒隶。大雨中，堤坝需加土的及时加土。涨水时，需守堤的要坚守。一年到头要保持堤防不坏，不断加固。这叫做常备不懈，患从何来？之所以这样做，是因为水中夹带着泥土，它本身就会淤塞河道，江河都是如此。堤坝年年加高，这才不会淹没。春冬两季在河内取土加堤，秋夏两季从堤外取土加堤，这样浊水入河也不能为患了。"

桓公说："好啊，仲父的话，我都明白了，可是我能做些什么呢？赶紧替我让左右大臣照办。"

弟子职

本文内容类似今天的学生守则，讲的是学生在老师面前如何请教、如何侍候老师吃饭、如何洒扫等日常规范。体现的是古代尊师重道、洒扫应对都是教育的思想观念。格言体式时而押韵，是此文的特点。

先生施教，弟子是则，温恭自虚，所受是极。见善从之，闻义则服。温柔孝悌，毋骄恃力。志毋虚邪，行必正直。游居有常，必就有德。颜色整齐，中心必式①。夙兴夜寐，衣带必饬；朝益暮习，小心翼翼。一此不解②，是谓学则。

【注释】

①式：规范。

②一：专一。不解：不懈。解，同"懈"。

【译文】

先生施教，弟子遵此学习，谦恭虚心，学到的东西才能彻底。见善而从，见义则力行。性情温柔孝悌，而不骄横恃勇。心志不虚邪，行为一定要正直。出外居家都要遵守常规，务必接近有德之士。容貌端庄整齐，内心严守准则。早起迟眠，衣带必须整饬；朝学暮习，总是要小心翼翼。专心于此而不懈怠，这就是学习的法则。

少者之事，夜寐早作。既拚盥漱①，执事有恪②。摄衣共盥③，先生乃作。沃盥彻盥，汜拚正席，先生乃坐。出入恭敬，如见宾客。危坐乡师④，颜色毋怍⑤。

【注释】

①拚：扫除。

②恪：恭敬。

③共：通"供"。

④乡：同"向"。

⑤怍：本义为惭愧，这里是变动面色的意思。

【译文】

学子的日常生活，当晚睡早起。晨起扫除洗漱完毕，就开始谨慎做事。轻提衣襟，把盥洗之器供在先生面前，侍候先生起床。待先生洗漱完毕，撤去盥器，洒扫室屋，摆好讲席，服侍先生入座。出入恭敬，如同会见宾客。面向先生正襟危坐，不可以随便改变容色。

受业之纪，必由长始。一周则然，其余则否。始诵必作，其次则已。凡言与行，思中以为纪。古之将兴者，必由此始。后至就席，狭坐则起①。若有宾客，弟子骏作②。对客无让③，应且遂行，趋进受命④。所求虽不在，必以反命。反坐复业。若有所疑，捧手问之。师出皆起。

【注释】

①狭坐：旁坐。

②骏：迅速。

③让：互相推让。在应对宾客时若相互推让，则有慢待宾客的嫌疑。

④趋进：用碎小的步伐前进，古人以此来表示恭敬。

【译文】

听讲受教的次序，必定从年长的同学开始。第一遍这样进行，其后则不必如此。首次诵读必须起立，以后则不拘。一切言行，以牢记中和之道为准则。古来成大事者，必定由此开始。后到的同学就位，旁坐者应该站起。若有宾客到来，弟子当迅速起身接待。应对宾客，同学之间不可推让，应该一边上前，一边应承，趋步应答宾客的要求。宾客所找的人不在，必须回来告知宾客。然后返回座位继续学习。学习中若有疑难，应拱手提问。先生走出，学生一律起立。

至于食时，先生将食，弟子馔馈^①。摄衽盥漱，跪坐而馈。置酱错食^②，陈膳毋悖。凡置彼食，鸟兽鱼鳖，必先菜羹。羹胾中别^③，胾在酱前，其设要方。饭是为卒，左酒右酱^④。告具而退，捧手而立。三饭二斗，左执虚豆^⑤，右执挟匕^⑥，周还而贰^⑦，唯嗛之视^⑧。同嗛以齿，周则有始。柄尺不跪，是谓贰纪。

【注释】

① 馔（zhuàn）馈：陈设饭食。

② 错：通"措"，安放。

③ 胾（zì）：细切的肉块。

④ 酱：应作"浆"，漱口水，古人吃饭后要漱口。

⑤ 虚豆：犹今言空碗。豆，古代食器。

⑥ 挟：筷子。匕：匙。

⑦ 贰：重复，指增添。

⑧嗛：同"歉"，缺乏。

【译文】

至用餐时，先生将食，弟子将饭菜送上。挽起衣袖洗漱，跪坐伺候。摆放酱品饭食，陈列不可违规。大凡上菜，鸟兽鱼鳖等肉食之前，必先上蔬菜羹汤。羹与肉相间排列，肉摆在酱之前，席面摆设要成正方形。饭上在最后，左右放置漱口用的酒、浆。饭菜上完便可退下，拱手站在一旁。一般是三碗饭两杯酒，学生左执空碗，右拿筷勺，将酒饭轮流添上，随时注视空了碗的师长。多人同时空碗则以年龄为序添饭，周而复始。用长勺就无需跪着送上，这是添酒添饭的规矩。

先生已食，弟子乃彻①。趋走进漱，拚前敛祭②。先生有命，弟子乃食。以齿相要，坐必尽席。饭必捧擥③，羹不以手。亦有据膝，毋有隐肘④。既食乃饱，循咡覆手⑤。振衽扫席，已食者作，抠衣而降。旋而乡席，各彻其馈，如于宾客。既彻并器⑥，乃还而立。

【注释】

①彻：撤。古代饮食礼节的最后一道手续。

②敛祭：学生把老师吃饭时祭祖之食收敛起来。祭，古人吃饭时要取出一点放在案上，表示对祖先的恭敬，称为祭。

③擥（qiān）：举。

④隐：凭倚。

⑤呡（èr）：嘴角。

⑥并：收拾。

【译文】

先生吃完，弟子再撤下食具。赶忙进呈漱器，清扫席前收拾祭物。先生吩咐以后，弟子才能进食。按年龄排列坐好，坐席要尽量靠前。饭必须手捧，羹汤则不能用手拿。手可以倚靠膝头，两肘不可伏在桌上。等到吃饱，用手背拭嘴。整衣移坐，吃完起立，提衣离席。旋即向桌，各自撤下所食，如同为宾客撤席。撤席后再将食器收拾起来，才又垂手而立。

凡拚之道：实水于盘，攘臂袂及肘，堂上则播洒，室中握手。执箕膺揲①，厥中有帚。入户而立，其仪不贷②。执帚下箕，倚于户侧。凡拚之纪，必由奥始③。俯仰磬折，拚毋有彻④。拚前而退，聚于户内。坐板排之，以叶适己，实帚于箕。先生若作，乃兴而辞。坐执而立，遂出弃之。既拚反立，是协是稽⑤。暮食复礼⑥。

【注释】

①执箕膺揲：这句是说，手持箕时，应当让箕的舌头朝向自己胸前。膺，当胸。揲，字当作"叶"，箕的舌头。

②贷：当作"忒"，差错。

③奥：室内西南角。

④彻：倾斜。

⑤是协是稽：这是合乎法度礼仪的。

⑥暮食复礼：古代晚饭往往是用剩余的饭菜，这句是说，对待先生晚餐也要用新做的饭食，像早晨一样。

【译文】

至于洒扫的做法：用盆子盛取清水，把袖子挽至肘部，堂上可以扬手洒水，室内应掬水而沥。执着畚箕把手，畚箕中备有扫帚。入室先站直，仪容不能有错。执帚扫地同时就放下畚箕，将畚箕靠在门侧。洒扫的规矩，必从西南的角落扫起。俯仰进退，扫除时不得碰动其他东西。由前往后退着扫地，将垃圾聚于门内，蹲下用木板排进垃圾，注意让箕舌对着自己，而将秽物放进畚箕。先生此时若来，便要起身告止。然后蹲下取箕帚，再起身出门倒掉垃圾。洒除完毕再重新站好，这样才合乎规矩。先生晚饭时仍要早晨一样的礼仪。

昏将举火，执烛隅坐。错总之法①，横于坐所。栉之远近②，乃承厥火，居句如矩。蒸间容蒸③，然者处下④，捧碗以为绪。右手执烛，左手正栉。有堕代烛⑤，交坐毋倍尊者⑥。乃取厥栉，遂出是去。

【注释】

①错总：放置捆束。

②栉：像梳子的齿一样远近排开。

③蒸：柴。

④然：同"燃"。

⑤堕：通"惰"，疲怠。

⑥倍：通"背"。

【译文】

黄昏将要点燃灯火，弟子要执火炬坐在屋子的角落。安放柴束的办法，是将它横于坐地。根据烛尽的长短，续接其火，再按规矩放置。柴束之间要留一束柴的空隙，燃烧的灰烬落下，要捧碗盛着余灰。用右手拿着火炬，左手修整烛尽。一人疲倦马上有人接替，轮流执烛，注意火光不可背着师长。最后收拾余灰，倾倒出去。

先生将息，弟子皆起。敬奉枕席，问所何趾。俶衽则请①，有常则否。先生既息，各就其友。相切相磋，各长其仪。

周则复始，是谓弟子之纪。

【注释】

①俶（chù）：初始。衽：铺床。

【译文】

先生将寝，弟子都要起立。恭敬地捧上枕席，询问脚朝向何方。首先铺床需要请示，知道常规就无需再问。先生休息后，弟子可以各自会友。互相切磋，加深理解所学的义理。

以上要周而复始地坚持，这是弟子求学生活的规矩。

地　数

　　本文讨论铁和盐在富国强兵中的重要地位。地数，就是指
这些资源而言。文章认为，国家控制金属的开采，可以无敌于
天下；利用盐的丰厚利润，既可以免除民众的赋税，又可以有
力地控制他国。同时，如何操控物价，也是本文讨论的问题。
对如何识别矿藏的说法，反映了战国时期我国采矿制盐科技的
发展情况。

桓公曰："地数可得闻乎？"

管子对曰："地之东西二万八千里，南北二万六千里，其出水者八千里^①，受水者八千里，出铜之山四百六十七山，出铁之山三千六百九山。此之所以分壤树谷也，戈矛之所发，刀币之所起也。能者有余，拙者不足。封于泰山，禅于梁父、封禅之王七十二家^②，得失之数，皆在此内。是谓国用。"

【注释】

①出水：水的发源地，指山。

②禅于梁父：在梁父山祭地。古代东封泰山时，要在另一座小山祭祀土地，称作"禅"，此小山就是梁父山。

【译文】

桓公说："以地利来理财的方法，可以讲给我听听吗？"

管子回答说："土地的东西相距为二万八千里，南北相距二万六千里，其中山脉八千里，江河八千里，出产铜矿的山为四百六十七座，产铁的矿山三千六百零九座。这些被人们分别用来种植粮食，发掘并制造兵器、铸造钱币。善于利用资源，财用有余；不善于利用，则财用不足。自古以来封泰山、禅梁父的七十二代君王，他们得失的规律，都在其中。这就是国家的财政。"

桓公曰："何谓得失之数皆在此？"

管子对曰："昔者桀霸有天下而用不足，汤有七十里之薄而用有余①。天非独为汤雨菽粟，而地非独为汤出财物也，伊尹善通移、轻重、开阖、决塞②，通于高下徐疾之策坐起之。昔时也，黄帝问于伯高曰：'吾欲陶天下而以为一家③，为之有道乎？'伯高对曰：'请刈其莞而树之④，吾谨逃其蚤牙⑤，则天下可陶而为一家。'黄帝曰：'此若言可得闻乎？'伯高对曰：'上有丹沙者，下有黄金；上有慈石者⑥，下有铜金⑦；上有陵石者，下有铅锡赤铜；上有赭者，下有铁。此山之见荣者也。苟山之见其荣者，君谨封而祭之。距封十里而为一坛，是则使乘者下行，行者趋。若犯令者，罪死不赦。然则与折取之远矣⑧。'修教十年，而葛卢之山发而出水，金从之，蚩尤受而制之，以为剑铠矛戟。是岁相兼者诸侯九。雍狐之山发而出水，金从之，蚩尤受而制之，以为雍狐之戟芮戈。是岁相兼者，诸侯十二。故天下之君顿戟壹怒，伏尸满野。此见戈之本也⑨。"

【注释】

① 薄：即亳，商汤的都城。

② 伊尹：商汤时的贤臣。通移：流通交换。轻重：古代经济术语，轻与重相对而言，如粮食丰收时，粮食相对货币而言就是"轻"，货币则是"重"，反之亦然。治理国家应当掌握这样的轻重变化，来获得

利益。决塞：打通闭塞。

③陶：本为制作瓦器，此处比喻打造天下一家的局面。

④树：生长树木。

⑤蚤牙：禽兽爪牙，山树木丰茂则禽兽多，爪牙即多。这句话实际是说，把那些有矿产资源的山都封起来，加以保护。

⑥慈石：即磁石。

⑦铜金：黄铁矿石。

⑧折取：开采。

⑨见戈：战争发生。

【译文】

桓公问："什么叫他们的得失的规律都在其中？"

管子回答说："从前，夏桀霸有天下，而财用不足；商汤只有方圆七十里的薄地，却财用有余。并非天只为商汤降下粮食，亦非地只为商汤出产财物，而是因为伊尹善于从事流通，善于轻重权变，善于适时开发和收闭，及时调放与控制，他能通晓物价高低、政令缓急的策略并加以灵活运用。以前，黄帝曾问伯高说：'我想将天下融为一家，有办法做到吗？'伯高回答：'请除掉山上的菅草使树木丰茂，禽兽爪牙众多，我们谨慎地逃避猛兽伤害，这样天下就可融为一家。'黄帝说：'这个道理能讲得具体些吗？'伯高回答说：'山的表面有丹砂，下面就有金矿；表面有磁石，下面就有铜矿；表面有陵石，下面就有铅、锡、红铜；表面有赤土，下面就有铁矿。这都是山上现出矿苗之象。如果山中发现矿苗，国君应该严密地封山而进行祭祀。

离封地十里设一个祭坛，使乘车到此者下车而行，步行到此者快步而过。违反命令的，判处死罪，决不赦免。这样，人们就远离矿区不敢随便开采了。'黄帝制定这一禁令仅十年，当葛卢山发生山洪，金属矿石随之泄出，蚩尤就接管并控制了这一地区，开发矿藏制造出剑、铠、矛、戟。同年兼并了九个诸侯国。雍狐山山洪暴发，金属矿石随之出现，又被蚩尤接管控制，利用矿藏制造出雍狐之戟和芮地之戈。同年又兼并诸侯十二个。因此，天下之君顿戟一怒，奋然抗击，导致伏尸遍野。由此可见，开采矿藏是战争胜利的根本。"

　　桓公问于管子曰："请问天财所出，地利所在？"
　　管子对曰："山上有赭者，其下有铁；上有铅者，其下有银。一曰：上有铅者，其下有钅鉒银①；上有丹沙者，其下有钅鉒金；上有慈石者，其下有铜金。此山之见荣者也。苟山之见荣者，谨封而为禁。有动封山者，罪死而不赦。有犯令者，左足入，左足断；右足入，右足断。然则其与犯之远矣。此天财地利之所在也。"
　　桓公问于管子曰："以天财地利立功成名于天下者，谁子也？"
　　管子对曰："文、武是也。"
　　桓公曰："此若言何谓也？"
　　管子对曰："夫玉起于牛氏边山，金起于汝汉之右泞，珠起于赤野之末光。此皆距周七千八百里，其途远而至难。故先王各用于其重，珠玉为上币，黄金为中币，刀布为下币。令疾则黄金重②，令徐则黄金轻。先王权度其号令之徐疾，高下其中币而制下上之用，则文、武是也。"

【注释】

①钰（zhù）银：液体状的金属，即汞。

②疾：急迫。

【译文】

桓公问管仲说："请问天然的资源从何而来，地下的财利又在哪里？"

管仲回答说："山表面有赤土，下面就有铁矿；表面有铅，下面就有银矿。另一种说法是：山表面有铅，下面就有钰银；表面有丹砂，下面就有钰金；表面有磁石，下面就有铜矿。这都是山上现出矿苗之象。如果山上出现矿苗，国君要严密封山，禁止人们进入。有进入封山开采的，死罪不赦。有违令进入的，左脚进，砍掉左脚；右脚进，砍掉右脚。这样，人们就会远离禁地，不敢犯令了。这就是天地财利资源之所在。"

桓公问管仲道："因利用天地财利资源而建立大功、扬名天下的，有哪些人？"

管子回答："周文王、周武王。"

桓公问："这话怎么说？"

管子答道："玉出产于牛氏的边山，金出产自汝河、汉水西边的洼地，珍珠产自赤野的末光。这些宝物都距周都七千八百里，路远而难以得到。所以先王分别其轻重而用之，以珠玉为上等货币，黄金为中等货币，刀布为下等货币。国家号令紧急，黄金就涨价；号令徐缓，金价就下跌。先王能做到权度号令的缓急，调节金价的高低，而控制下币和上币的用度的，那就是周文王和周武王了。"

桓公问于管子曰："吾欲守国财而毋税于天下①，而外因天下②，可乎？"

管子对曰："可。夫水激而流渠③，令疾而物重。先王理其号令之徐疾，内守国财而外因天下矣。"

桓公问于管子曰："其行事奈何？"

管子对曰："夫昔者武王有巨桥之粟贵籴之数。"

桓公曰："为之奈何？"

管子对曰："武王立重泉之戍④，令曰：'民自有百鼓之粟者不行⑤。'民举所最粟⑥，以避重泉之戍。而国谷二什倍，巨桥之粟亦二什倍。武王以巨桥之粟二什倍而市缯帛，军五岁毋籍衣于民。以巨桥之粟二什倍而衡黄金百万，终身无籍于民。准衡之数也。"

【注释】

①税：指财利被别国吸取。

②因：利用，收取。

③渠：通"遽"，急。

④重泉：可读为"重钱"，作者假托的兵役名称。古代

"钱""泉"二字通用。

⑤鼓：古代度量单位。

⑥最：聚集。

【译文】

桓公问管仲道："我想控制国内的资源而不让天下他国吸取，并且要利用天下各国的资源，这样行吗？"

管仲回答说："行。水势汹涌则流速湍急，号令紧急则物价上升。先王注意把握号令的缓急，对内控制财利资源，对外还能取之于天下。"

桓公接着问管仲说："他们是怎么做的？"

管子答道："从前，周武王曾采用提高巨桥的粮食价格的办法。"

桓公说："具体做法如何？"

管仲回答说："武王设立一种名为重泉的兵役，下令说：'百姓自家储粮一百鼓的，可以免除这一兵役。'百姓就尽其所有来收购并囤积粮食，以此逃避兵役。而使国内粮食价格上涨了二十倍，巨桥仓库中的粮食也贵了二十倍。武王如果用贵了二十倍的巨桥仓粮来购买丝帛，这样军队就可以五年不向民间征收军粮了。如果用贵了二十倍的巨桥仓粮来购买黄金百万斤，那就终身都不必向百姓征税了。这就是平准调节的办法。"

桓公问于管子曰："今亦可以行此乎？"

管子对曰："可。夫楚有汝、汉之金，齐有渠展之盐，燕有辽东之煮。此三者亦可以当武王之数。

十口之家，十人咶盐①，百口之家，百人咶盐。凡食盐之数，一月丈夫五升少半，妇人三升少半，婴儿二升少半。盐之重，升加分耗而釜五十，升加一耗而釜百，升加十耗而釜千。君伐菹薪煮沸水为盐②，正而积之三万钟，至阳春，请籍于时。"

桓公曰："何谓籍于时？"

管子曰："阳春农事方作，令民毋得筑垣墙，毋得缮冢墓，大夫毋得治宫室，毋得立台榭，北海之众毋得聚庸而煮盐，然盐之贾必四什倍。君以四什之贾，修河、济之流，南输梁、赵、宋、卫、濮阳。恶食无盐则肿，守圉之本③，其用盐独重。君伐菹薪煮沸水以籍于天下，然则天下不减矣。"

【注释】

①咶：同"舐"，食。

②沸：字当作"沛"，白沫状的海水。

③本："邦"的借字。

【译文】

桓公问管仲道："今天也可照此办理吗？"

管子回答说："可以。楚国有汝河、汉水所出产的黄金，齐国有渠展所出产的盐，燕国有辽东所煮的盐。这三者都可以像武王那样做。一个十口之家有十人吃盐，百口之家有百人吃盐。统计食盐的数量，每月成年男子近五升半，成年女子近三升半，小孩近二升半。将盐价每升提高半钱，每釜就增加五十钱；每升提高一钱，每釜就增加一百钱；每升提高十钱，每釜就增加千钱。君主若下令砍柴煮盐，征集起来达三万钟，等阳春一到，就可以利用时机收钱了。"

桓公问："什么叫做利用时机收钱？"

管子说："阳春时节，耕种刚刚开始，命令百姓不得建筑墙垣，不得修缮坟墓，大夫不得营造宫室，不得建立台榭，北海的民众不得雇人煮盐，这样一来，盐价必然上涨四十倍。君主正好将这涨价四十倍的食盐，沿着黄河、济水流域，南运到梁国、赵国、宋国、卫国和濮阳等地出卖。由于没有盐，所食不美，人们就会浮肿，保卫国家，掌握盐最为重要。君主通过砍柴煮盐，以盐换取天下的财富，那么天下各国就无法损害我们了。"

桓公问于管子曰："吾欲富本而丰五谷，可乎？"

管子对曰："不可。夫本富而财物众，不能守则税于天下；五谷兴丰，吾贱而天下贵则税于天下①，然则吾民常为天下虏矣。夫善用本者，若以舟济于大海，观风之所起。天下高则高，天下下则下。天高我下，则财利税于天下矣。"

桓公问于管子曰："事尽于此乎？"

管子对曰："未也。夫齐衢处之本，通达所出也，游子胜商之所道。人来本者，食吾本粟，因吾本币，骐骥黄金然后出。令有徐疾，物有轻重，然后天下之宝壹为我用。善者用非有，使非人。"

①吾贱：原文为"巨钱"，据郭沫若《管子集校》改。

【译文】

桓公问管仲道："我想富国，而专门发展农业，可以吗？"

管仲说："不可以。国富而财物众多，如果不善管理，财物就会被天下各国捞取；粮食丰盛，如果我国价低而别国价高，粮食就会被天下各国捞取，那么，我国百姓就常被天下各国虏掠了。善于治国的人，就像乘船渡海一样，要观察风向。天下各国粮价高我们就高，天下各国粮价低我们就低。如果天下各国粮价高而我们独低，财利就被天下各国捞取了。"

桓公问管仲道："值得注意的事就是这些吗？"

管子回答道："不是这样的。齐国是一个处在交通枢纽位置的国家，出入此地，四通八达，游客货商多经过这里。人们来到我国，吃我国的粮食，用我国的货币，同时，良马和黄金也就输入我国。只要我们的号令缓急有节，物价轻重得体，那么天下的宝物都将为我所用。善于治国的，可以使用本不是他自己所有的财物，可以役使本不是他所管辖的臣民。"

轻重甲

《管子》中有数篇讨论"轻重"问题的文字，本篇即其一。轻重这个词，主要涉及物价问题。以粮食和货币的关系而言，粮食丰收，粮食就轻，相反，年成歉收，货币就轻。同一道理，一个国家对待民众不好，就很可能是另一个国家的机会，利用优厚的条件，就可以把民众吸引到自己的国家来。这也属于轻重之术，本篇文字就有这样的内容。不过，本文的精彩之处，在于作者指出这样的现实——各种直接征税会对民生经济产生严重的伤害，显示出敏锐的社会洞察力。选文略有删节。

桓公曰："轻重有数乎？"

管子对曰："轻重无数。物发而应之，闻声而乘之。故为国不能来天下之财，致天下之民，则国不可成。"

桓公曰："何谓来天下之财？"

管子对曰："昔者桀之时，女乐三万人，端噪晨乐闻于三衢①，是无不服文绣衣裳者。伊尹以薄之游女工文绣纂组②，一纯得粟百钟于桀之国③。夫桀之国者，天子之国也。桀无天下忧，饰妇女钟鼓之乐，故伊尹得其粟而夺之流。此之谓来天下之财。"

桓公曰："何谓致天下之民？"

管子对曰："请使州有一掌，里有积五窖④。民无以与正籍者予之长假⑤，死而不葬者予之长度⑥。饥者得食，寒者得衣，死者得葬，不澹者得振⑦，则天下之归我者若流水。此之谓致天下之民。故圣人善用非其有，使非其人，动言摇辞，万民可得而亲。"

桓公曰："善。"

【注释】

①端噪：指桀贵为天子在端门鼓噪歌乐。端，端门。
　晨乐：通宵达旦的舞乐。此处有脱误，姑如上解。
②工：通"攻"，从事。纂组：丝绸织物。
③纯：相当于"匹"。
④里：古代地方行政单位。窖（jiào）：地窖。

⑤正籍：本业，正业。假：借贷。

⑥长度：长久的葬地。度，通"宅"，古代墓地也称宅。

⑦不澹：不足。澹，通"赡"。振：同"赈"，救济。

【译文】

桓公问道："掌握轻重的方法有定数么？"

管仲回答说："掌握轻重的方法没有定数。物资一动，措施就要跟上；听到消息，就要及时利用。所以，建设国家而不能吸引天下的财富，招引天下的人民，则国家不能成立。"

桓公说："什么叫吸引天下的财富？"

管仲回答说："从前夏桀时，女乐有三万人，端门鼓噪的歌声，通晓达旦的音乐，传到全国的大路上，到处都能听到，她们无不穿着华丽的衣服。伊尹便用薄地无事可做的妇女，织各种华美的彩色丝缕，一匹织物可以从夏桀那里换来百钟粮食。桀的国家是天子之国。但他不肯为天下大事忧劳，只追求女乐享乐，所以伊尹便取得了他的粮食并操纵了他的市场商品流通。这就叫作吸引天下的财富。"

桓公说："什么叫招引天下的人民？"

管仲回答说："请在每个州设一个主管官吏，在每个里贮备五窖存粮。对那种纳不起税的穷苦人家给予长期借贷，对那种无处埋葬死者的穷苦人家给予安葬之地。如做到饥饿的人有饭吃，挨冻的人有衣穿，死人得到安葬，资产匮乏的穷人得到救济，那么，天下人归附我们就会像流水一样。这就叫做招引天下的人民。所以，圣明君主善于利用不属于自己所有的财富，善于役使不属于自己统辖的人民，一旦发出号召，就能使万民亲近。"

桓公说："好。"

桓公问管子曰："夫汤以七十里之薄，兼桀之天下，其故何也？"

管子对曰："桀者冬不为杠①，夏不束枹②，以观冻溺。弛牝虎充市，以观其惊骇。至汤而不然。夷疏而积粟③，饥者食之，寒者衣之，不澹者振之，天下归汤若流水。此桀之所以失其天下也。"

桓公曰："桀使汤得为是，其故何也？"

管子曰："女华者，桀之所爱也，汤事之以千金；曲逆者，桀之所善也，汤事之以千金。内则有女华之阴，外则有曲逆之阳，阴阳之议合，而得成其天子，此汤之阴谋也。"

【注释】

①杠：桥。

②枹：同"桴"，渡河的筏子。

③夷疏：广泛种植果蔬。原文作"夷兢"，据郭沫若《管子集校》改。

【译文】

桓公问管仲道："商汤仅用七十里的薄地就兼并了桀的天下，原因何在？"

管仲回答说："桀不许百姓冬天在河上架桥，夏天在河里渡筏，以便观赏人们受冻和受淹的情况。他把虎放在市街上，以便观赏人们惊骇的情景。商汤则不是如此。广泛种植和收贮粮食、蔬菜，给饥饿的人饭吃，给挨冻的人衣穿，对贫困的人给予救济，天下百姓归附商汤如流水。这就是夏桀丧失天下的原因。"

桓公说："夏桀做了什么使得商汤达到这种目的呢？"

管仲说："女华，是桀所宠爱的妃子，汤用千金去贿赂她；曲逆，是桀所亲近的大臣，汤也用千金去贿赂他。内有女华的暗中相助，外则有曲逆的公开相助，内外相配合，汤就成为天子了，这便是商汤成功的机密策略。"

桓公曰："寡人欲籍于室屋①。"

管子对曰："不可，是毁成也。"

"欲籍于万民②。"

管子曰："不可，是隐情也。"

"欲籍于六畜。"

管子对曰："不可，是杀生也。"

"欲籍于树木。"

管子对曰："不可，是伐生也。"

"然则寡人安籍而可？"

管子对曰："君请籍于鬼神。"

桓公忿然作色曰："万民室屋、六畜、树木，且不可得籍，鬼神乃可得而籍夫！"

管子对曰："厌宜乘势③，事之利得也；计议因权，事之囿大也④。王者乘势，圣人乘幼⑤，与物皆宜。"

桓公曰:"行事奈何?"

管子对曰:"昔尧之五更、五官无所食⑥,君请立五厉之祭⑦,祭尧之五吏,春献兰,秋敛落⑧,原鱼以为脯⑨,鲵以为殽⑩。若此,则泽鱼之正伯倍异日,则无屋粟邦布之籍⑪。此之谓设之以祈祥⑫,推之以礼义也。然则自足,何求于民也?"

【注释】

①籍于室屋:按照房屋数量抽税。籍,抽税。

②籍于万民:按照人头来收税。

③厌宜:合宜。

④囿:侑,促进。

⑤乘幼(yào):即谋划精微。幼,幽微。

⑥五更:古代有三老五更,都是说到国家奉养之人。

五官:五种官职,实际指各种官员。

⑦五厉:各种战死者的祭祀。

⑧秋敛落:秋天给坟墓封土,加固其藩篱。

⑨原鱼:高原之鱼,比较昂贵。

⑩鲵(ní):俗称娃娃鱼。

⑪邦布:国家流通的钱。即古代征收所得税。布,古代钱也称布。

⑫祈祥:即"机祥",鬼神祭礼之事。祈,通"机"。

【译文】

齐桓公说:"我要按民众造房屋的数量来征税。"

管子回答说:"不行,这样做是逼着老百姓拆毁自己盖好的房屋。"

"那我就按人头数来征税。"

管子回答:"不行,那样做是逼着老百姓隐瞒户口的实情。"

"那我就按各种牲畜的数量征税。"

管子回答:"不行,那样做是逼着老百姓杀掉牲畜。"

"那我就按照树木的棵树来收税。"

管子回答:"不可以,那是斩伐树木的做法。"

"那么,我该怎么来征税呢?"

管子回答:"请君主向鬼神征税。"

桓公勃然变色,说:"百姓的房屋、牲畜、树木尚且征不得税,鬼神怎么可以征它们的税!"

管子回答:"做事合宜,因势利导,这样做事就有利;筹划灵活,可以促进事情做得很大。真正的王者,顺势而行;真正的圣人,处事得宜。"

桓公问:"那要怎么做?"

管子回答:"过去尧的五更、五官都没有饭吃,君主就征求意见给各种战死的厉鬼设立祭奠,祭祀那些死去的尧的官吏,春天献上贵重的兰花,秋天培封他们的坟墓,加固他们的藩篱,用高原产的鱼做献祭的干肉,用稀罕的娃娃鱼做享神的佳肴。这样一来,水泽中鱼的价格高出平常百倍,就用不着征收房屋、粮食、钱币等诸多税项了。这就叫设立鬼神祭祀之事,行之以礼义活动来增加税收。这样做,经费上国家已经富足,干什么还要求之于百姓呢?"